DRAGON BALL SUPER

KONFRONTATION MIT DR. HEDO

21

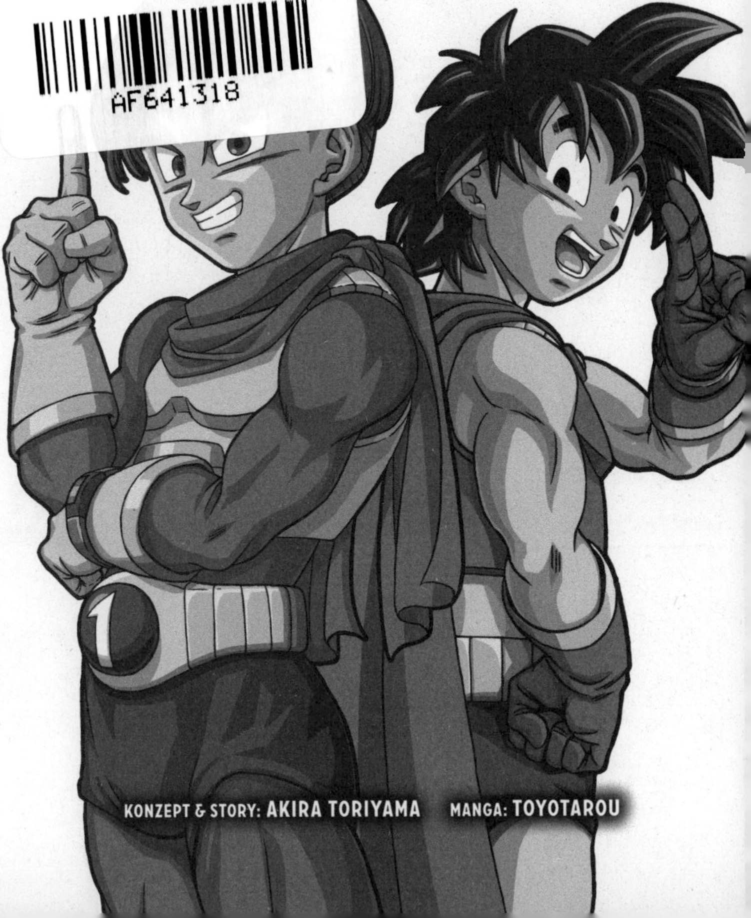

KONZEPT & STORY: AKIRA TORIYAMA MANGA: TOYOTAROU

DIE CHARAKTERE

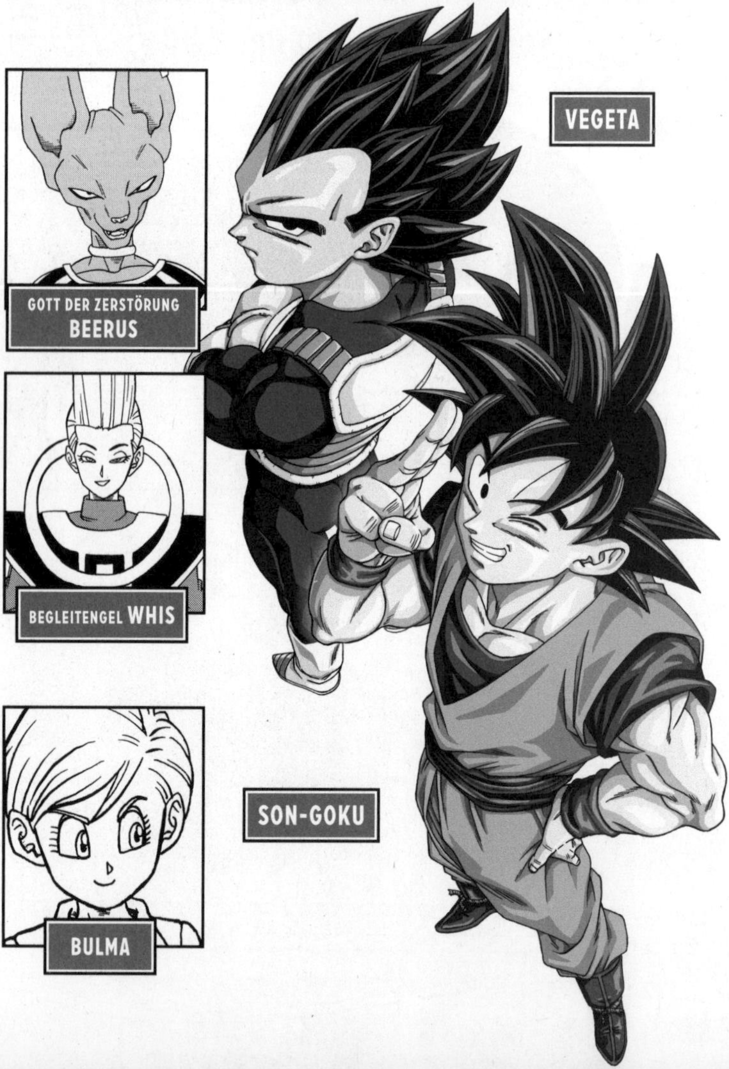

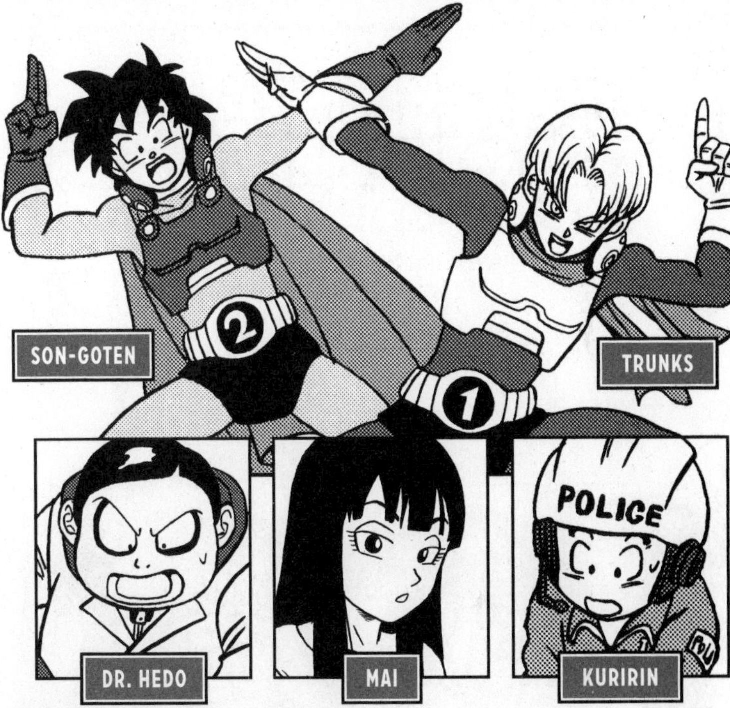

WAS BISHER GESCHAH...

Eines Tages begab sich Son-Goku auf die Suche nach den Dragon Balls. Denn hat man alle sieben zusammen, erscheint der Drache Shenlong und erfüllt einen Wunsch. Nachdem ihm dies einmal gelungen ist, trainiert er beim Herrn der Schildkröten, besiegt Majin Boo und bringt Frieden auf die Erde. Als Super-Saiyajin-Gott muss Goku erneut die Erde retten. Unter Beerus' Training kann Son-Goku den Ultra-Instinkt perfektionieren und Moro vernichten.

Son-Goku und Vegeta werden von den Heeters verraten und an Granolah ausgeliefert. Als der erfährt, dass Son-Gokus Vater ihn früher gerettet hat und die Heeters seine wahren Feinde sind, kämpfen beide gemeinsam gegen Gas. Plötzlich taucht Freezer auf und pulverisiert Gas kurzerhand.

Trunks und Son-Goten sind auf der Erde als Superhelden aktiv, als Roboter auf mysteriöse Weise aus der Stadt verschwinden. Ihr Suche führt sie zu einer Fabrik auf dem Schmetterlingsberg, wo die Roboter arbeiten. Trunks besiegt die Übeltäter, jedoch…

DRAGON BALL SUPER 21

KONFRONTATION MIT DR. HEDO

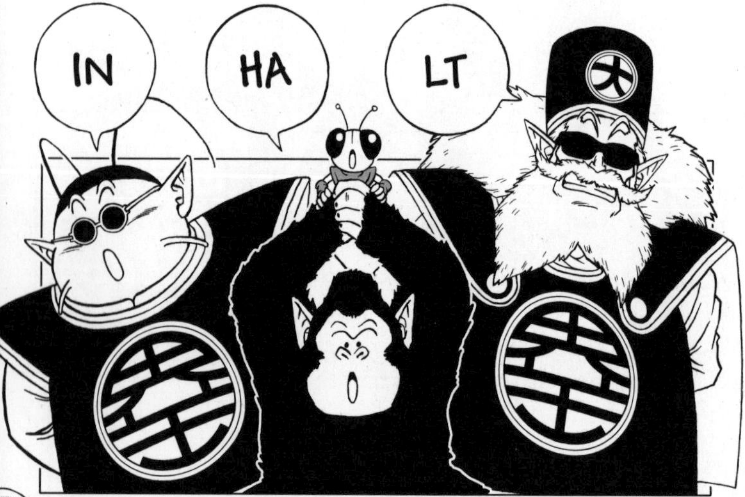

DRAGON BALL SUPER

KAPITEL 89: AUFTRITT DER RIVALEN

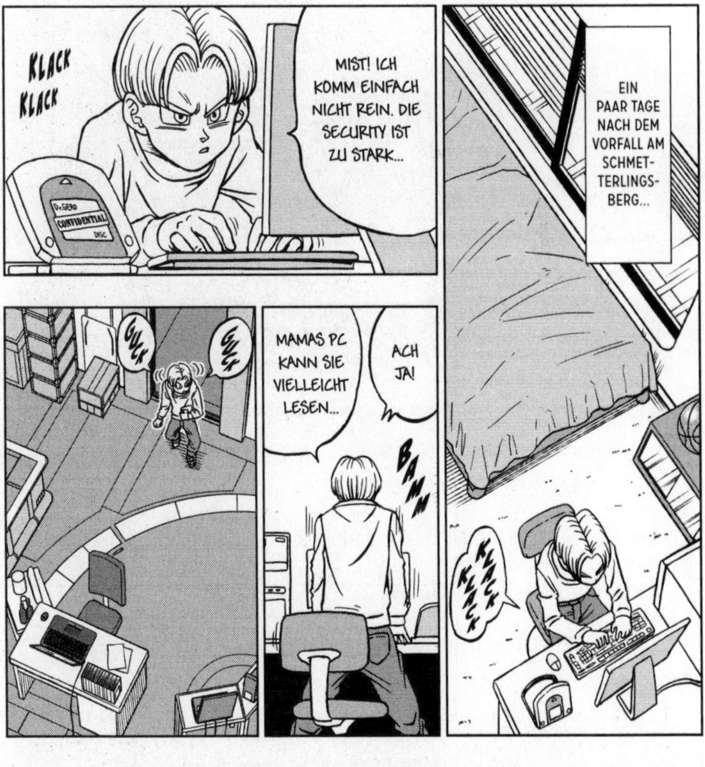

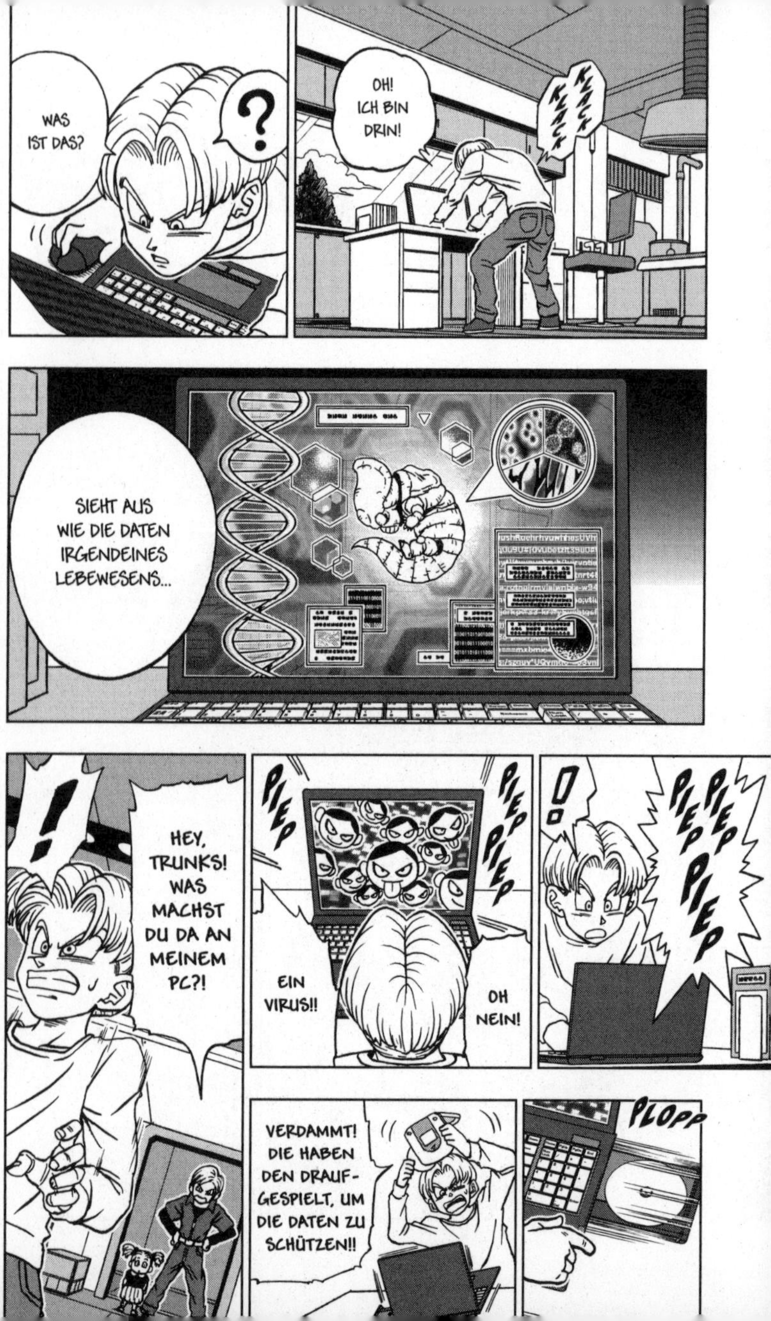
KLACK KLACK
OH! ICH BIN DRIN!
WAS IST DAS?
?
SIEHT AUS WIE DIE DATEN IRGENDEINES LEBEWESENS...
!?
PIEP PIEP PIEP PIEP
OH NEIN!
EIN VIRUS!!
PIEP PIEP PIEP
PLOPP
VERDAMMT! DIE HABEN DEN DRAUF-GESPIELT, UM DIE DATEN ZU SCHÜTZEN!!
!
HEY, TRUNKS! WAS MACHST DU DA AN MEINEM PC?!

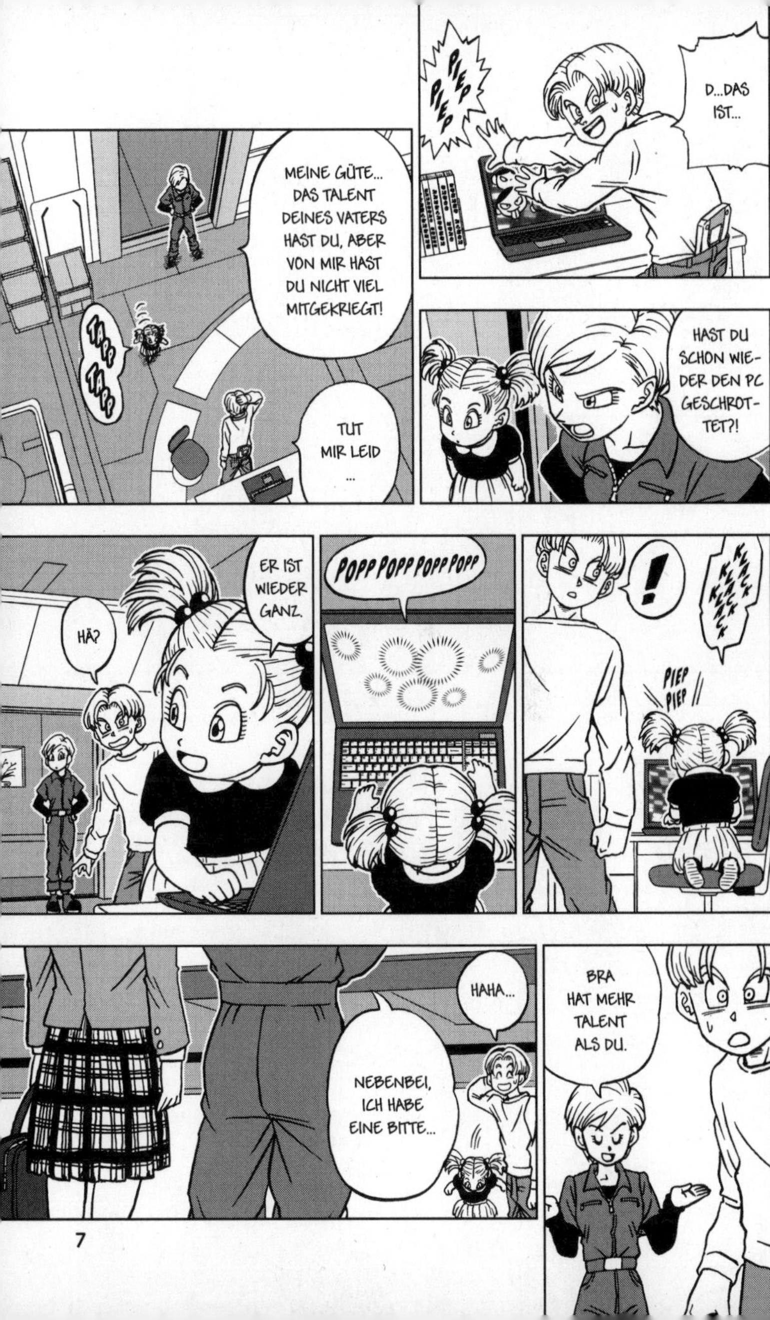
PIEP PIEP
D...DAS IST...
HAST DU SCHON WIEDER DEN PC GESCHROTTET?!
MEINE GÜTE... DAS TALENT DEINES VATERS HAST DU, ABER VON MIR HAST DU NICHT VIEL MITGEKRIEGT!
TAPP TAPP
TUT MIR LEID ...
!
KLACK KLACK KLACK
PIEP PIEP
POPP POPP POPP POPP
ER IST WIEDER GANZ.
HÄ?
BRA HAT MEHR TALENT ALS DU.
HAHA...
NEBENBEI, ICH HABE EINE BITTE...

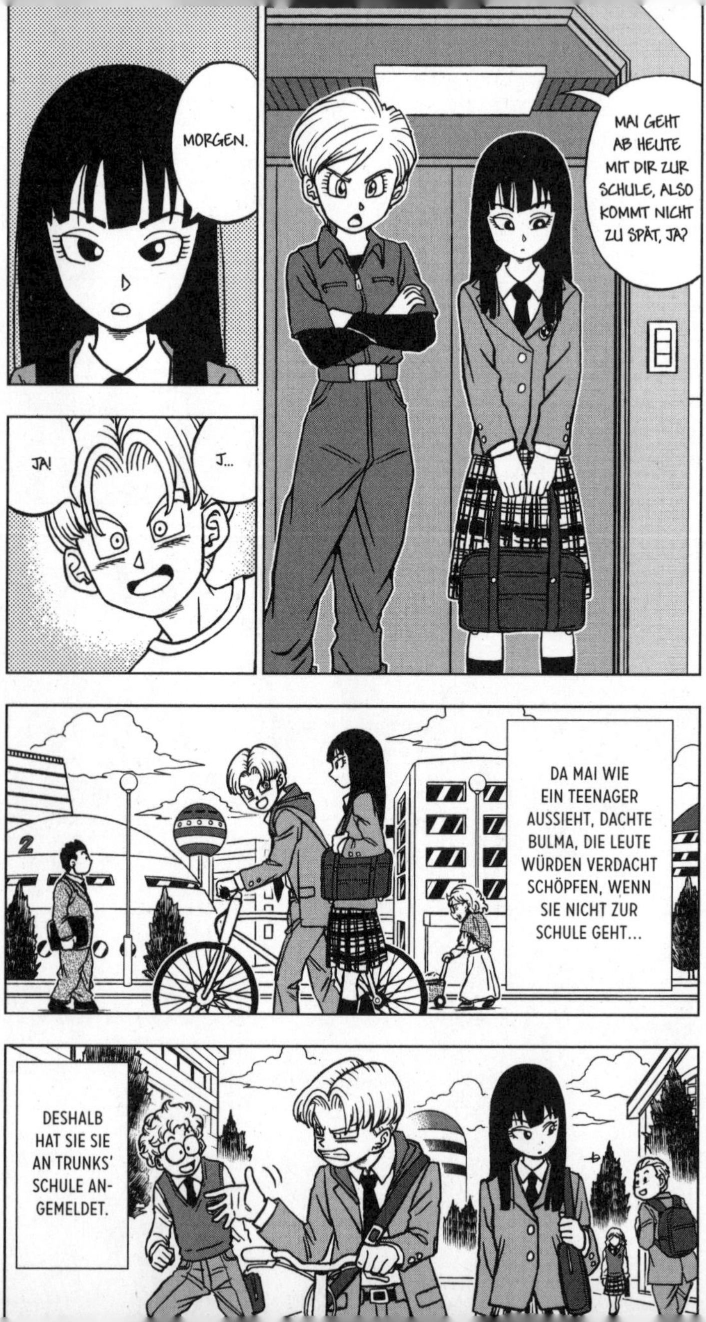
MAI GEHT AB HEUTE MIT DIR ZUR SCHULE, ALSO KOMMT NICHT ZU SPÄT, JA?
MORGEN.
J...
JA!
DA MAI WIE EIN TEENAGER AUSSIEHT, DACHTE BULMA, DIE LEUTE WÜRDEN VERDACHT SCHÖPFEN, WENN SIE NICHT ZUR SCHULE GEHT...
DESHALB HAT SIE SIE AN TRUNKS' SCHULE ANGEMELDET.

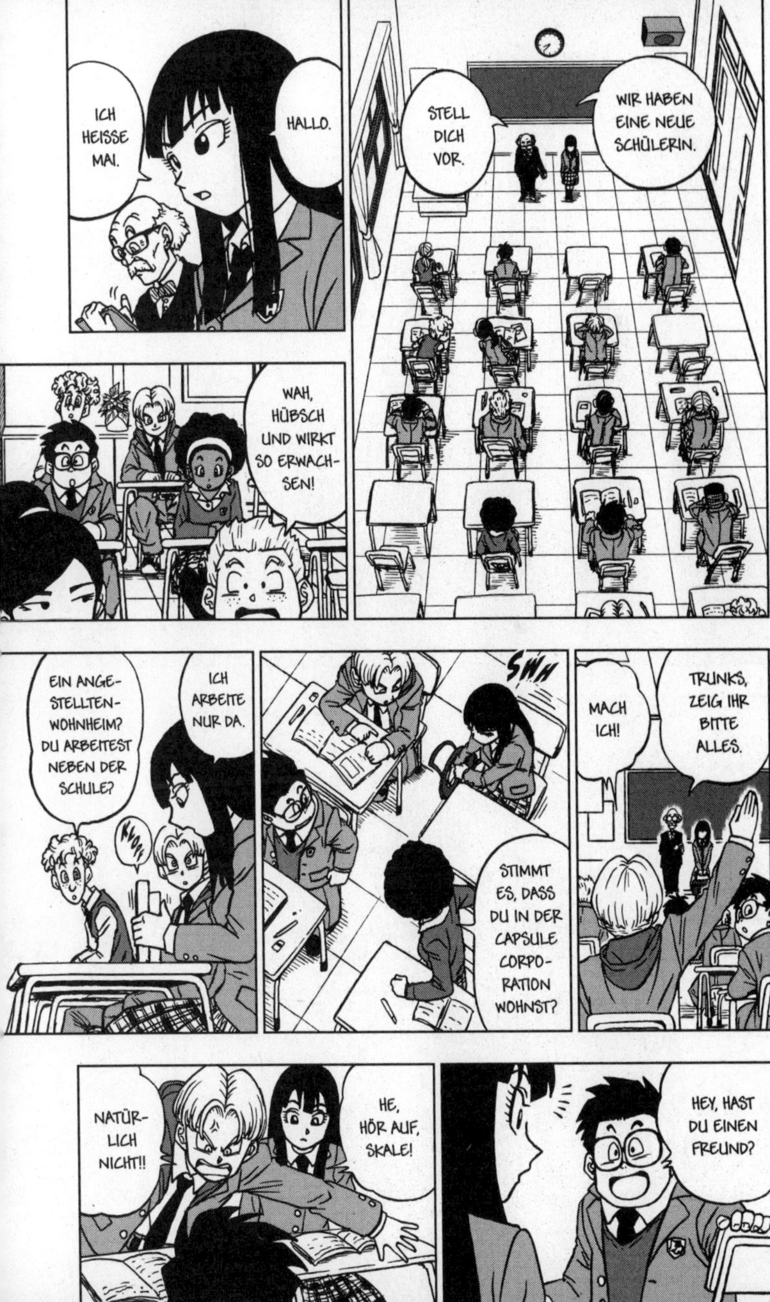
WIR HABEN EINE NEUE SCHÜLERIN.
STELL DICH VOR.
HALLO.
ICH HEISSE MAI.
WAH, HÜBSCH UND WIRKT SO ERWACHSEN!
TRUNKS, ZEIG IHR BITTE ALLES.
MACH ICH!
SWH
STIMMT ES, DASS DU IN DER CAPSULE CORPORATION WOHNST?
ICH ARBEITE NUR DA.
EIN ANGESTELLTEN-WOHNHEIM? DU ARBEITEST NEBEN DER SCHULE?
HEY, HAST DU EINEN FREUND?
HE, HÖR AUF, SKALE!
NATÜRLICH NICHT!!

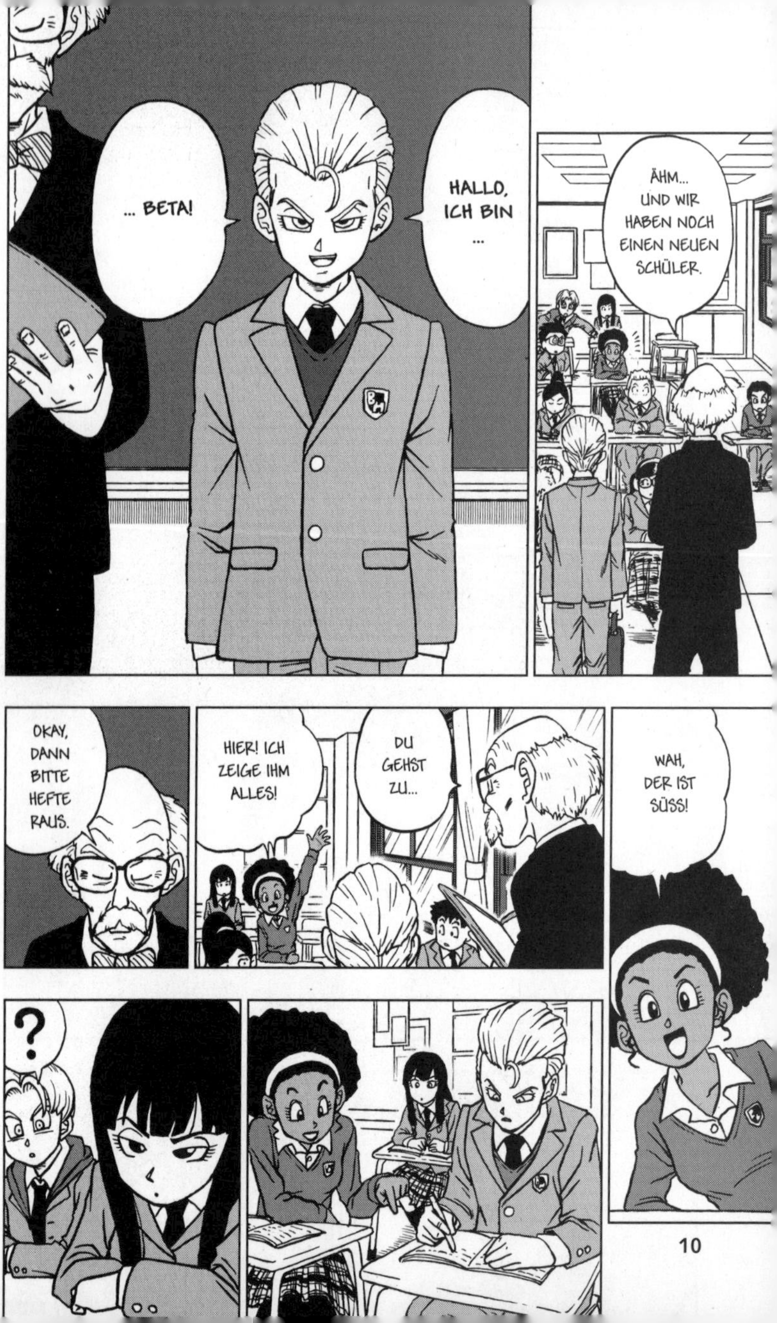
ÄHM... UND WIR HABEN NOCH EINEN NEUEN SCHÜLER.
HALLO, ICH BIN ...
... BETA!
WAH, DER IST SÜSS!
DU GEHST ZU...
HIER! ICH ZEIGE IHM ALLES!
OKAY, DANN BITTE HEFTE RAUS.
?

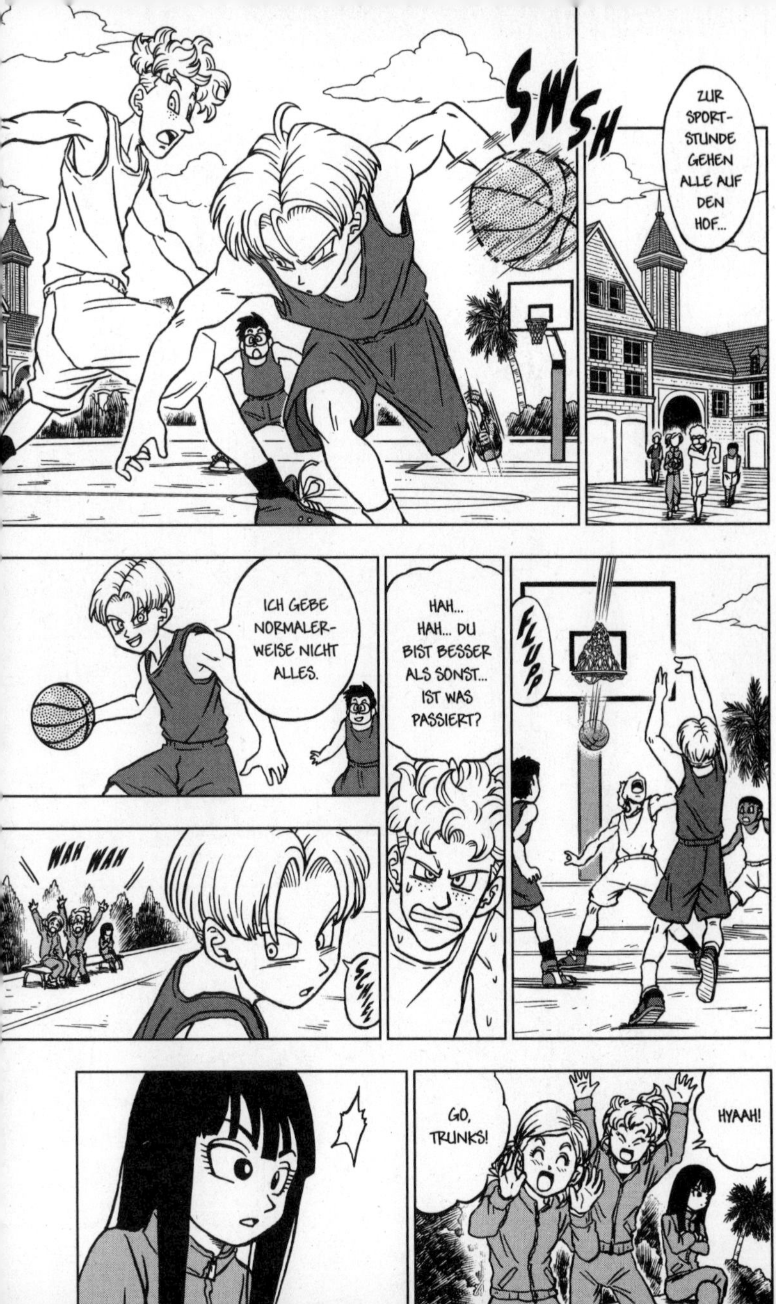
ZUR SPORT-STUNDE GEHEN ALLE AUF DEN HOF...
SWSH
FLUPP
HAH... HAH... DU BIST BESSER ALS SONST... IST WAS PASSIERT?
ICH GEBE NORMALERWEISE NICHT ALLES.
WAH WAH
GO, TRUNKS!
HYAAH!

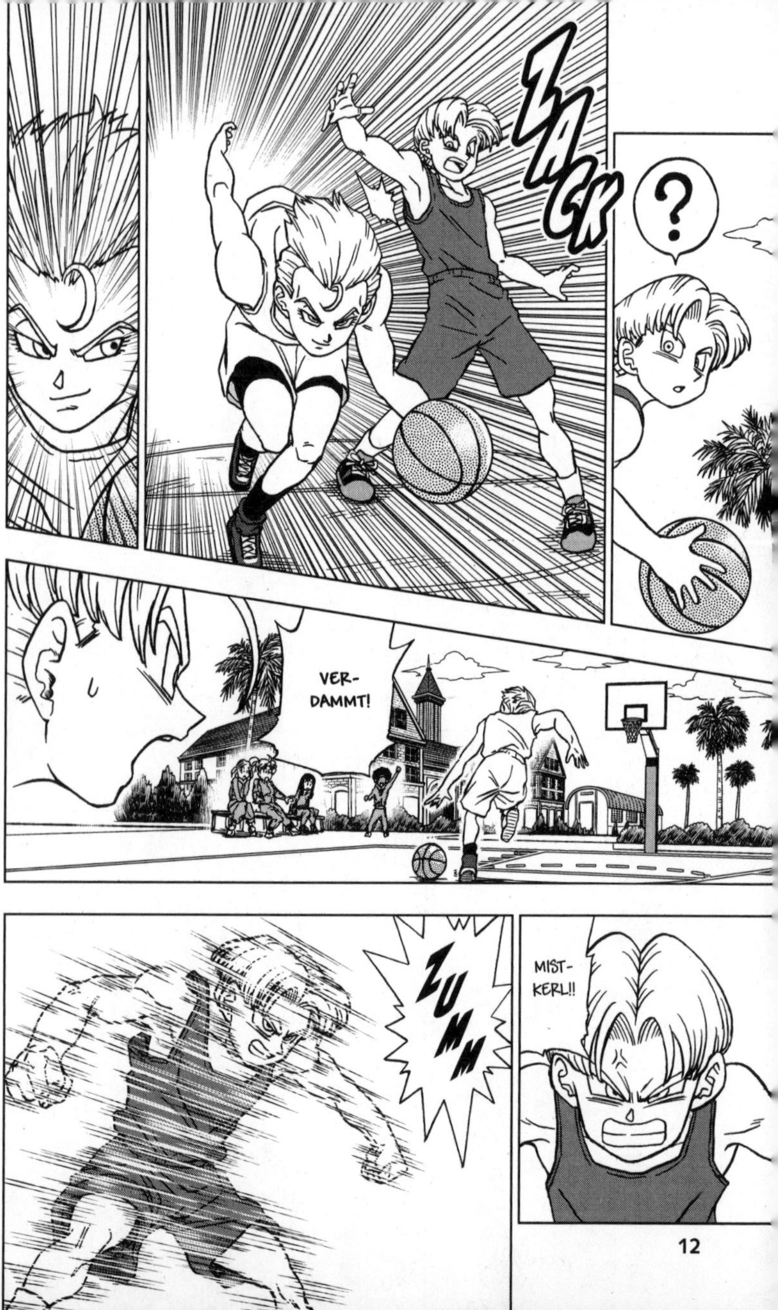
ZACK
?
VER-
DAMMT!
ZUMM
MIST-
KERL!!

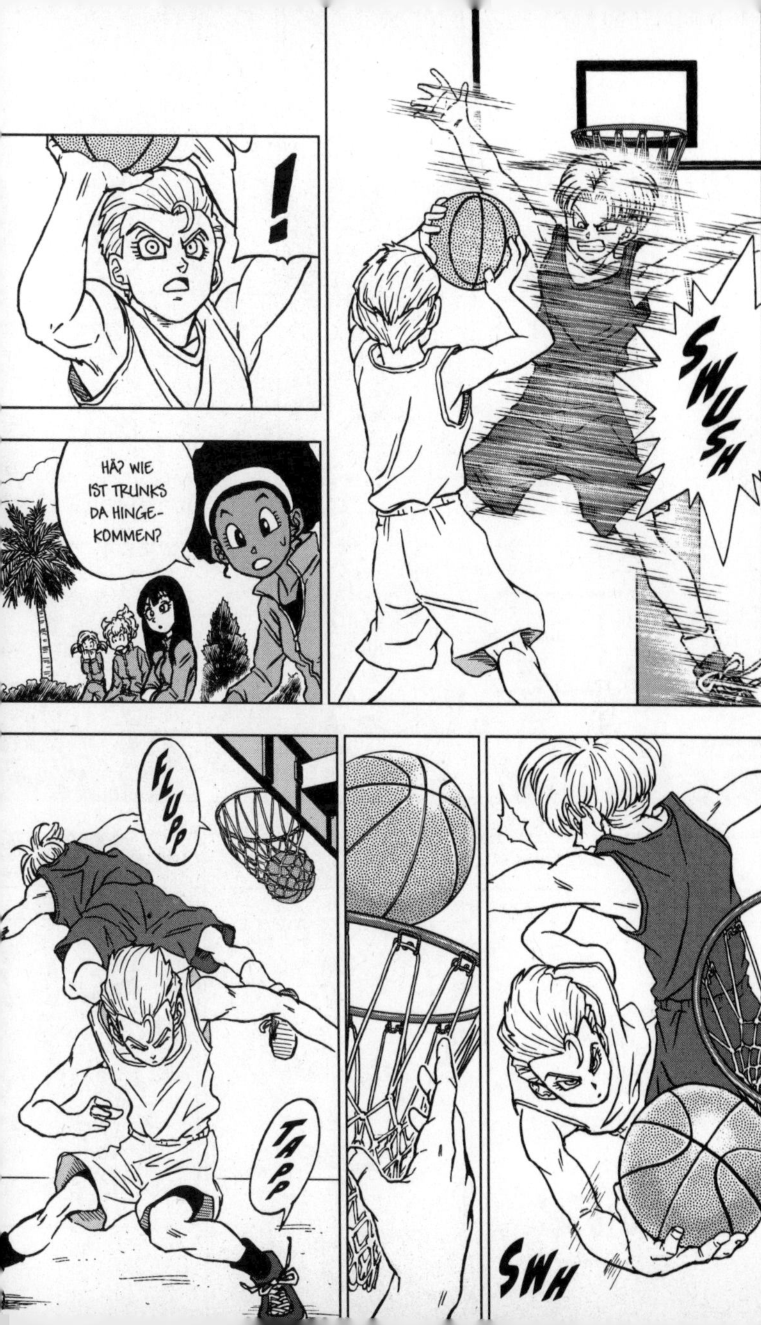
!
SWUSH
HÄ? WIE IST TRUNKS DA HINGEKOMMEN?
SWH
FLUPP
TAPP

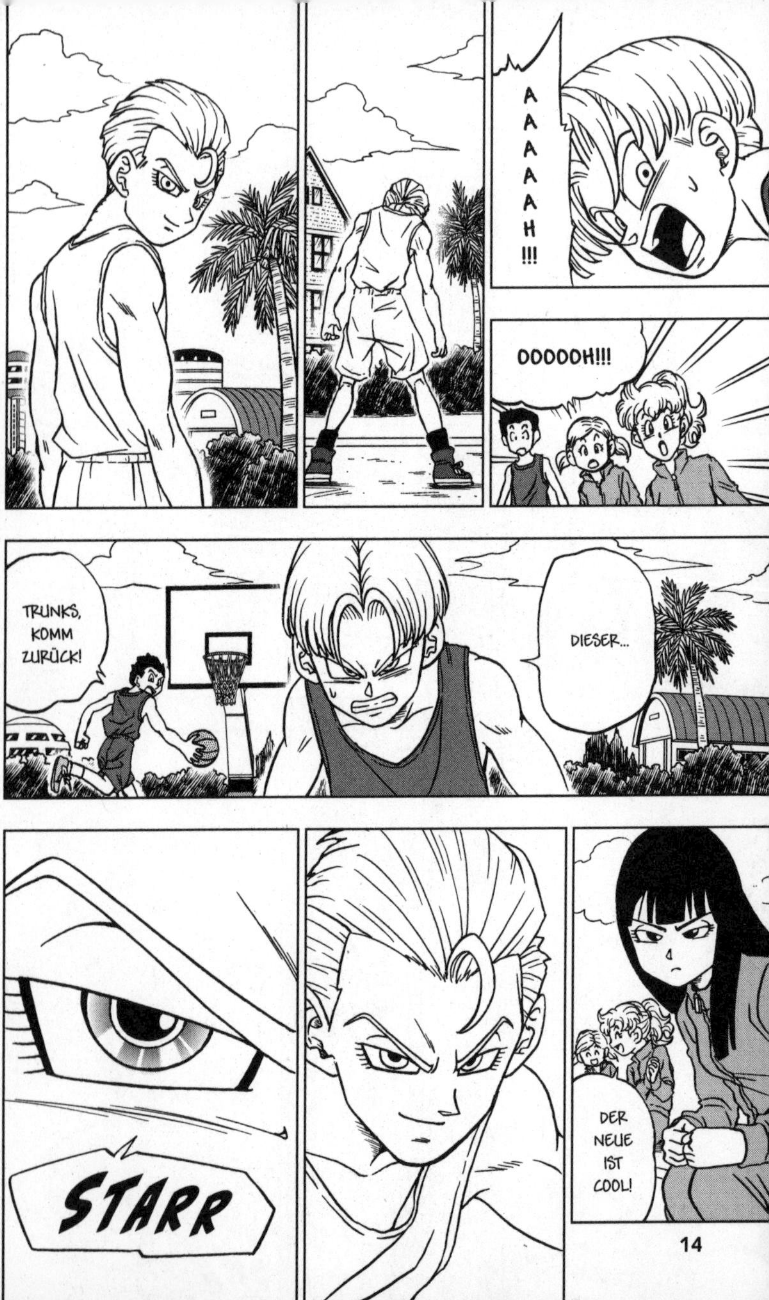
AAAAAAH!!!
OOOOOH!!!
TRUNKS, KOMM ZURÜCK!
DIESER...
STARR
DER NEUE IST COOL!

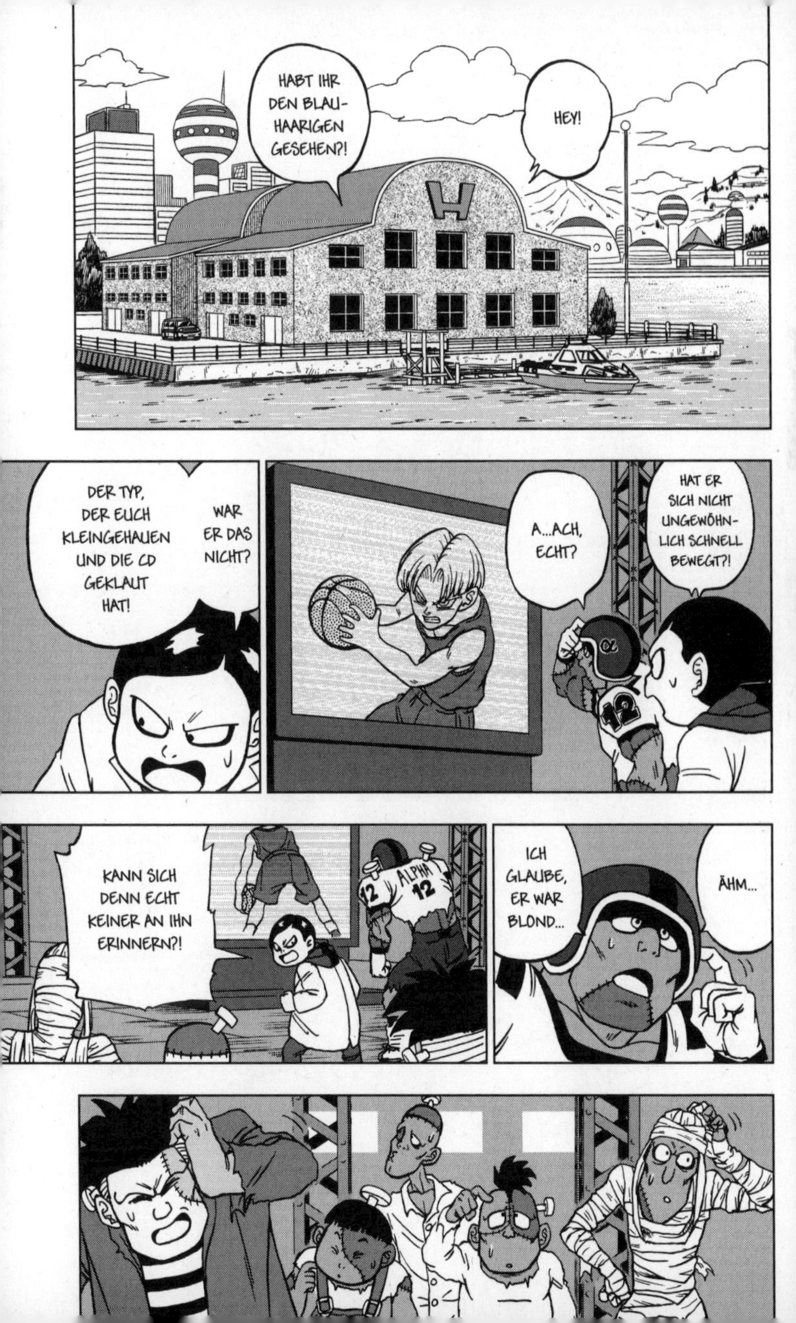
HEY!
HABT IHR DEN BLAU-HAARIGEN GESEHEN?!
DER TYP, DER EUCH KLEINGEHAUEN UND DIE CD GEKLAUT HAT!
WAR ER DAS NICHT?
A...ACH, ECHT?
HAT ER SICH NICHT UNGEWÖHN-LICH SCHNELL BEWEGT?!
ALPHA 12
KANN SICH DENN ECHT KEINER AN IHN ERINNERN?!
ICH GLAUBE, ER WAR BLOND...
ÄHM...

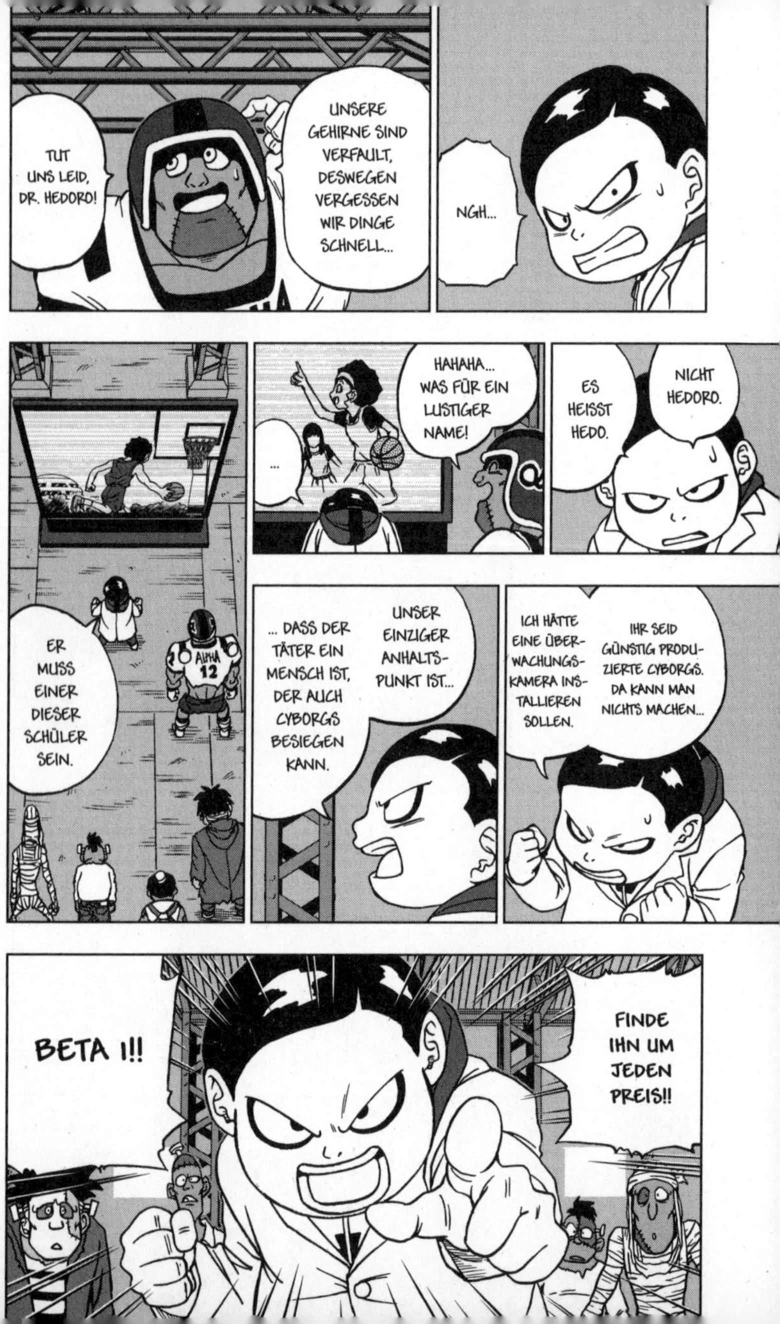
NGH...
UNSERE GEHIRNE SIND VERFAULT, DESWEGEN VERGESSEN WIR DINGE SCHNELL...
TUT UNS LEID, DR. HEDORO!
NICHT HEDORO.
ES HEISST HEDO.
HAHAHA... WAS FÜR EIN LUSTIGER NAME!
...
IHR SEID GÜNSTIG PRODUZIERTE CYBORGS. DA KANN MAN NICHTS MACHEN...
ICH HÄTTE EINE ÜBERWACHUNGSKAMERA INSTALLIEREN SOLLEN.
UNSER EINZIGER ANHALTSPUNKT IST...
... DASS DER TÄTER EIN MENSCH IST, DER AUCH CYBORGS BESIEGEN KANN.
ER MUSS EINER DIESER SCHÜLER SEIN.
FINDE IHN UM JEDEN PREIS!!
BETA 1!!

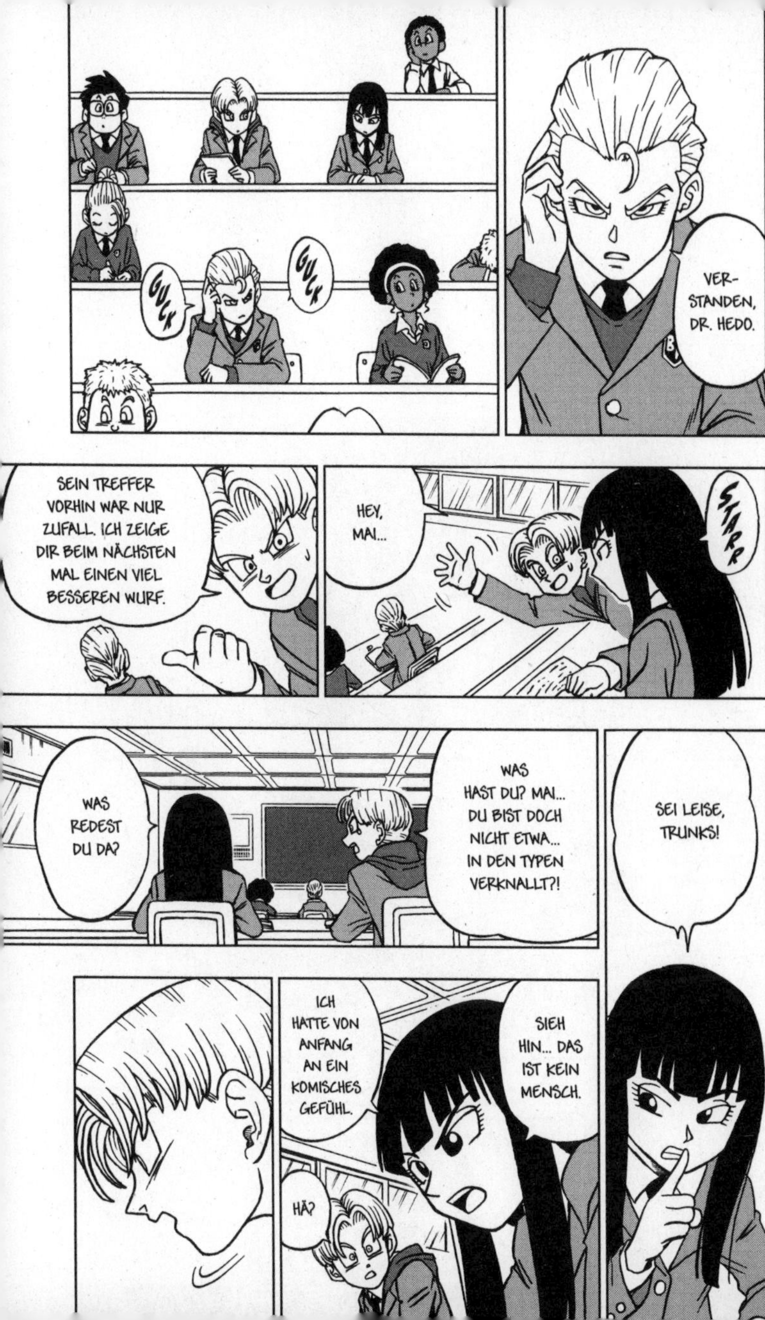
VER-
STANDEN,
DR. HEDO.
GUCK
GUCK
STARR
HEY,
MAI...
SEIN TREFFER
VORHIN WAR NUR
ZUFALL. ICH ZEIGE
DIR BEIM NÄCHSTEN
MAL EINEN VIEL
BESSEREN WURF.
SEI LEISE,
TRUNKS!
WAS
HAST DU? MAI...
DU BIST DOCH
NICHT ETWA...
IN DEN TYPEN
VERKNALLT?!
WAS
REDEST
DU DA?
SIEH
HIN... DAS
IST KEIN
MENSCH.
ICH
HATTE VON
ANFANG
AN EIN
KOMISCHES
GEFÜHL.
HÄ?

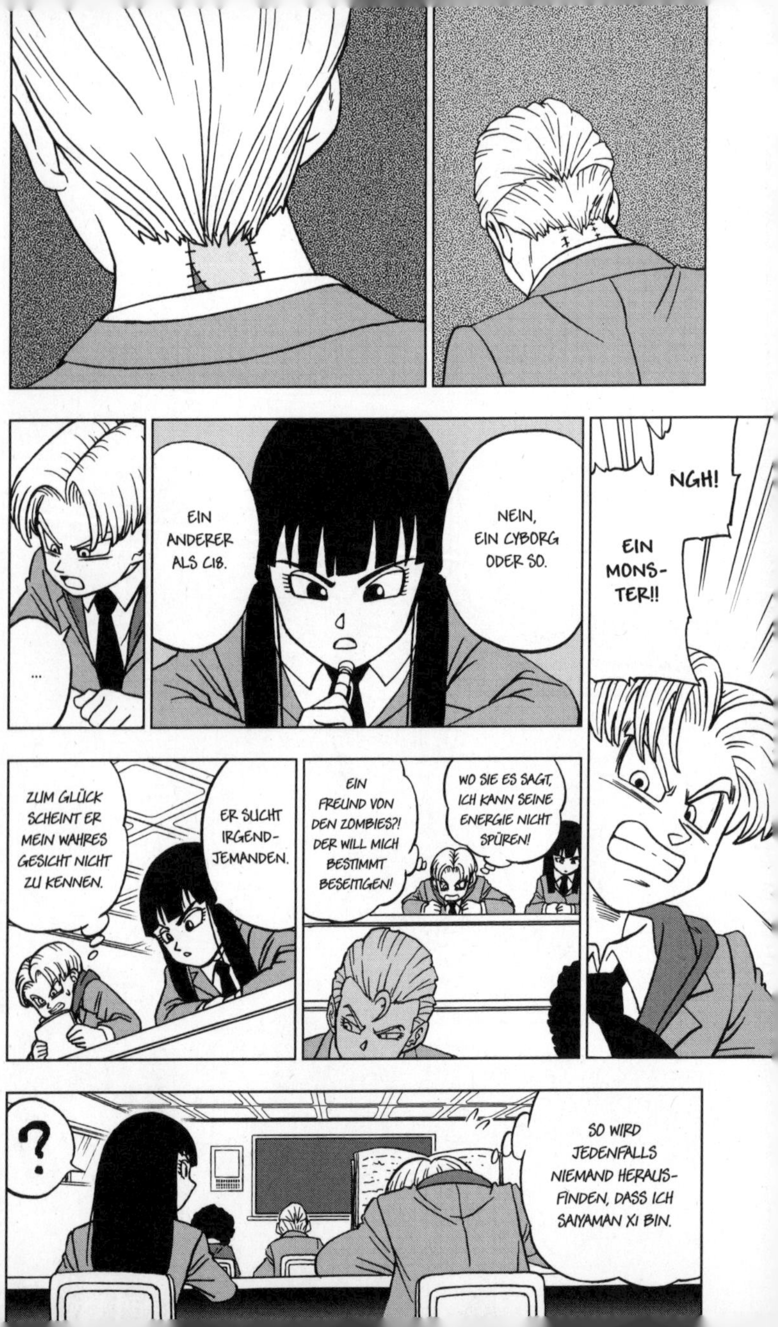
NGH!
EIN MONSTER!!
NEIN, EIN CYBORG ODER SO.
EIN ANDERER ALS C18.
...
WO SIE ES SAGT, ICH KANN SEINE ENERGIE NICHT SPÜREN!
EIN FREUND VON DEN ZOMBIES?! DER WILL MICH BESTIMMT BESEITIGEN!
ER SUCHT IRGEND-JEMANDEN.
ZUM GLÜCK SCHEINT ER MEIN WAHRES GESICHT NICHT ZU KENNEN.
SO WIRD JEDENFALLS NIEMAND HERAUS-FINDEN, DASS ICH SAIYAMAN X1 BIN.
?

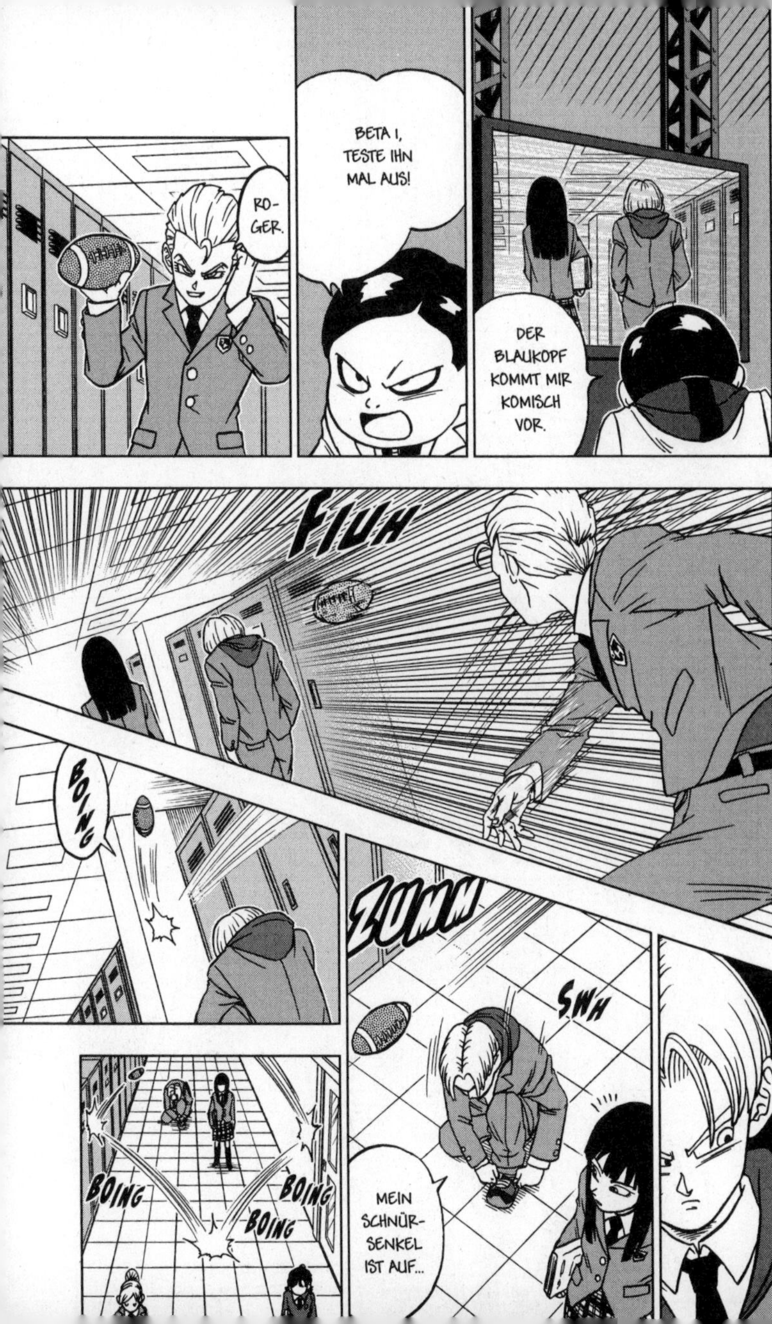
BETA 1, TESTE IHN MAL AUS!
DER BLAUKOPF KOMMT MIR KOMISCH VOR.
RO-GER.
FIUH
BOING
ZOMM
SWH
MEIN SCHNÜR-SENKEL IST AUF...
BOING
BOING
BOING

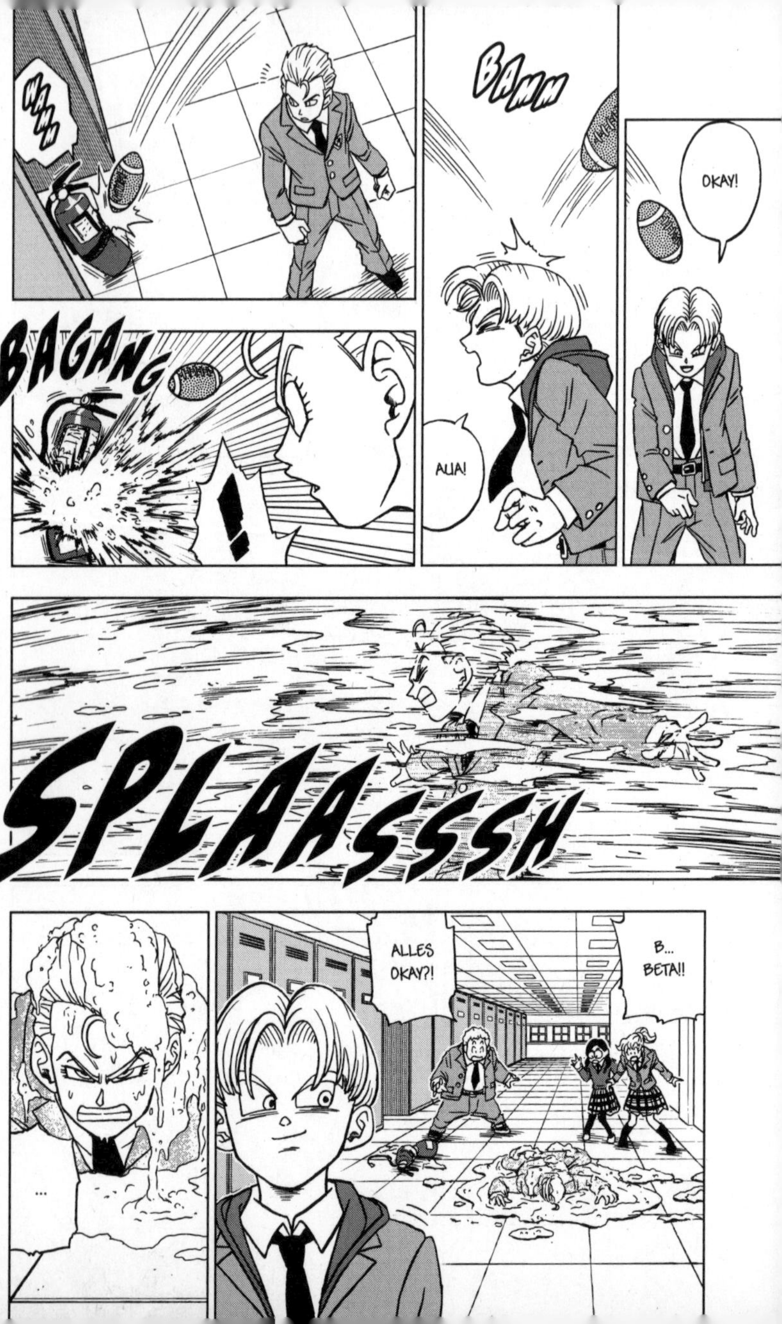
OKAY!
BAMM
AUA!
WAMM
BAGANG
!
SPLAASSSH
B... BETA!!
ALLES OKAY?!
...

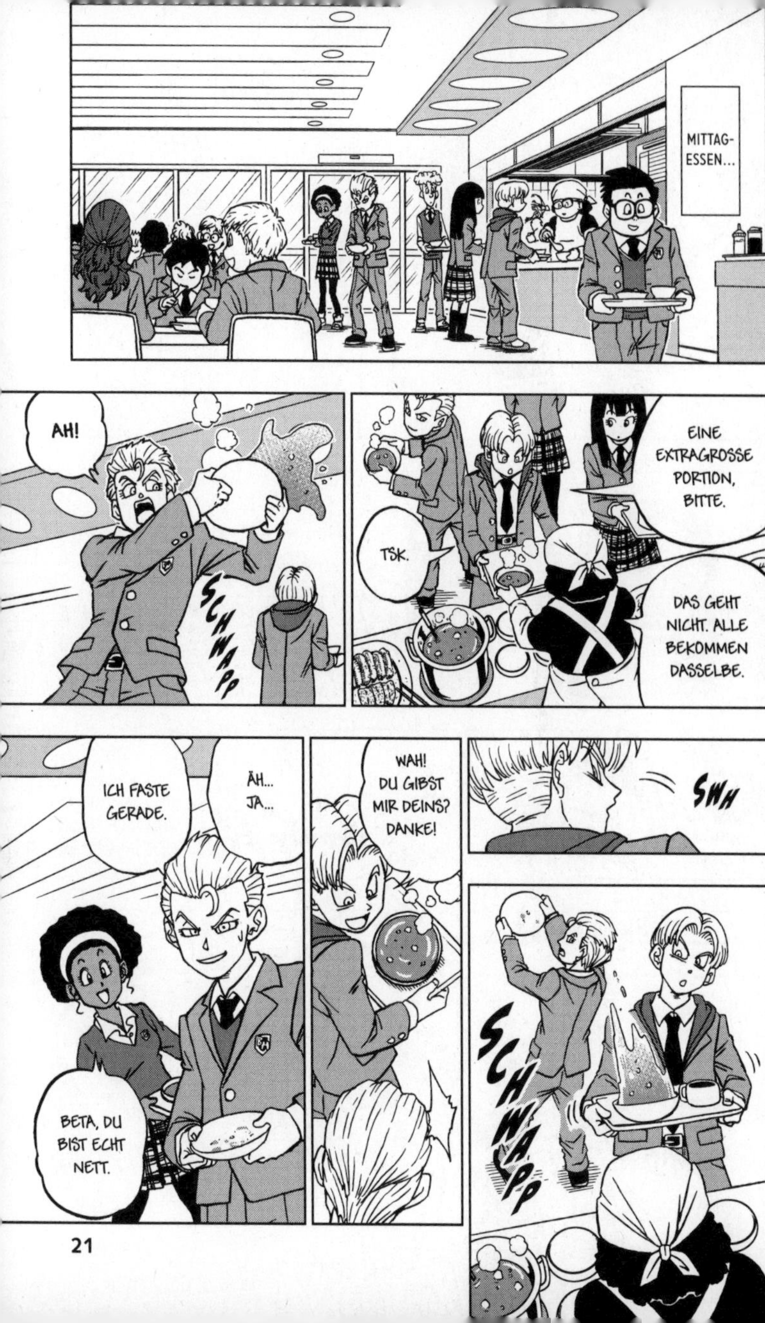
MITTAG-
ESSEN...
EINE EXTRAGROSSE PORTION, BITTE.
DAS GEHT NICHT. ALLE BEKOMMEN DASSELBE.
TSK.
SCHWAPP
AH!
SWH
SCHWAPP
WAH! DU GIBST MIR DEINS? DANKE!
ÄH... JA...
ICH FASTE GERADE.
BETA, DU BIST ECHT NETT.

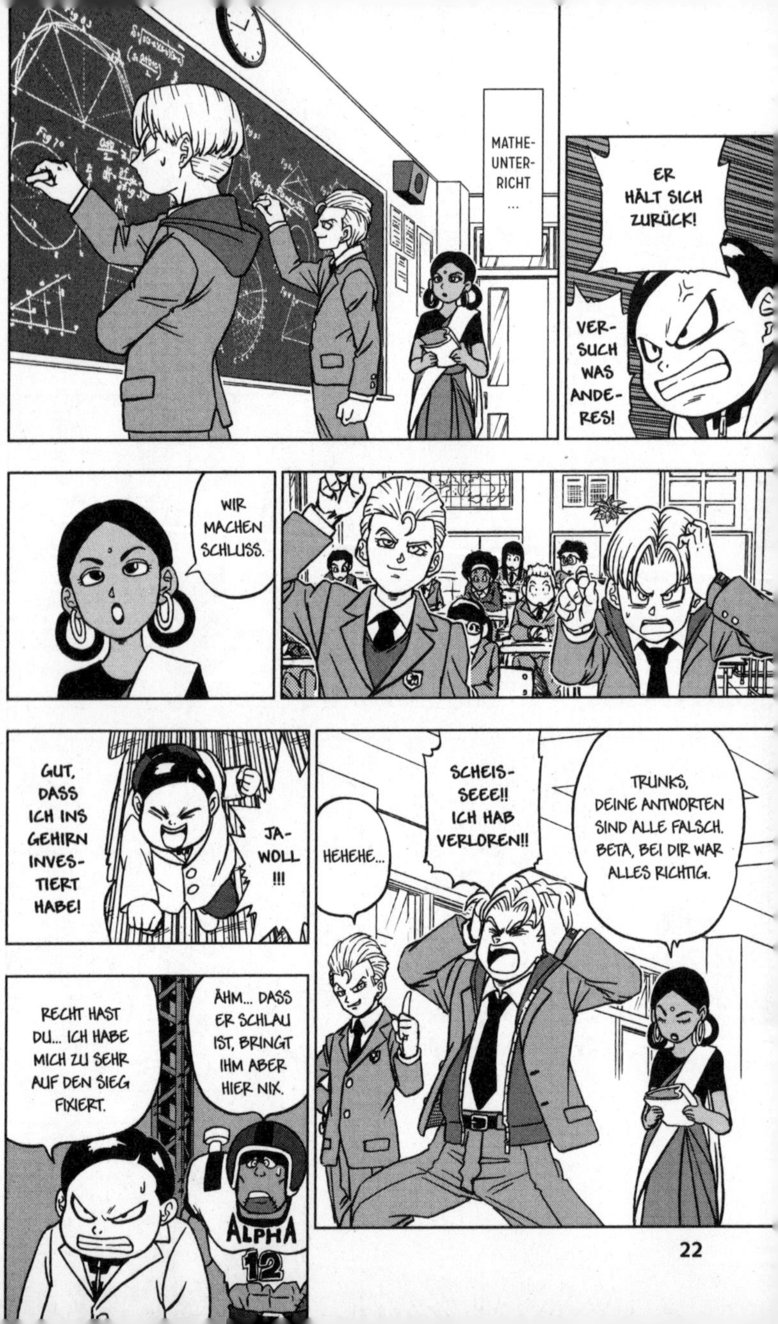

MATHE-UNTER-RICHT ...
ER HÄLT SICH ZURÜCK!
VER-SUCH WAS ANDE-RES!
WIR MACHEN SCHLUSS.
TRUNKS, DEINE ANTWORTEN SIND ALLE FALSCH. BETA, BEI DIR WAR ALLES RICHTIG.
SCHEIS-SEEE!! ICH HAB VERLOREN!!
HEHEHE...
JA-WOLL !!!
GUT, DASS ICH INS GEHIRN INVES-TIERT HABE!
ÄHM... DASS ER SCHLAU IST, BRINGT IHM ABER HIER NIX.
RECHT HAST DU... ICH HABE MICH ZU SEHR AUF DEN SIEG FIXIERT.
ALPHA 12

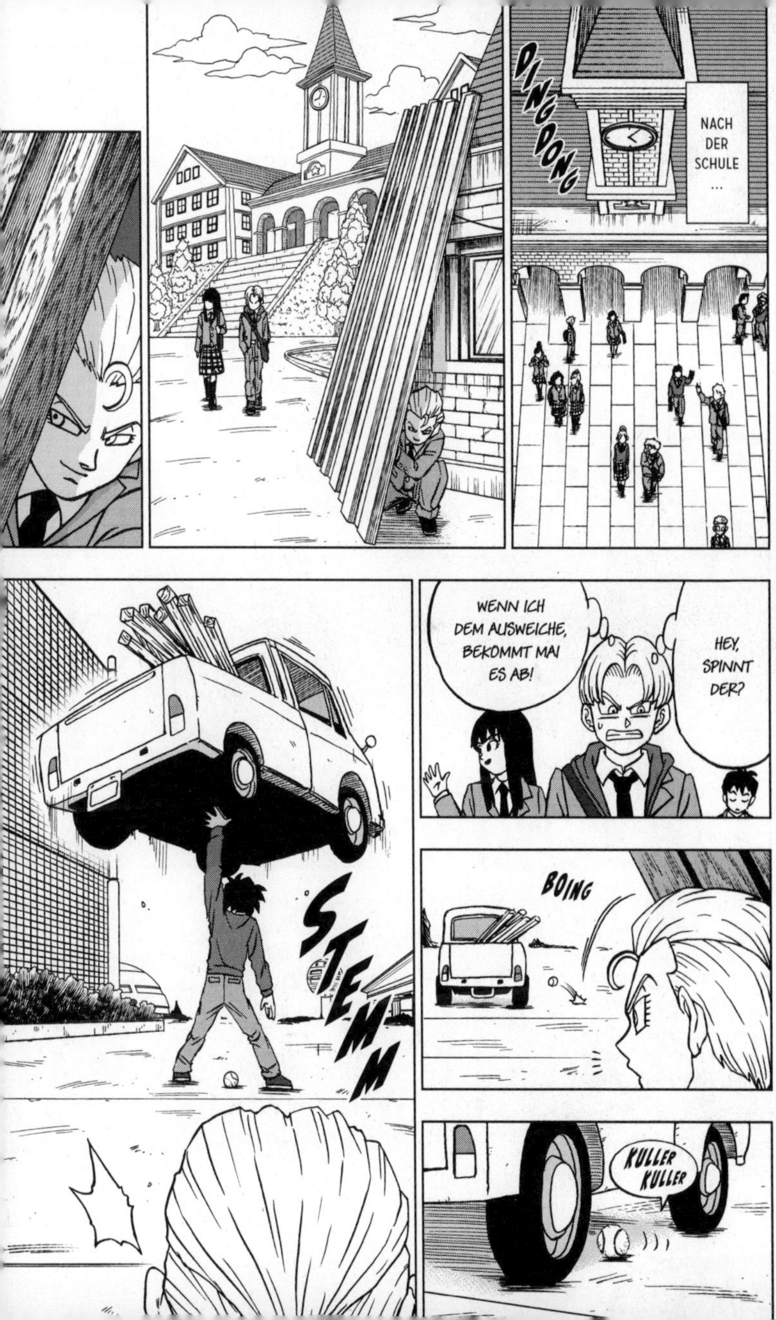
DING DONG
NACH DER SCHULE ...
WENN ICH DEM AUSWEICHE, BEKOMMT MAI ES AB!
HEY, SPINNT DER?
STEMM
BOING
KULLER KULLER

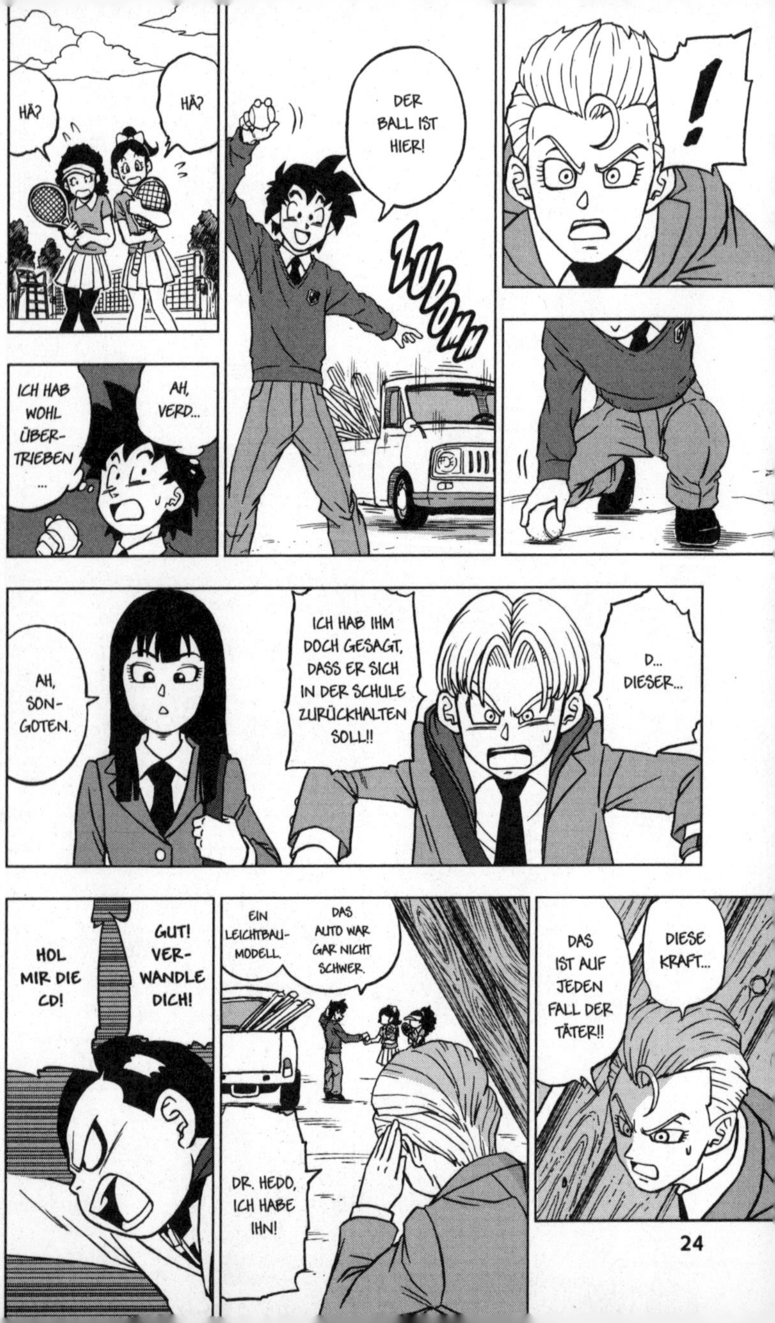
!
DER BALL IST HIER!
ZUDOMM
HÄ?
HÄ?
AH, VERD...
ICH HAB WOHL ÜBER-TRIEBEN ...
D... DIESER...
ICH HAB IHM DOCH GESAGT, DASS ER SICH IN DER SCHULE ZURÜCKHALTEN SOLL!!
AH, SON-GOTEN.
DIESE KRAFT...
DAS IST AUF JEDEN FALL DER TÄTER!!
DAS AUTO WAR GAR NICHT SCHWER.
EIN LEICHTBAU-MODELL.
DR. HEDO, ICH HABE IHN!
GUT! VER-WANDLE DICH!
HOL MIR DIE CD!

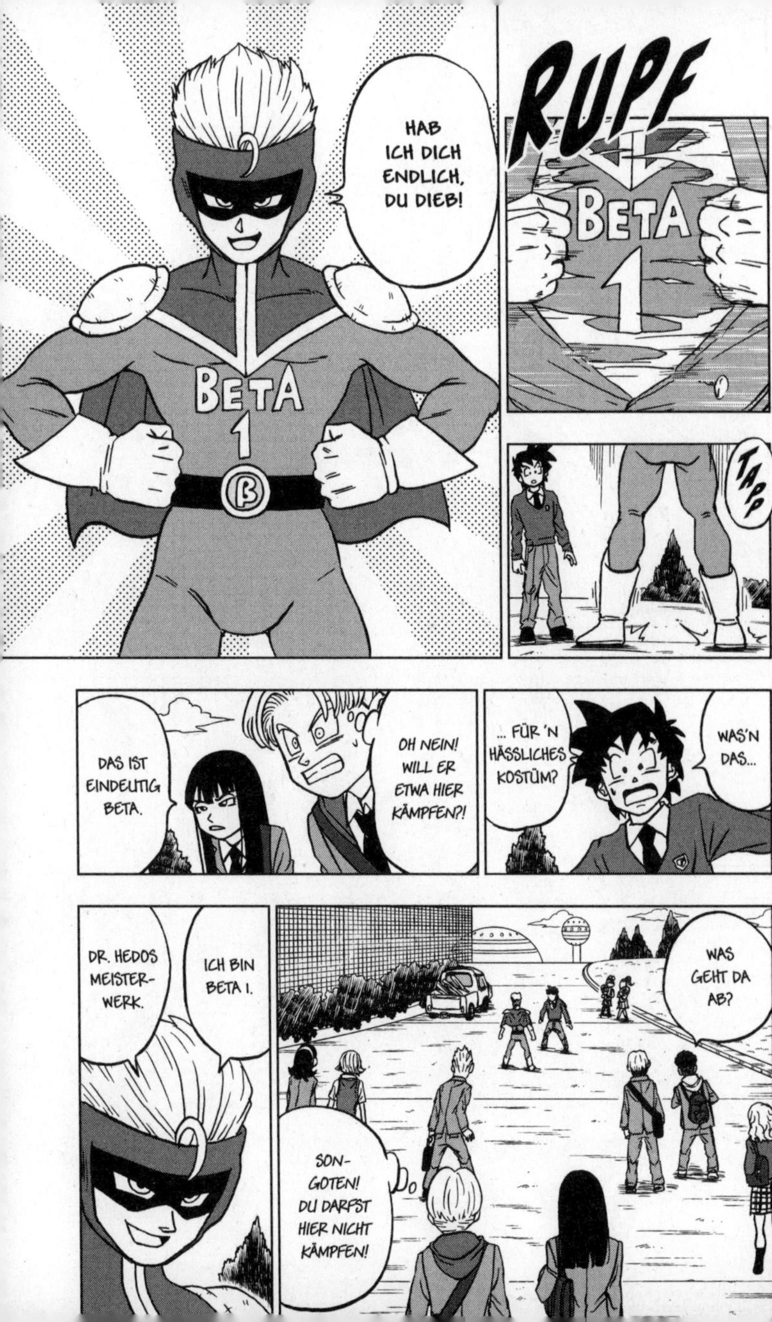
RUPF
TAPP
HAB ICH DICH ENDLICH, DU DIEB!
WAS'N DAS...
... FÜR 'N HÄSSLICHES KOSTÜM?
OH NEIN! WILL ER ETWA HIER KÄMPFEN?!
DAS IST EINDEUTIG BETA.
WAS GEHT DA AB?
SON-GOTEN! DU DARFST HIER NICHT KÄMPFEN!
ICH BIN BETA 1.
DR. HEDOS MEISTER-WERK.

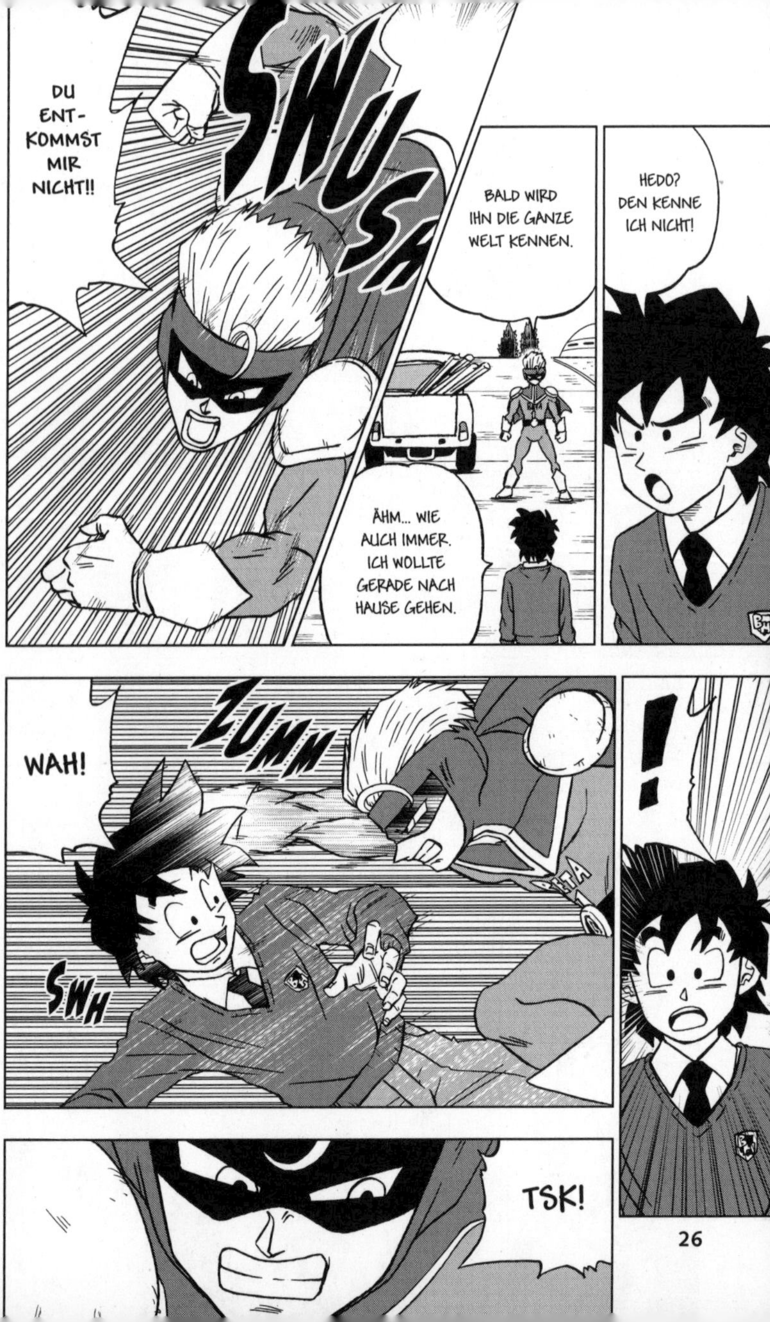

DU ENT-KOMMST MIR NICHT!!
SWUSH
BALD WIRD IHN DIE GANZE WELT KENNEN.
HEDO? DEN KENNE ICH NICHT!
ÄHM... WIE AUCH IMMER. ICH WOLLTE GERADE NACH HAUSE GEHEN.
WAH!
ZUMM
SWH
!
TSK!

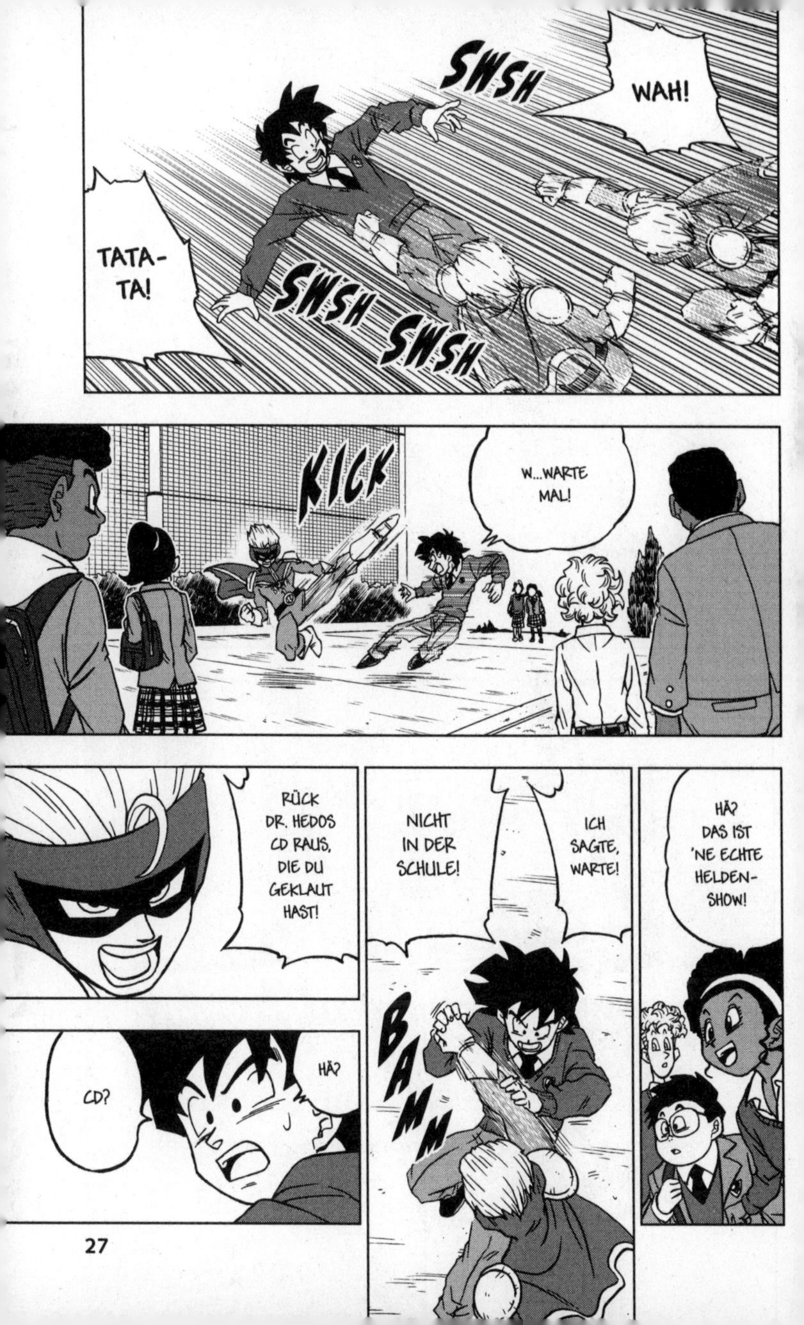

WAH!
SWSH
TATA-
TA!
SWSH
SWSH
W...WARTE
MAL!
KICK
HÄ?
DAS IST
'NE ECHTE
HELDEN-
SHOW!
ICH
SAGTE,
WARTE!
NICHT
IN DER
SCHULE!
BAMM
RÜCK
DR. HEDOS
CD RAUS,
DIE DU
GEKLAUT
HAST!
HÄ?
CD?

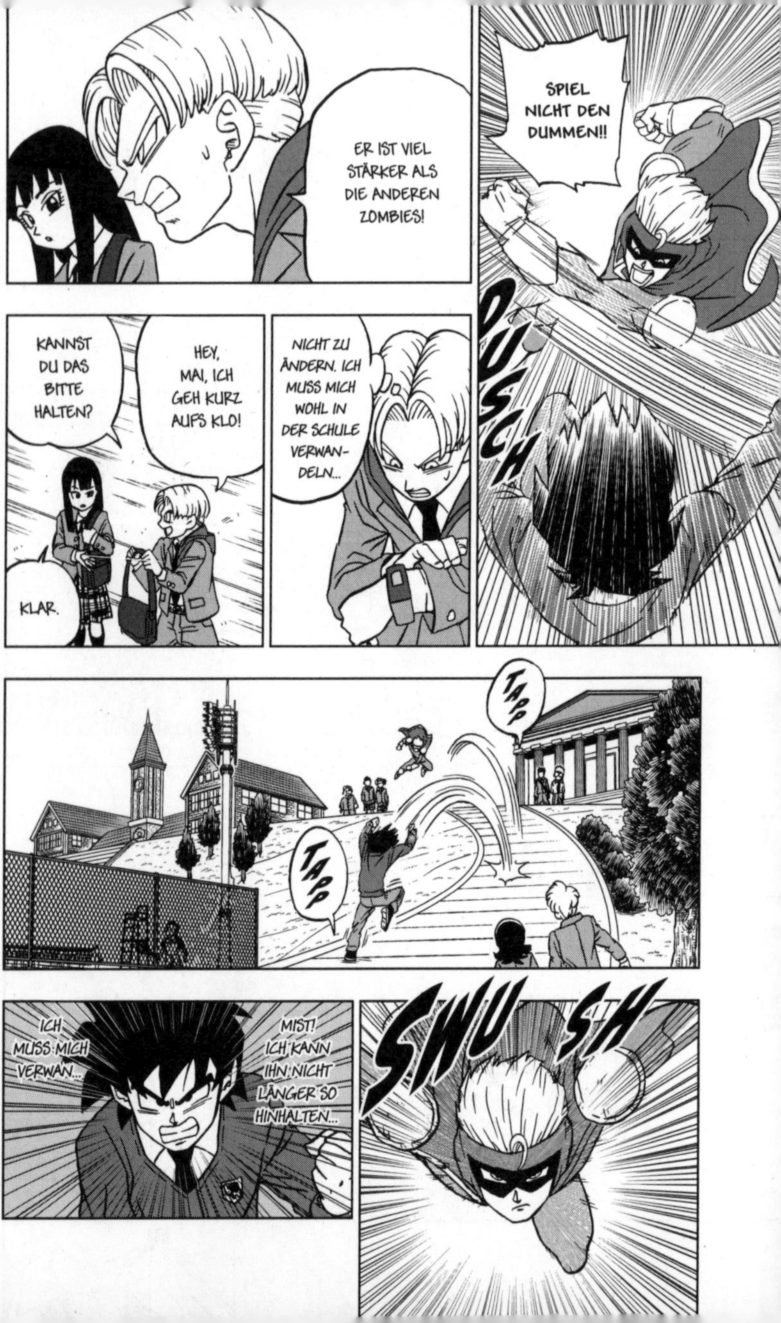
SPIEL NICHT DEN DUMMEN!!
DUSCH
ER IST VIEL STÄRKER ALS DIE ANDEREN ZOMBIES!
NICHT ZU ÄNDERN. ICH MUSS MICH WOHL IN DER SCHULE VERWAN-DELN...
HEY, MAI, ICH GEH KURZ AUFS KLO!
KANNST DU DAS BITTE HALTEN?
KLAR.
TAPP
TAPP
SWUSH
MIST! ICH KANN IHN NICHT LÄNGER SO HINHALTEN...
ICH MUSS MICH VERWAN...

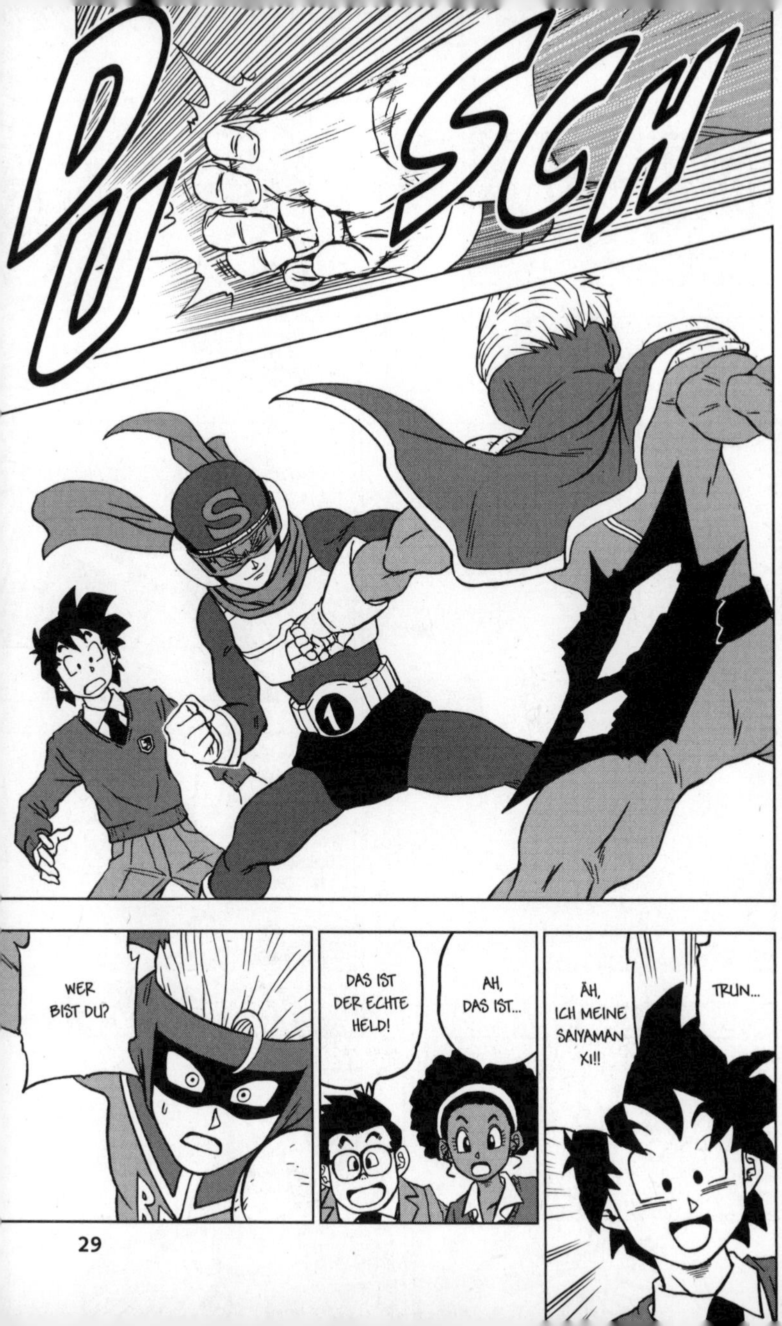
DUSCH
WER BIST DU?
DAS IST DER ECHTE HELD!
AH, DAS IST...
ÄH, ICH MEINE SAIYAMAN X1!!
TRUN...

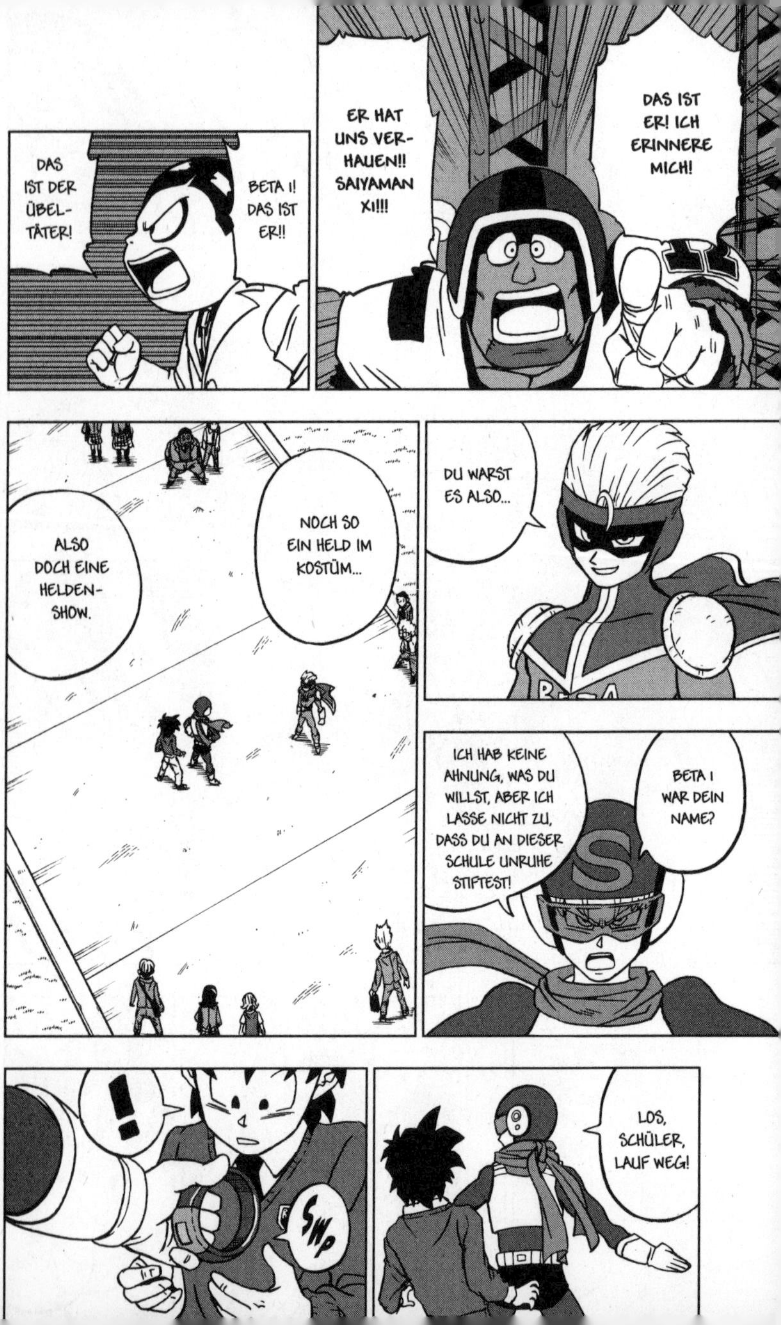
DAS IST ER! ICH ERINNERE MICH!
ER HAT UNS VERHAUEN!! SAIYAMAN X1!!!
BETA 1! DAS IST ER!!
DAS IST DER ÜBELTÄTER!
DU WARST ES ALSO...
BETA 1 WAR DEIN NAME?
ICH HAB KEINE AHNUNG, WAS DU WILLST, ABER ICH LASSE NICHT ZU, DASS DU AN DIESER SCHULE UNRUHE STIFTEST!
NOCH SO EIN HELD IM KOSTÜM...
ALSO DOCH EINE HELDENSHOW.
LOS, SCHÜLER, LAUF WEG!
!
SWP

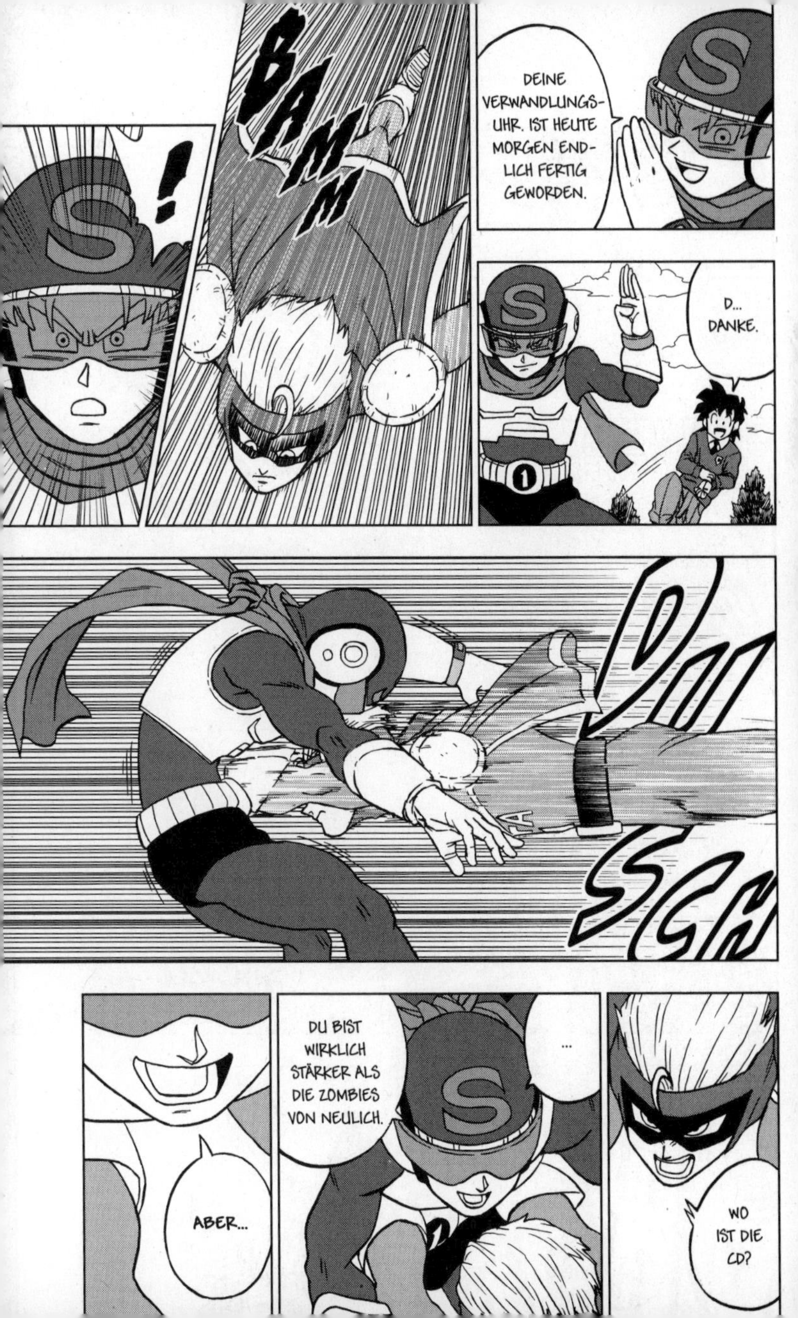
DEINE VERWANDLUNGS-UHR. IST HEUTE MORGEN ENDLICH FERTIG GEWORDEN.
D... DANKE.
BAMM
!
DUSCH
WO IST DIE CD?
...
DU BIST WIRKLICH STÄRKER ALS DIE ZOMBIES VON NEULICH.
ABER...

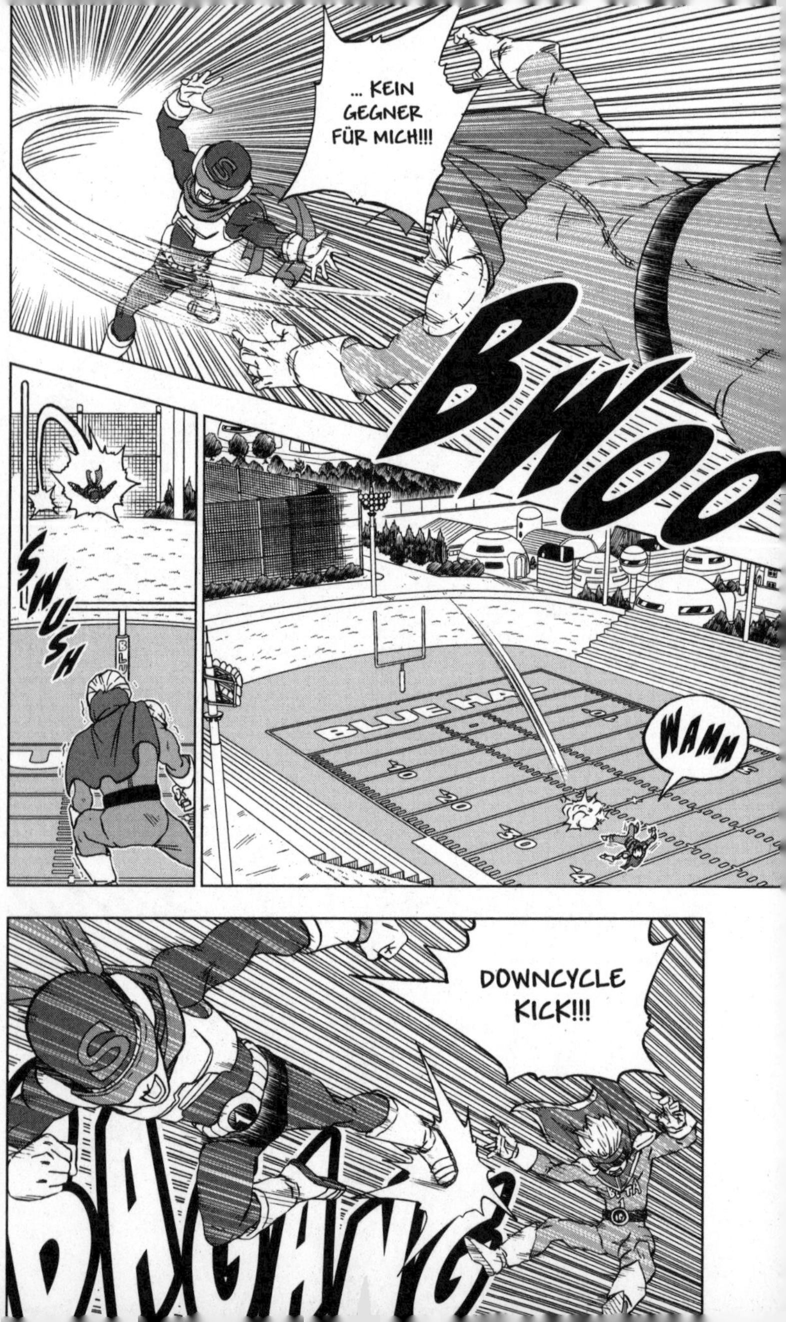
... KEIN GEGNER FÜR MICH!!!
BWOO
SWUSH
BLUE HA
WAMM
DOWNCYCLE KICK!!!

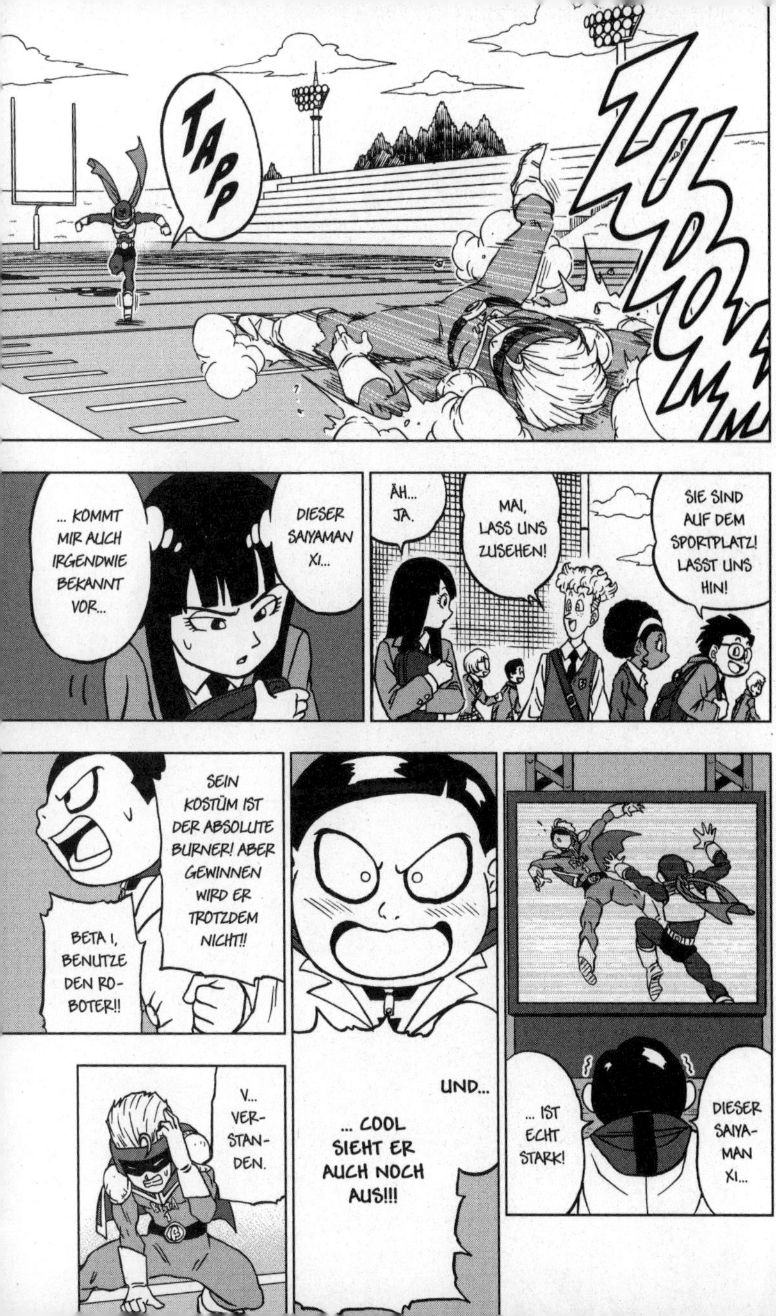
TAPP
SIE SIND AUF DEM SPORTPLATZ! LASST UNS HIN!
MAI, LASS UNS ZUSEHEN!
ÄH... JA.
DIESER SAIYAMAN XI...
... KOMMT MIR AUCH IRGENDWIE BEKANNT VOR...
DIESER SAIYAMAN XI...
... IST ECHT STARK!
UND...
... COOL SIEHT ER AUCH NOCH AUS!!!
SEIN KOSTÜM IST DER ABSOLUTE BURNER! ABER GEWINNEN WIRD ER TROTZDEM NICHT!!
BETA 1, BENUTZE DEN ROBOTER!!
V... VERSTANDEN.

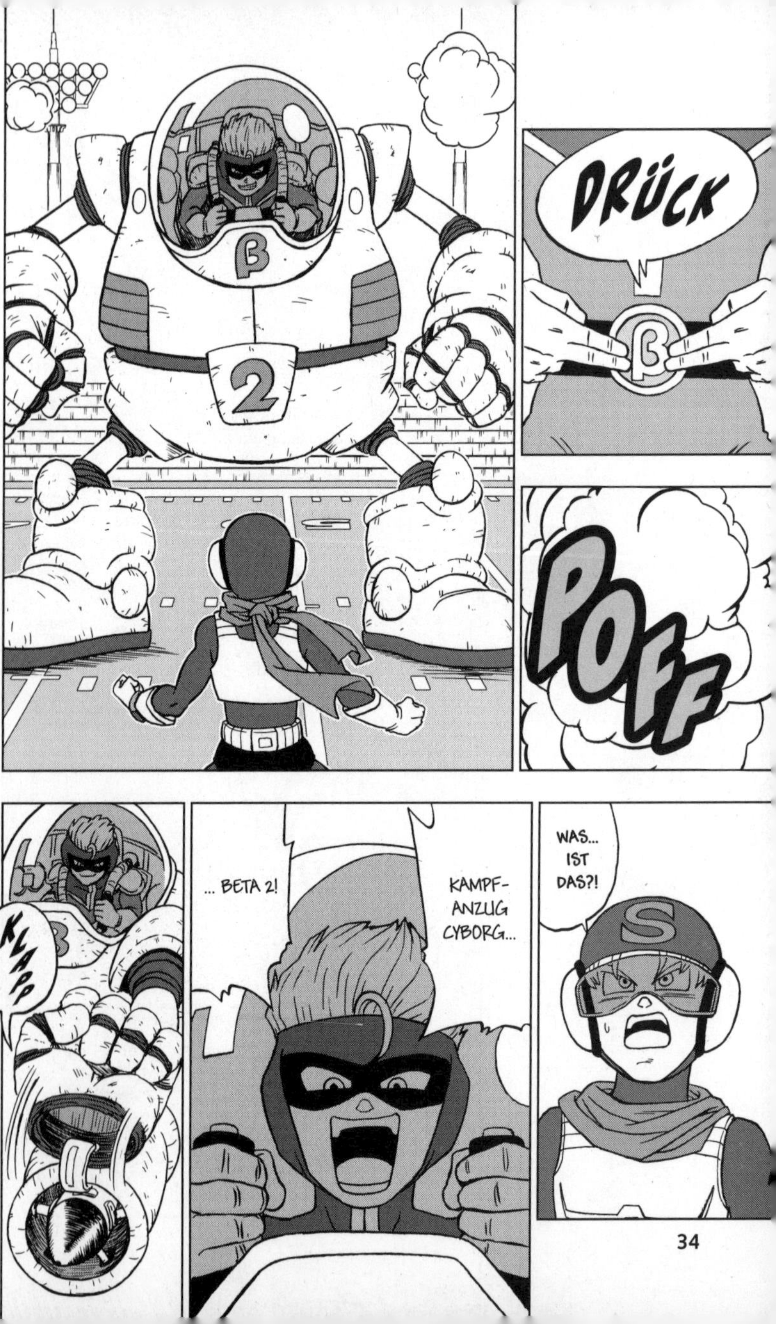
DRÜCK
POFF
WAS... IST DAS?!
KAMPF-ANZUG CYBORG...
... BETA 2!
KLAPP

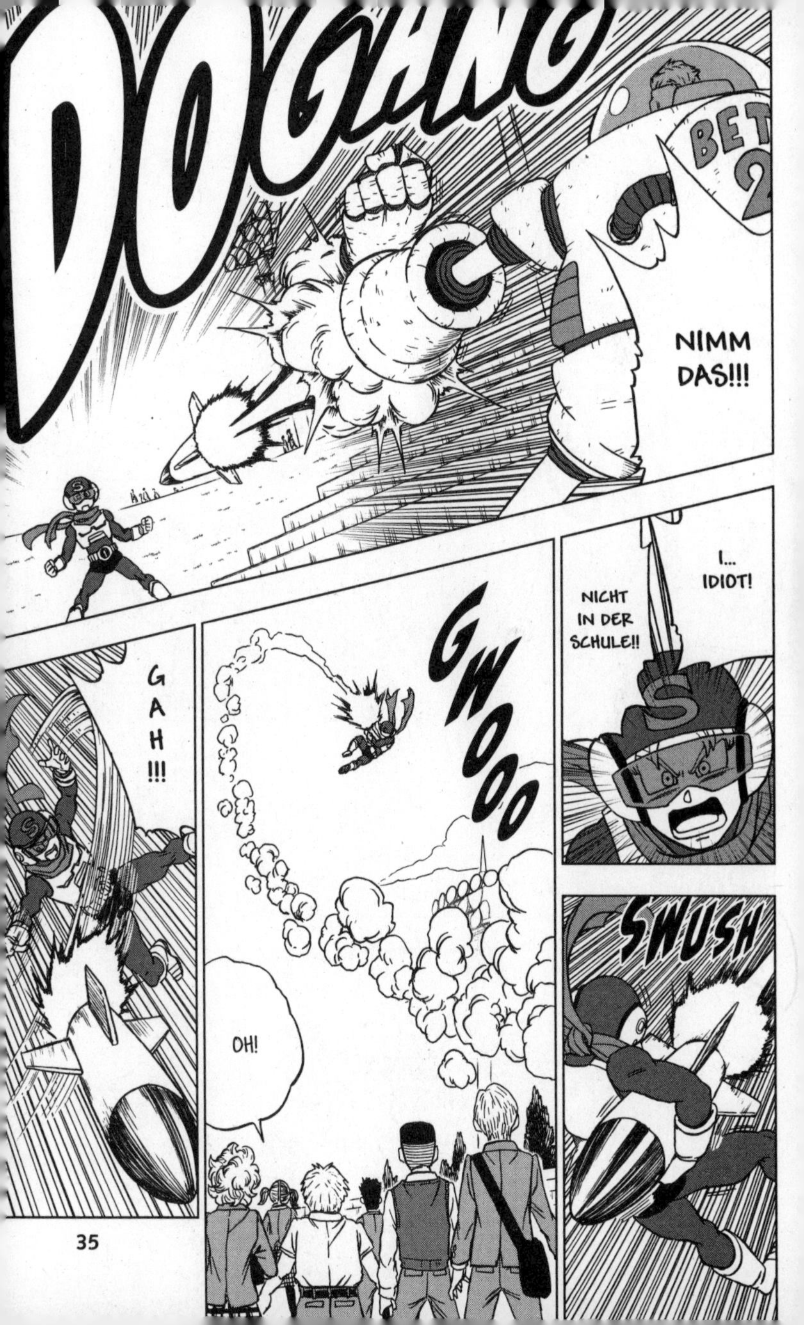
NIMM DAS!!!
I... IDIOT!
NICHT IN DER SCHULE!!
SWUSH
GWOOOO
OH!
GAH!!!

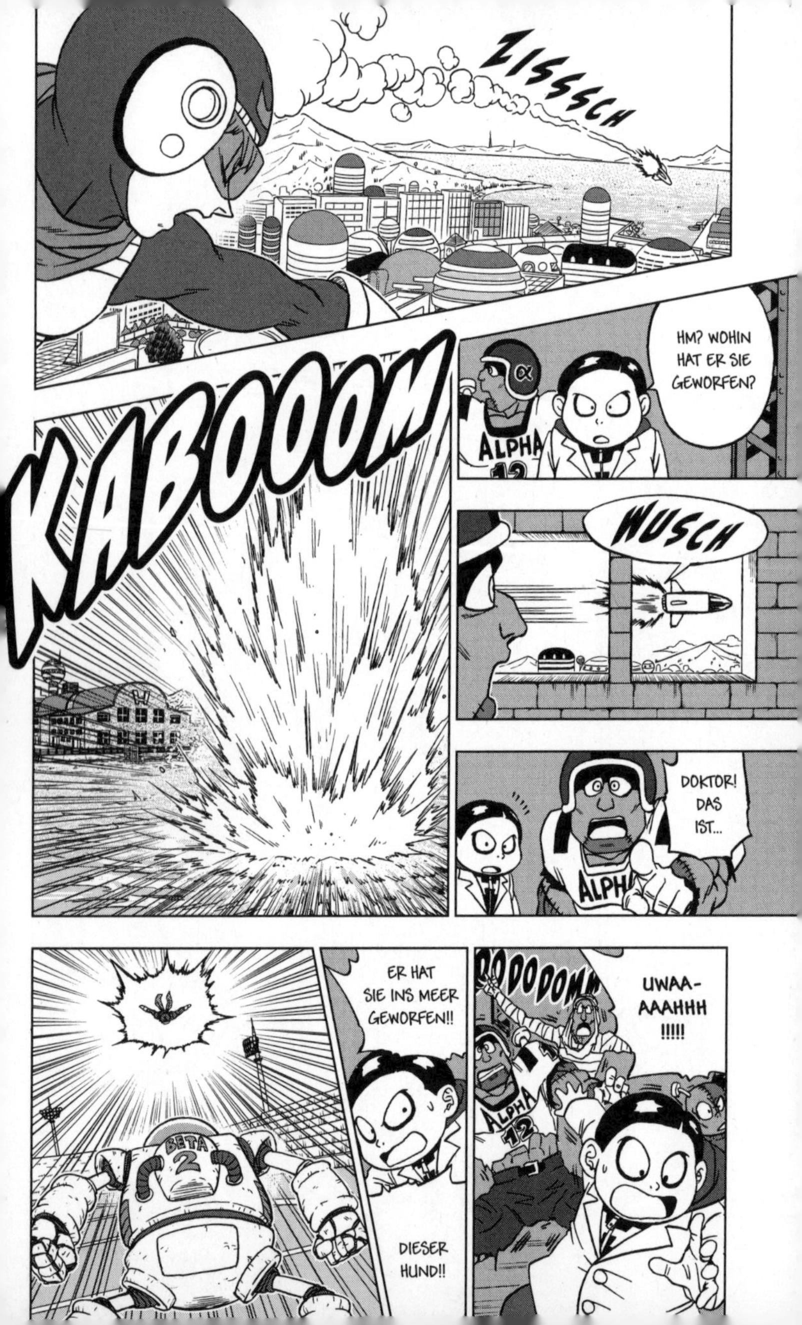
ZISSSCH
HM? WOHIN HAT ER SIE GEWORFEN?
KABOOOM
WUSCH
DOKTOR! DAS IST...
ER HAT SIE INS MEER GEWORFEN!!
DIESER HUND!!
DODODOMM
UWAA-AAAHHH !!!!!

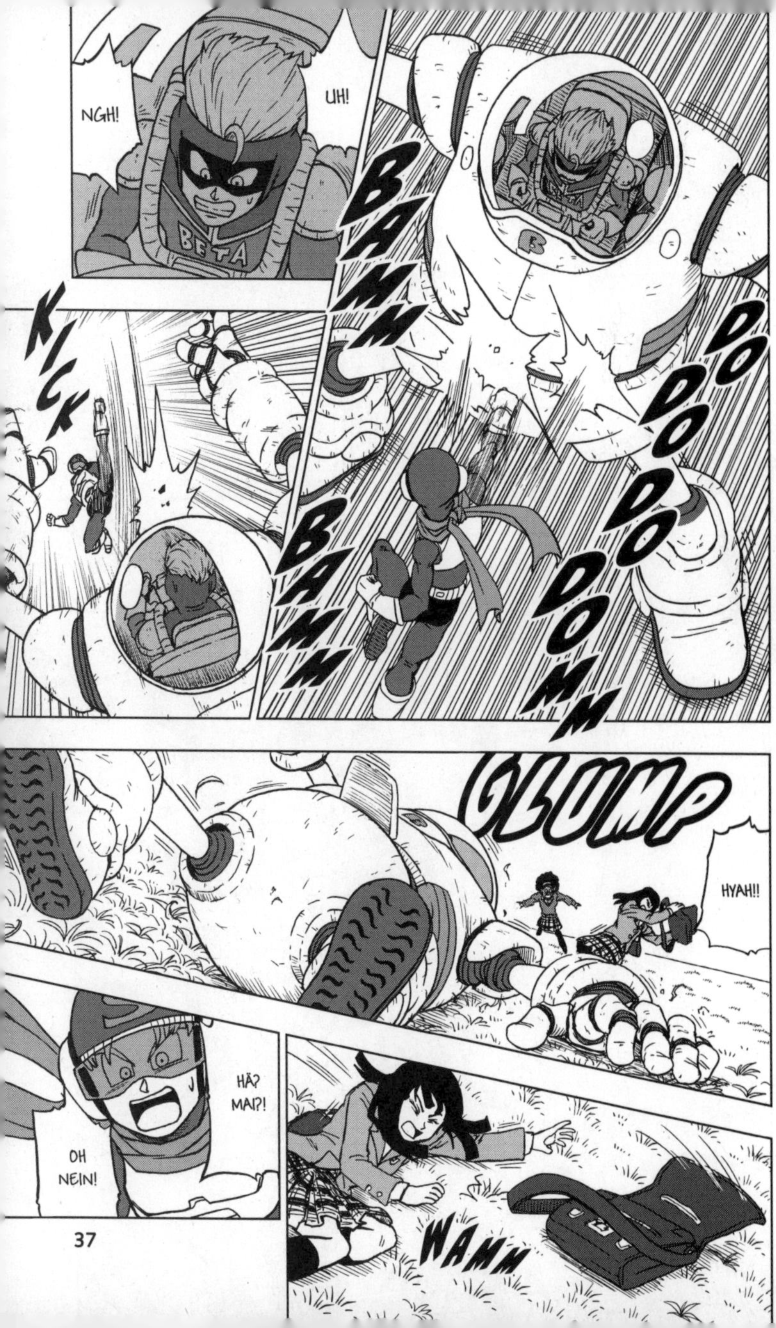
UH!
NGH!
BAMM
DO DO DO DO DOMM
KICK
BAMM
GLUMP
HYAH!!
HÄ? MAI?!
OH NEIN!
WAMM

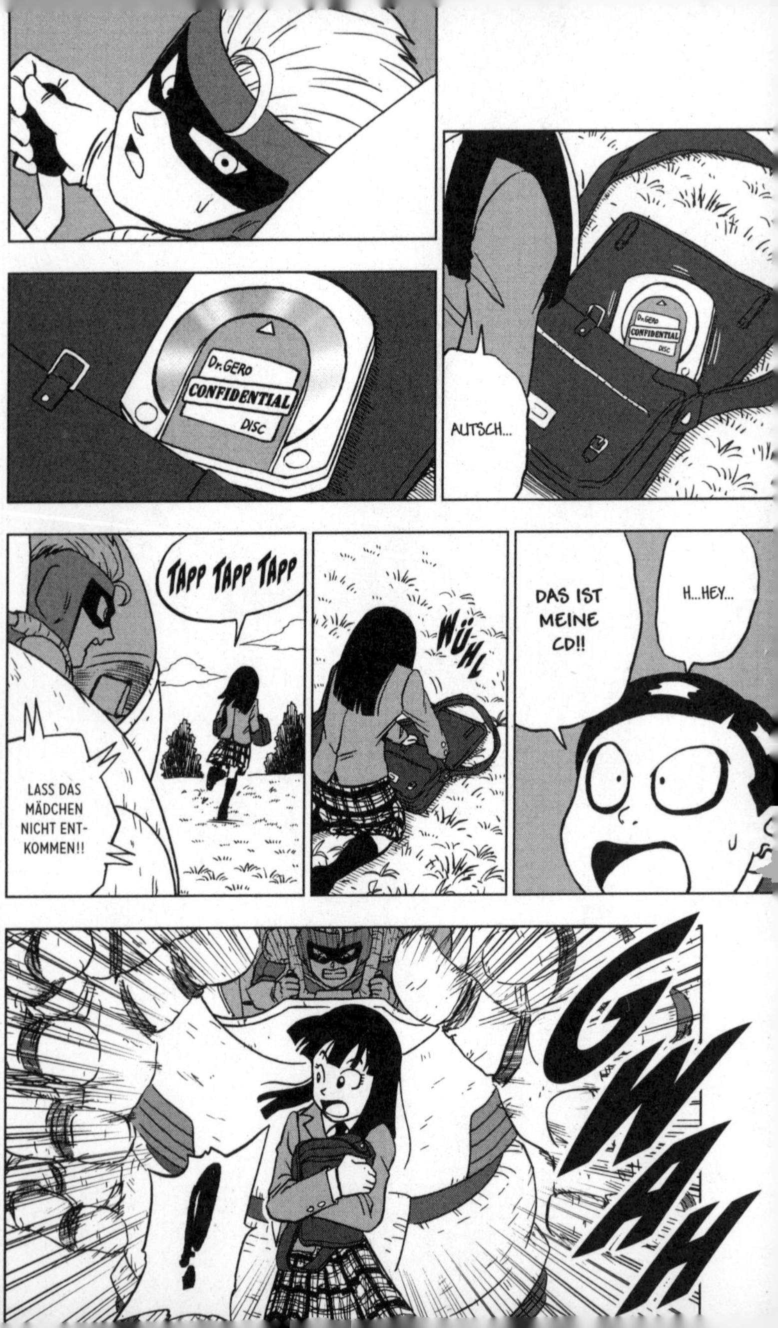
AUTSCH...
Dr.GERO
CONFIDENTIAL
DISC
H...HEY...
DAS IST MEINE CD!!
WÜHL
TAPP TAPP TAPP
LASS DAS MÄDCHEN NICHT ENT-KOMMEN!!
GWAAH
!

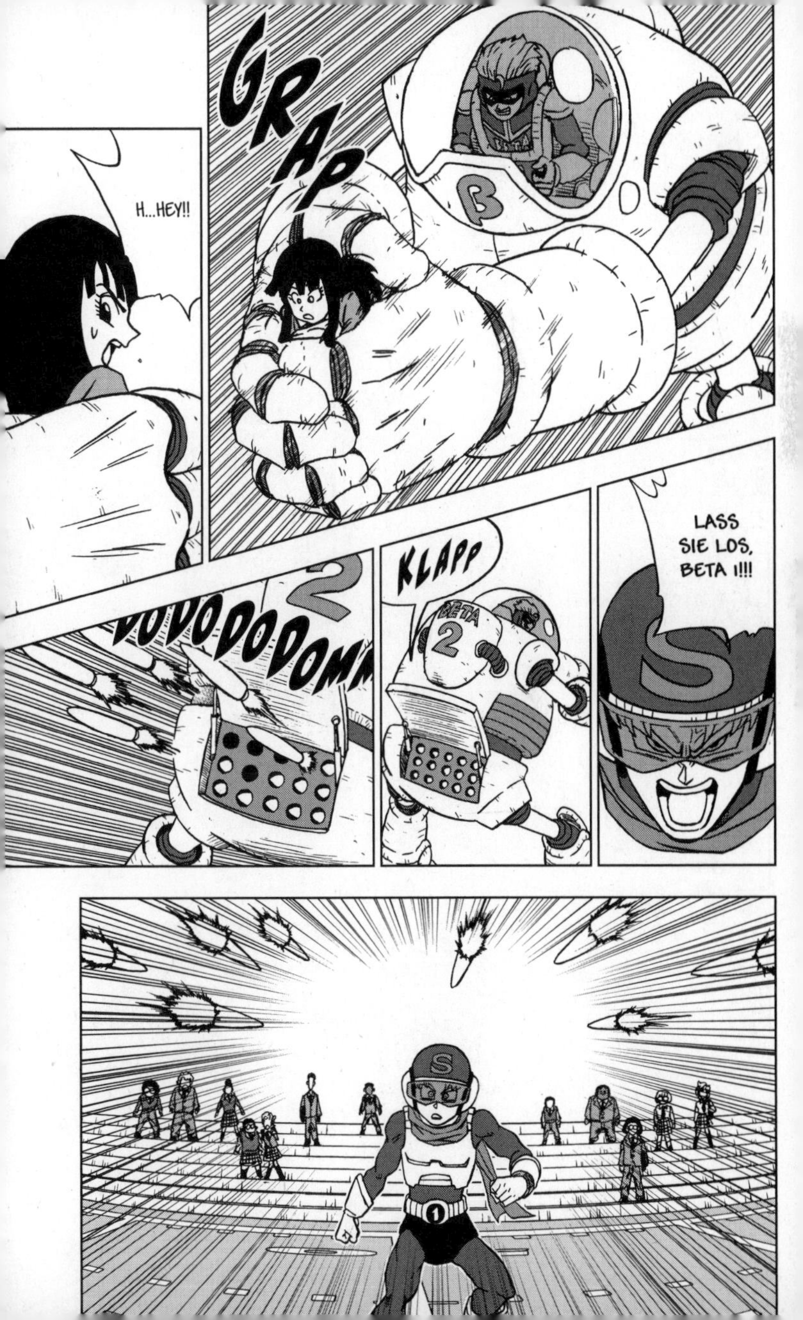
GRAP
H...HEY!!
LASS SIE LOS, BETA 1!!!
KLAPP
DODODODODOM

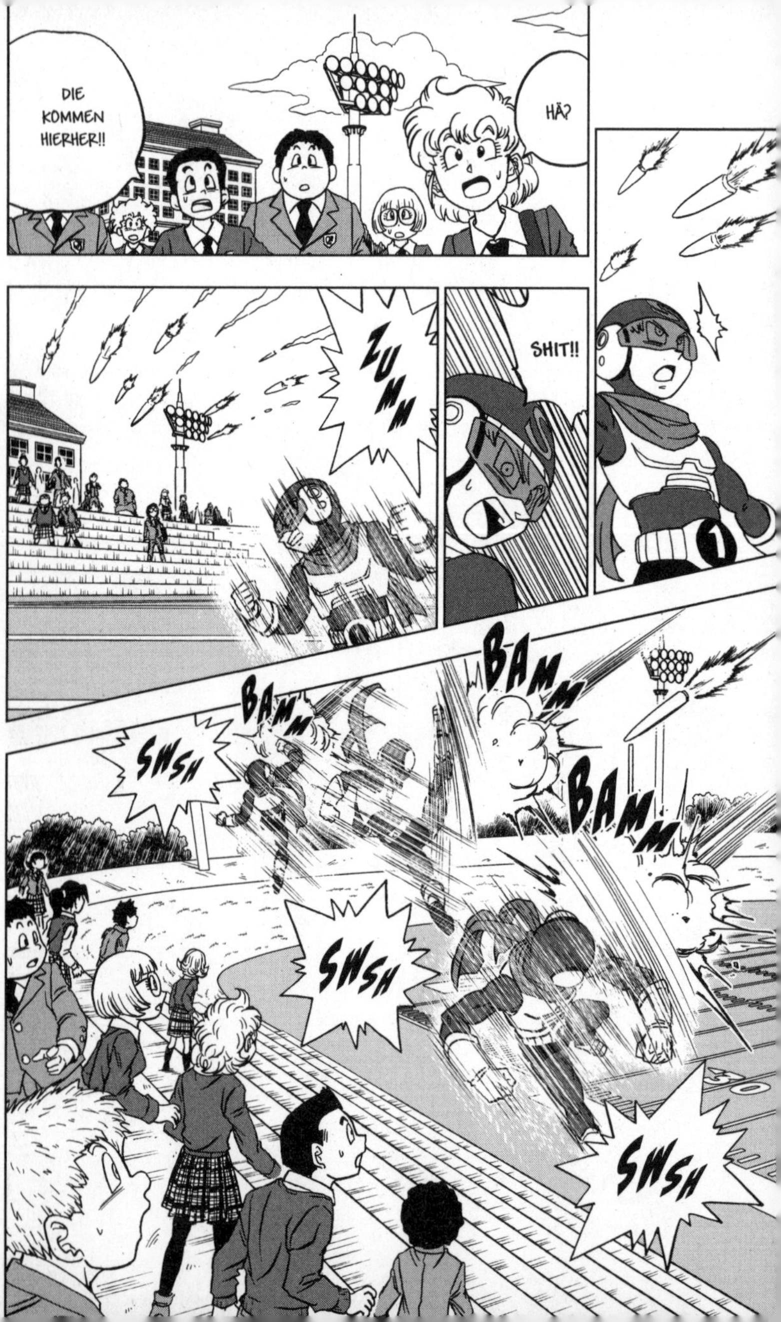
HÄ?
DIE KOMMEN HIERHER!!
SHIT!!
ZUMM
BAMM
BAMM
BAMM
SWSH
SWSH
SWSH

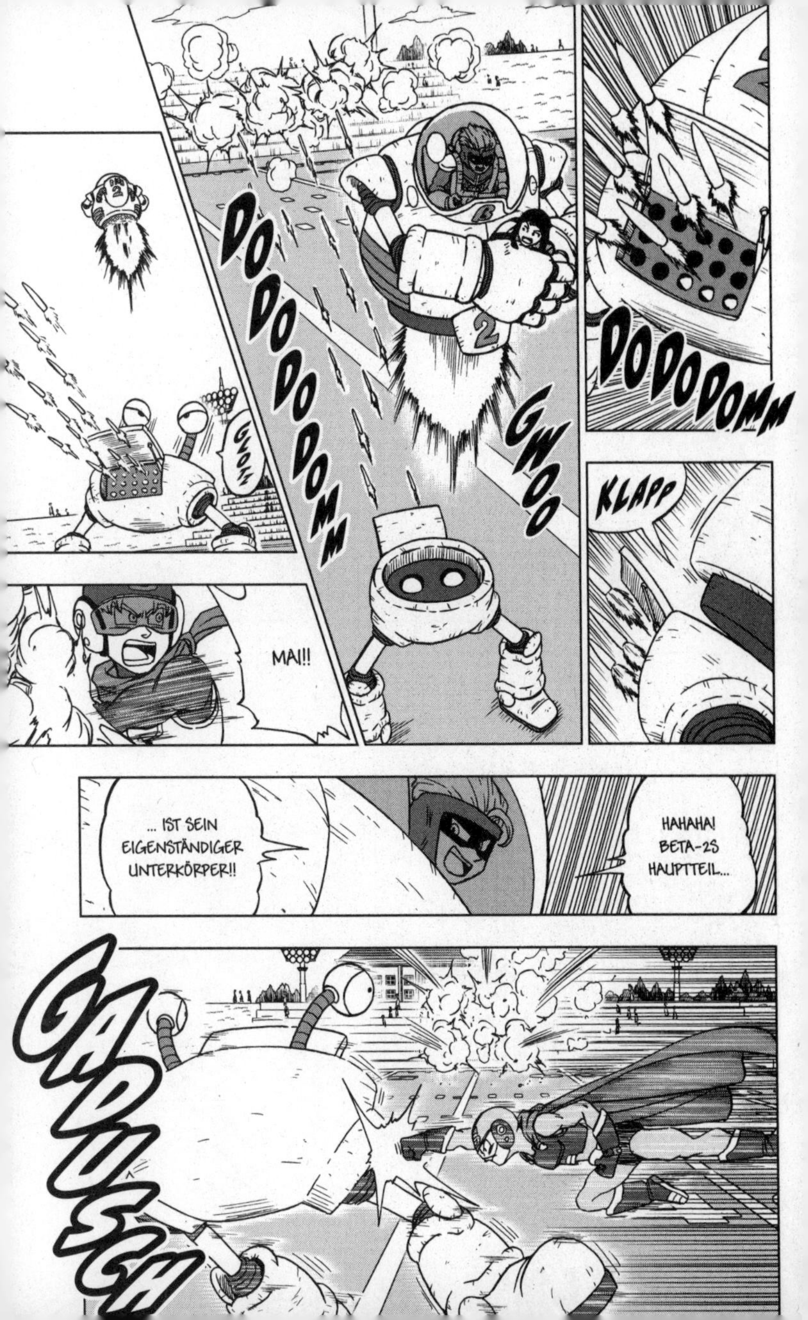
DODODOMM
DODODODOMM
GWOO
KLAPP
MAI!!
HAHAHA! BETA-2S HAUPTTEIL...
... IST SEIN EIGENSTÄNDIGER UNTERKÖRPER!!
GADUSCH

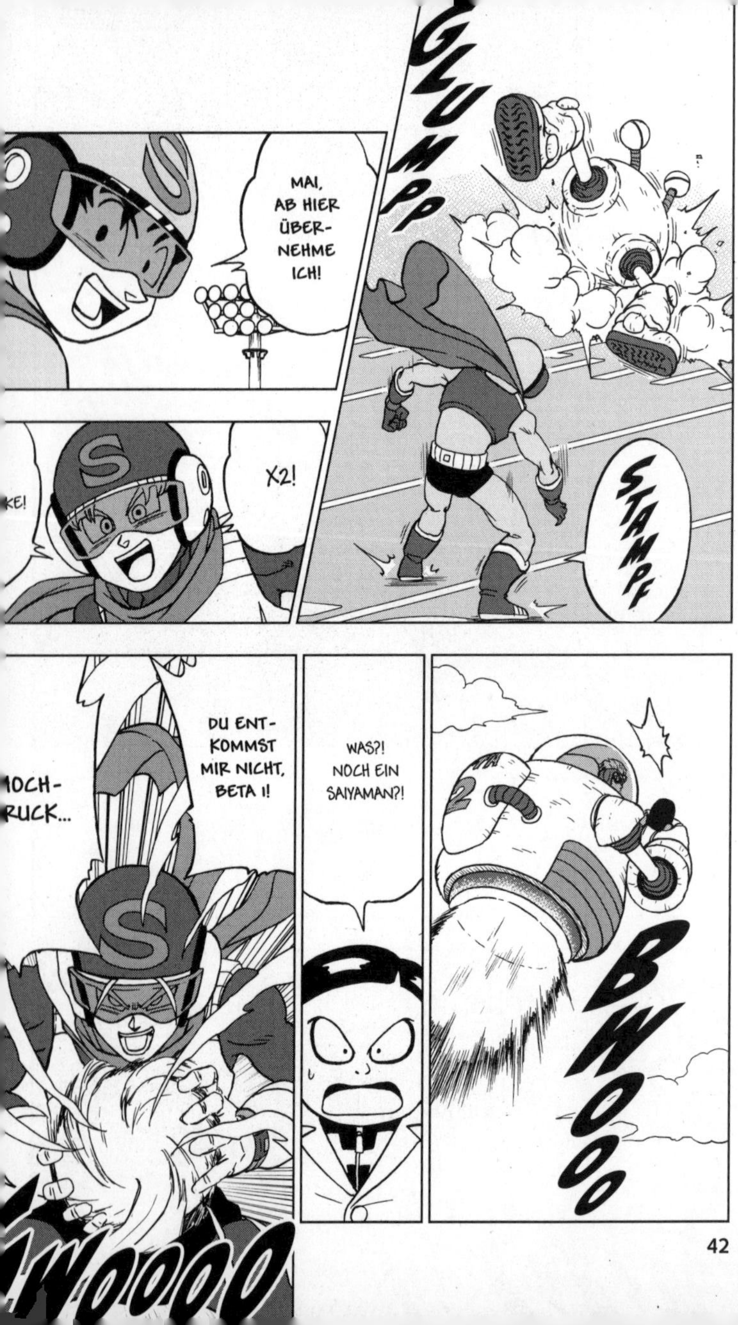
GLUMMPP
STAMPF
MAI, AB HIER ÜBER-NEHME ICH!
X2!
BWOOOO
WAS?! NOCH EIN SAIYAMAN?!
DU ENT-KOMMST MIR NICHT, BETA I!
WOOOO

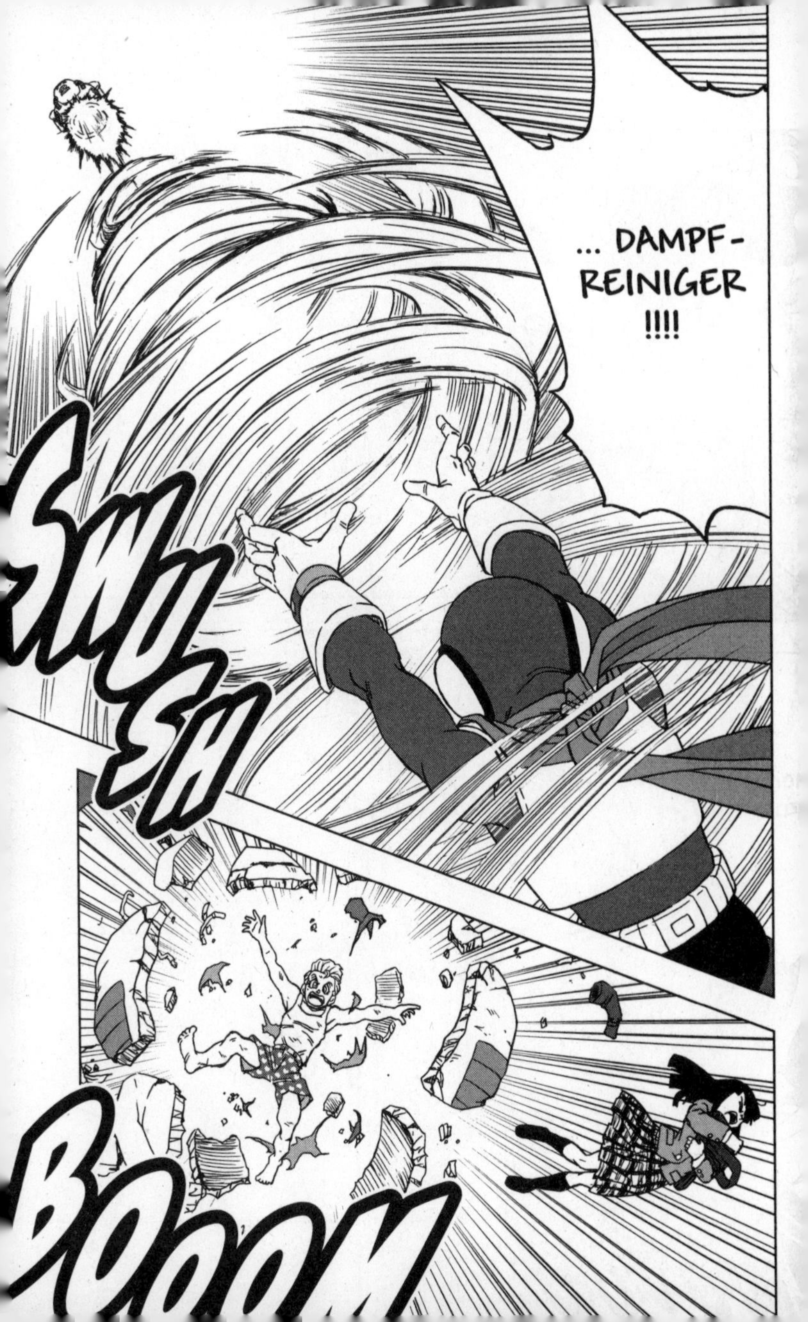
... DAMPF-
REINIGER
!!!!
SWOOSH
BOOOOM

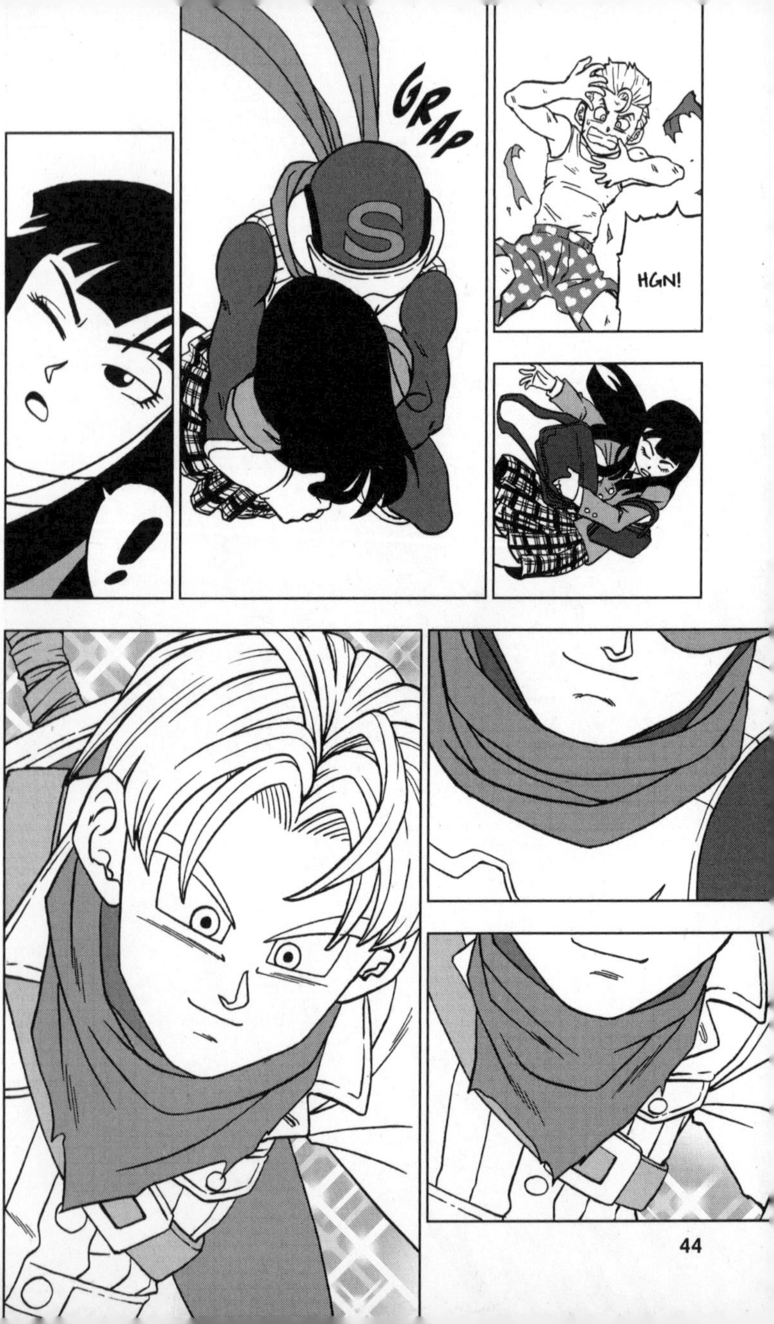
HGN!
GRAP
!

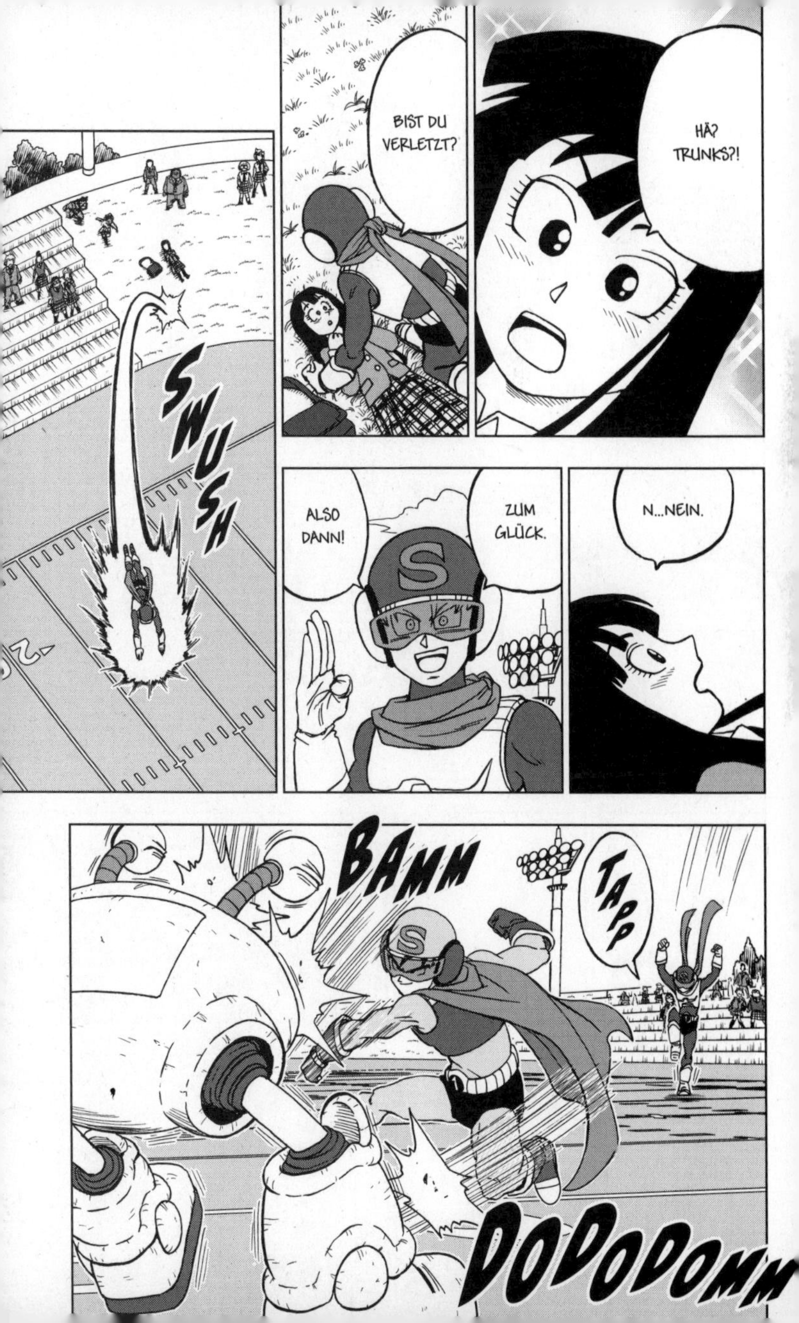
HÄ? TRUNKS?!
BIST DU VERLETZT?
SWUSH
N...NEIN.
ZUM GLÜCK.
ALSO DANN!
TAPP
BAMM
DODODOMM

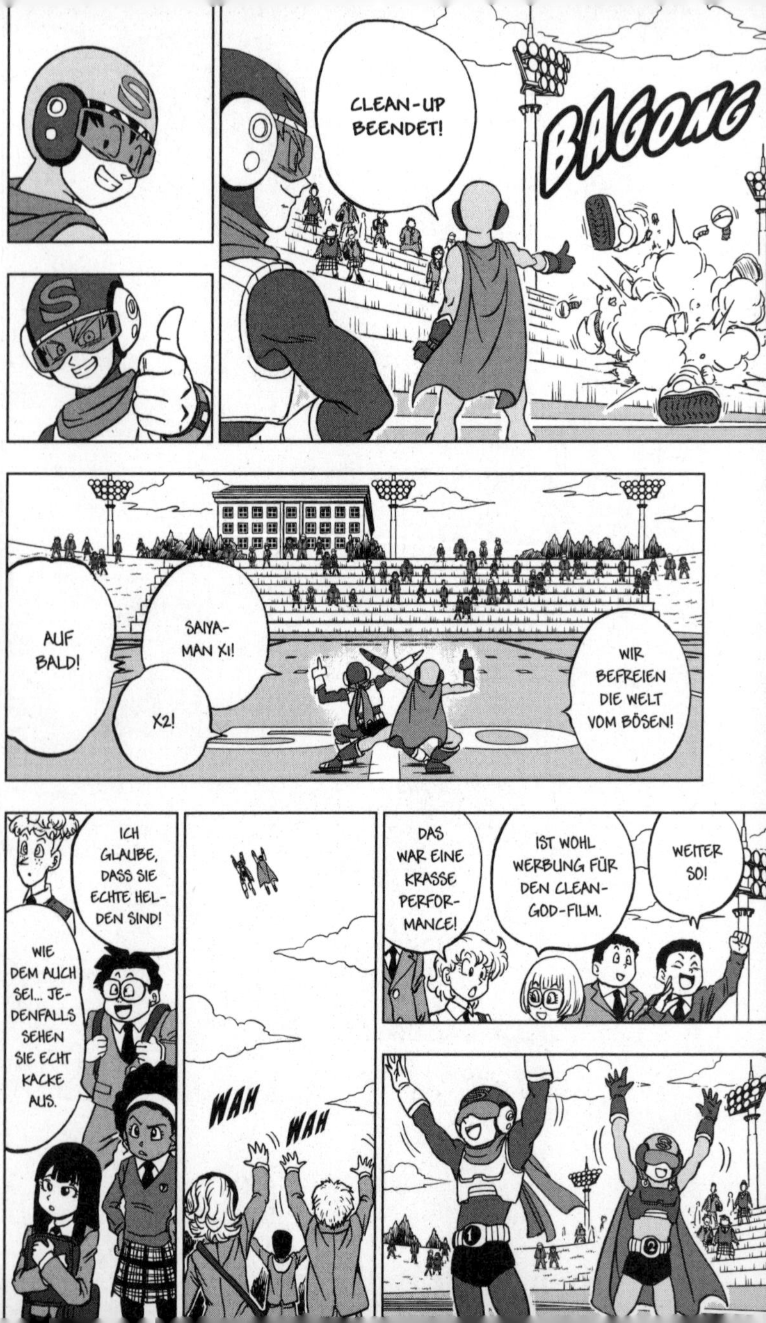
BAGONG
CLEAN-UP BEENDET!
WIR BEFREIEN DIE WELT VOM BÖSEN!
SAIYA-MAN X1!
X2!
AUF BALD!
WEITER SO!
IST WOHL WERBUNG FÜR DEN CLEAN-GOD-FILM.
DAS WAR EINE KRASSE PERFOR-MANCE!
ICH GLAUBE, DASS SIE ECHTE HEL-DEN SIND!
WIE DEM AUCH SEI... JE-DENFALLS SEHEN SIE ECHT KACKE AUS.
WAH
WAH

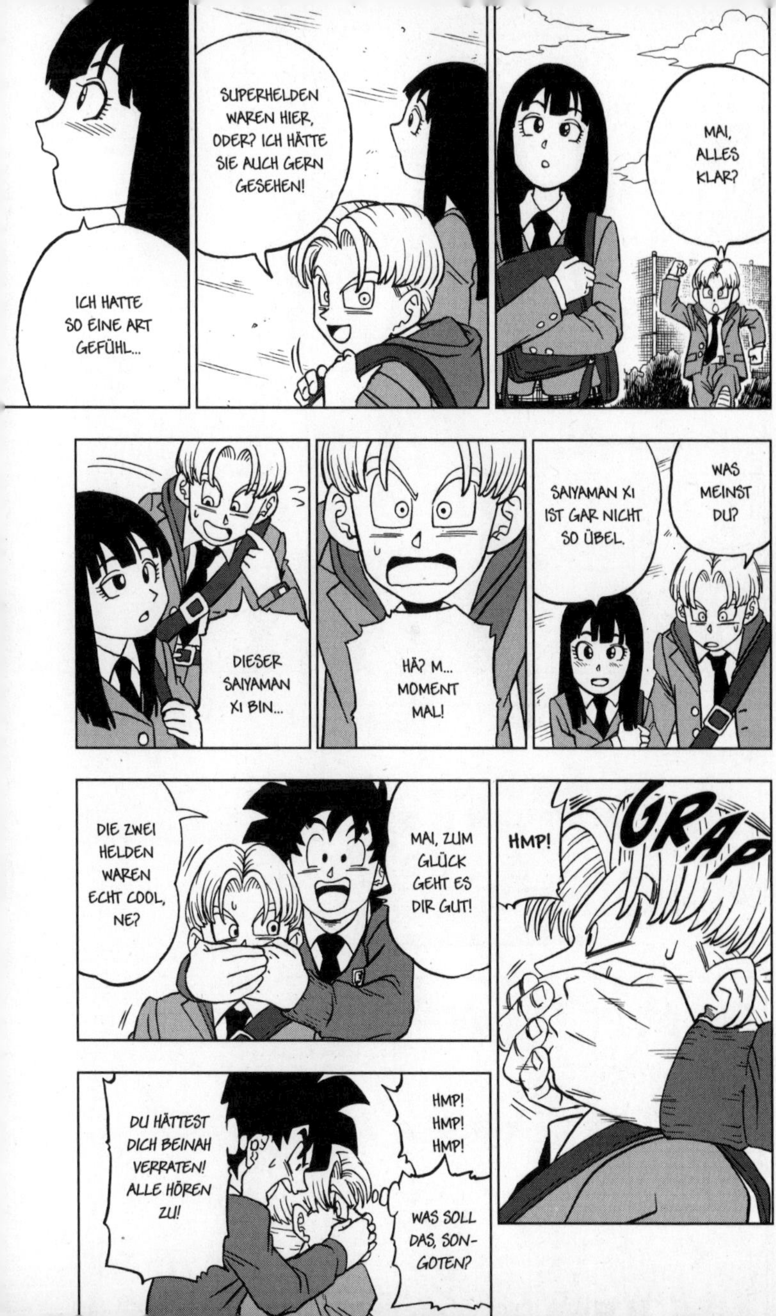

MAI, ALLES KLAR?
SUPERHELDEN WAREN HIER, ODER? ICH HÄTTE SIE AUCH GERN GESEHEN!
ICH HATTE SO EINE ART GEFÜHL...
WAS MEINST DU?
SAIYAMAN XI IST GAR NICHT SO ÜBEL.
HÄ? M... MOMENT MAL!
DIESER SAIYAMAN XI BIN...
HMP!
GRAP
MAI, ZUM GLÜCK GEHT ES DIR GUT!
DIE ZWEI HELDEN WAREN ECHT COOL, NE?
HMP! HMP! HMP!
WAS SOLL DAS, SON-GOTEN?
DU HÄTTEST DICH BEINAH VERRATEN! ALLE HÖREN ZU!

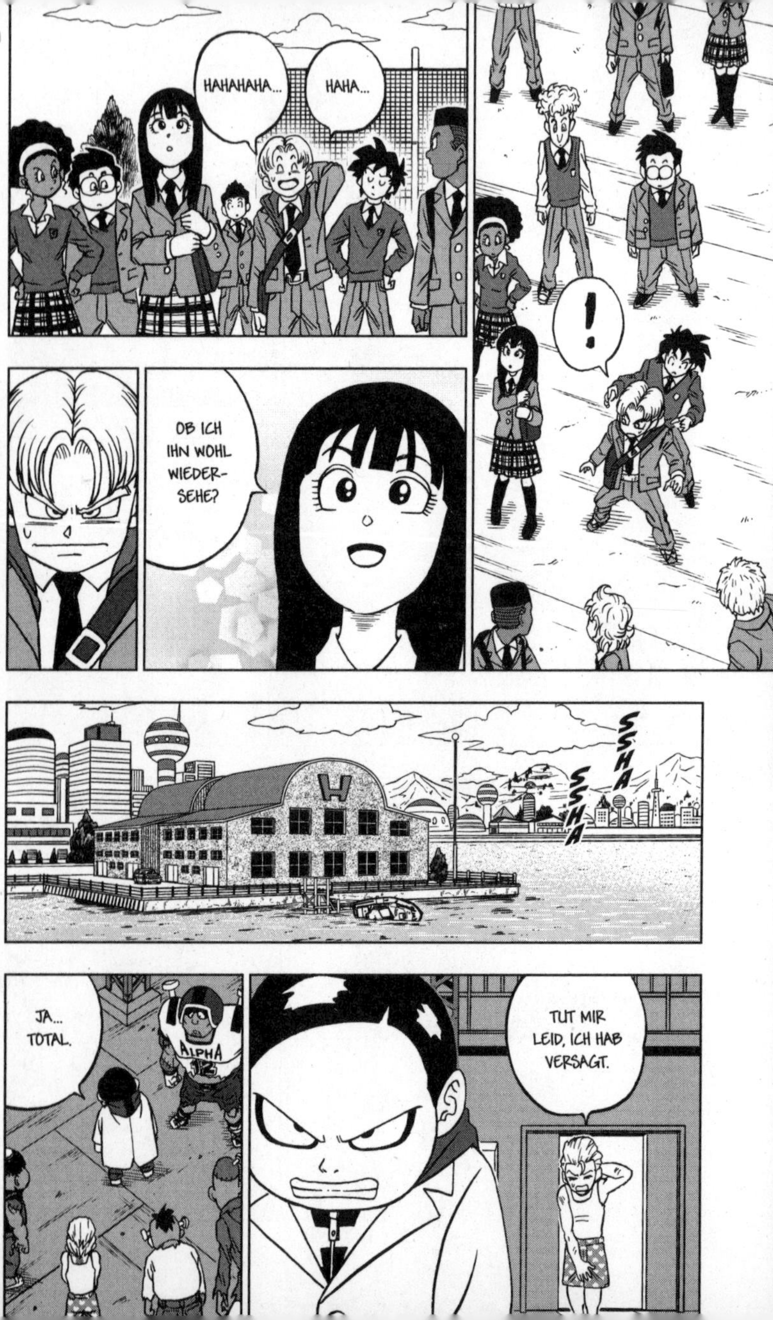
HAHA...
HAHAHAHA...
!
OB ICH IHN WOHL WIEDER-SEHE?
SSHA SSHA
TUT MIR LEID, ICH HAB VERSAGT.
JA... TOTAL.
ALPHA

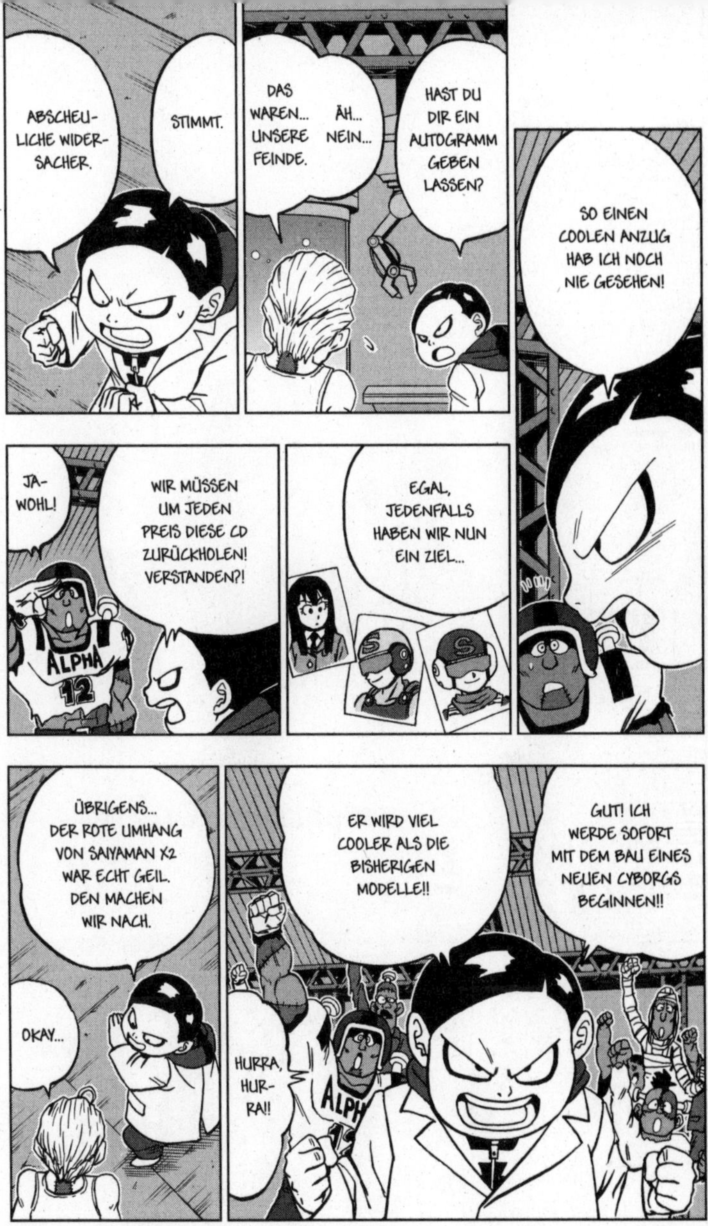
SO EINEN COOLEN ANZUG HAB ICH NOCH NIE GESEHEN!
HAST DU DIR EIN AUTOGRAMM GEBEN LASSEN?
ÄH... NEIN...
DAS WAREN... UNSERE FEINDE.
STIMMT.
ABSCHEULICHE WIDERSACHER.
EGAL, JEDENFALLS HABEN WIR NUN EIN ZIEL...
WIR MÜSSEN UM JEDEN PREIS DIESE CD ZURÜCKHOLEN! VERSTANDEN?!
JAWOHL!
ALPHA 12
GUT! ICH WERDE SOFORT MIT DEM BAU EINES NEUEN CYBORGS BEGINNEN!!
ER WIRD VIEL COOLER ALS DIE BISHERIGEN MODELLE!!
HURRA, HURRA!!
ÜBRIGENS... DER ROTE UMHANG VON SAIYAMAN X2 WAR ECHT GEIL. DEN MACHEN WIR NACH.
OKAY...

Alphaserie-Cyborgs

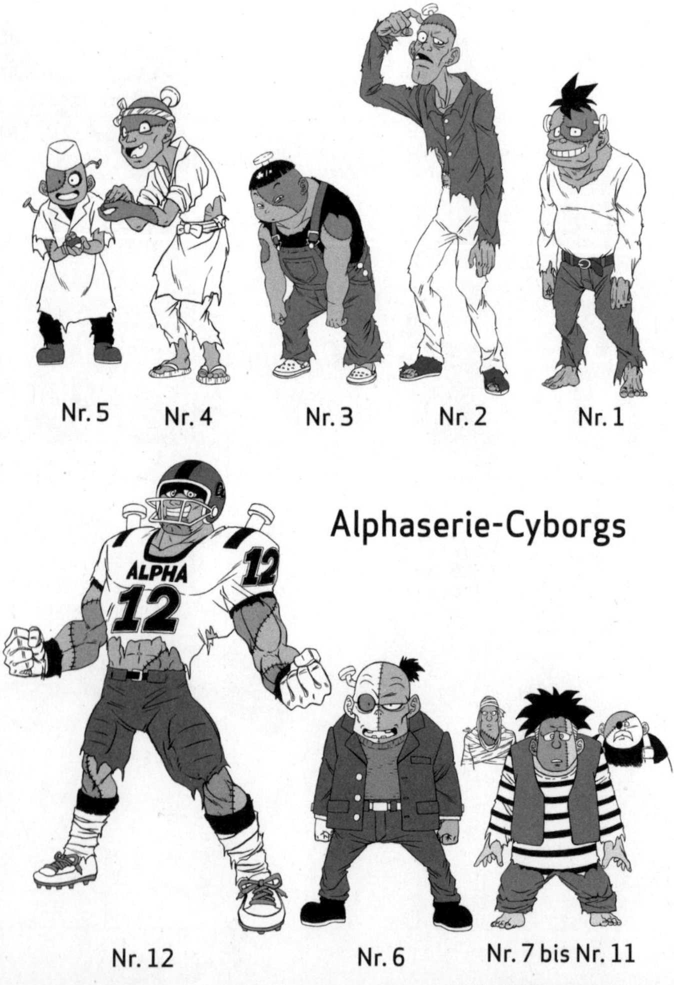

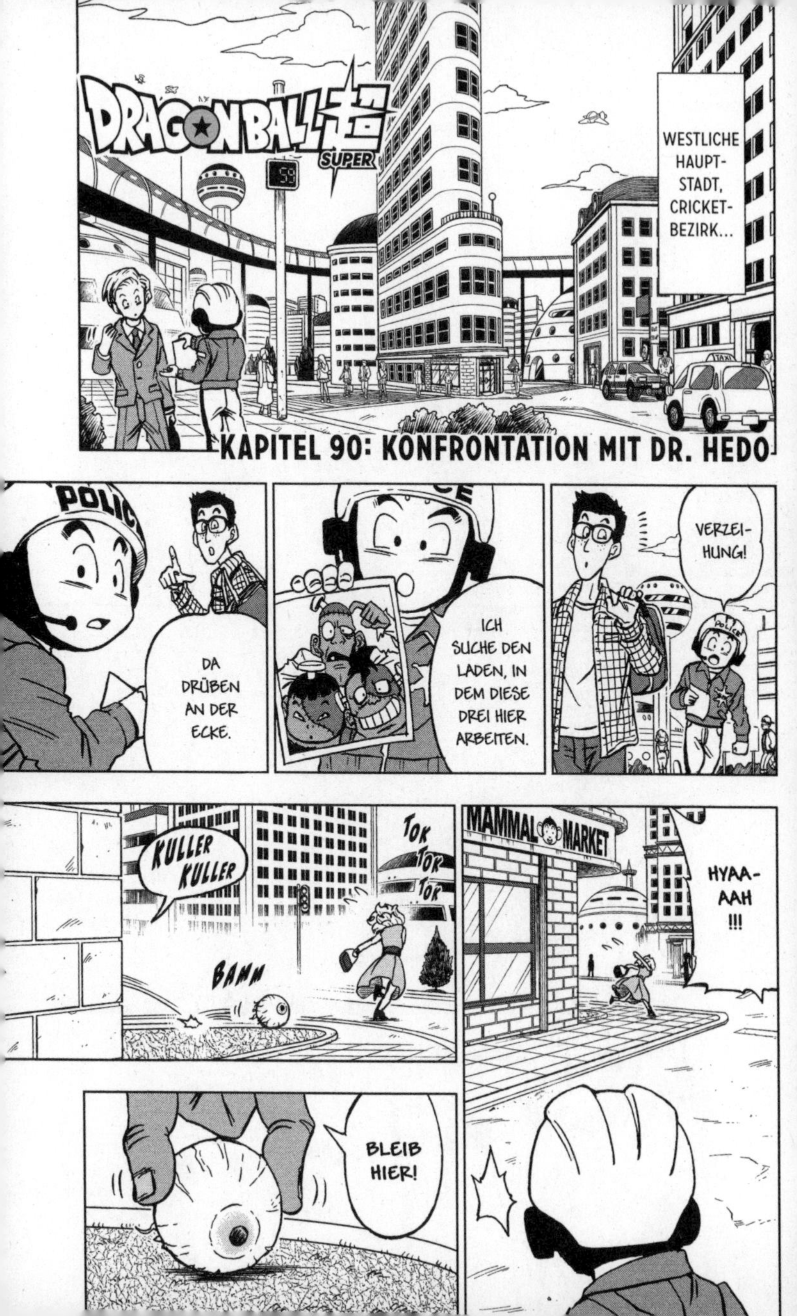
DRAGON BALL SUPER
59
WESTLICHE HAUPT-STADT, CRICKET-BEZIRK...
KAPITEL 90: KONFRONTATION MIT DR. HEDO
VERZEI-HUNG!
ICH SUCHE DEN LADEN, IN DEM DIESE DREI HIER ARBEITEN.
DA DRÜBEN AN DER ECKE.
MAMMAL MARKET
HYAA-AAH !!!
KULLER KULLER
TOK TOK TOK
BAMM
BLEIB HIER!

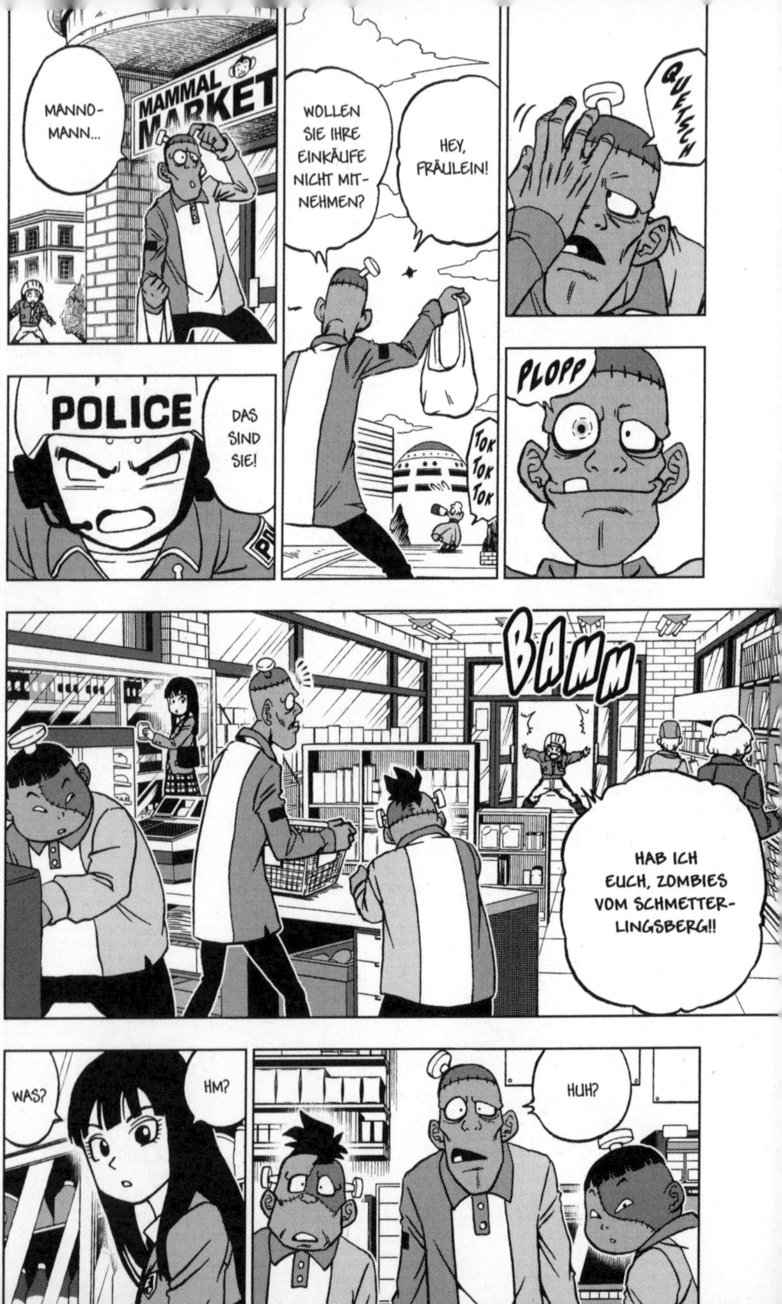
MAMMAL MARKET
MANNO-MANN...
WOLLEN SIE IHRE EINKÄUFE NICHT MIT-NEHMEN?
HEY, FRÄULEIN!
QUIETSCH
POLICE
DAS SIND SIE!
TOK TOK TOK
PLOPP
BAMM
HAB ICH EUCH, ZOMBIES VOM SCHMETTER-LINGSBERG!!
WAS?
HM?
HUH?

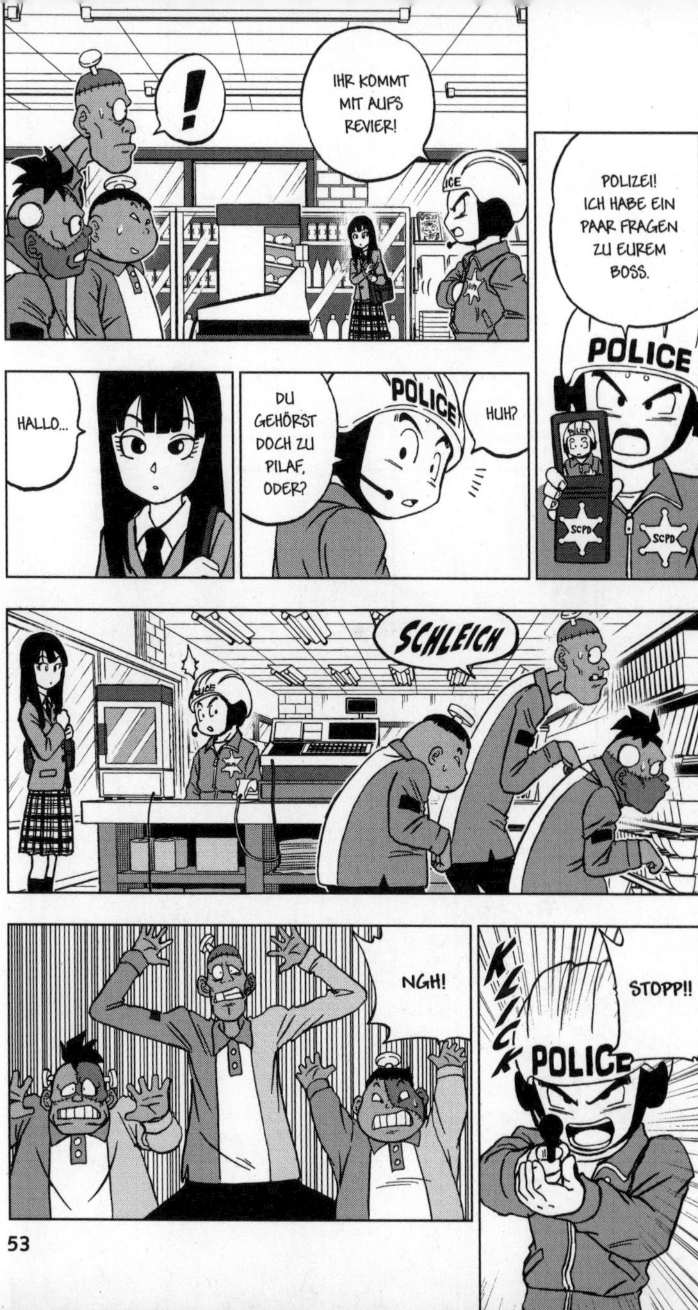
POLIZEI! ICH HABE EIN PAAR FRAGEN ZU EUREM BOSS.
POLICE
IHR KOMMT MIT AUFS REVIER!
!
SCPD
HUH?
DU GEHÖRST DOCH ZU PILAF, ODER?
POLICE
HALLO...
SCHLEICH
KLICK
STOPP!!
POLICE
NGH!

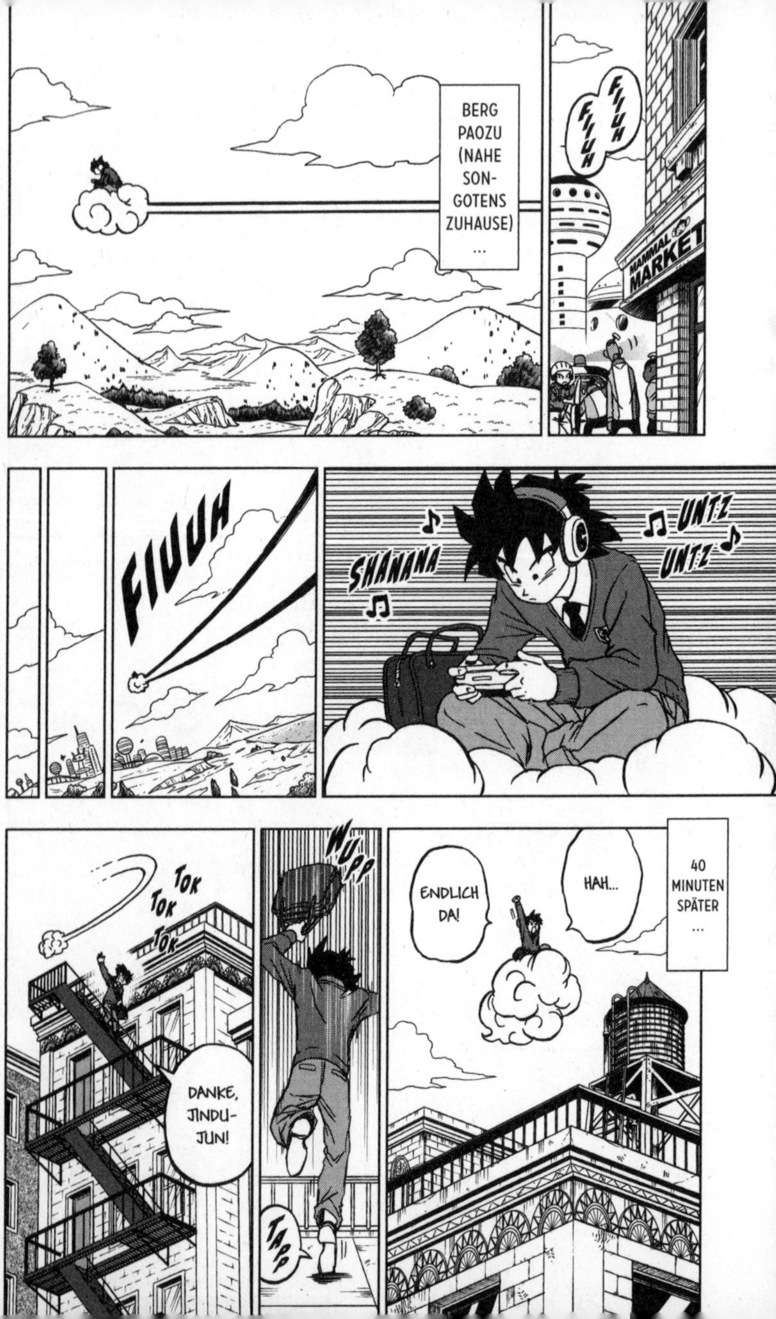
FIIUH
FIIUH
MAMMAL MARKET
BERG PAOZU (NAHE SON-GOTENS ZUHAUSE) ...
UNTZ UNTZ
SHANANA
FIUUH
40 MINUTEN SPÄTER ...
HAH...
ENDLICH DA!
WUPP
TAPP
TOK TOK TOK
DANKE, JINDU-JUN!

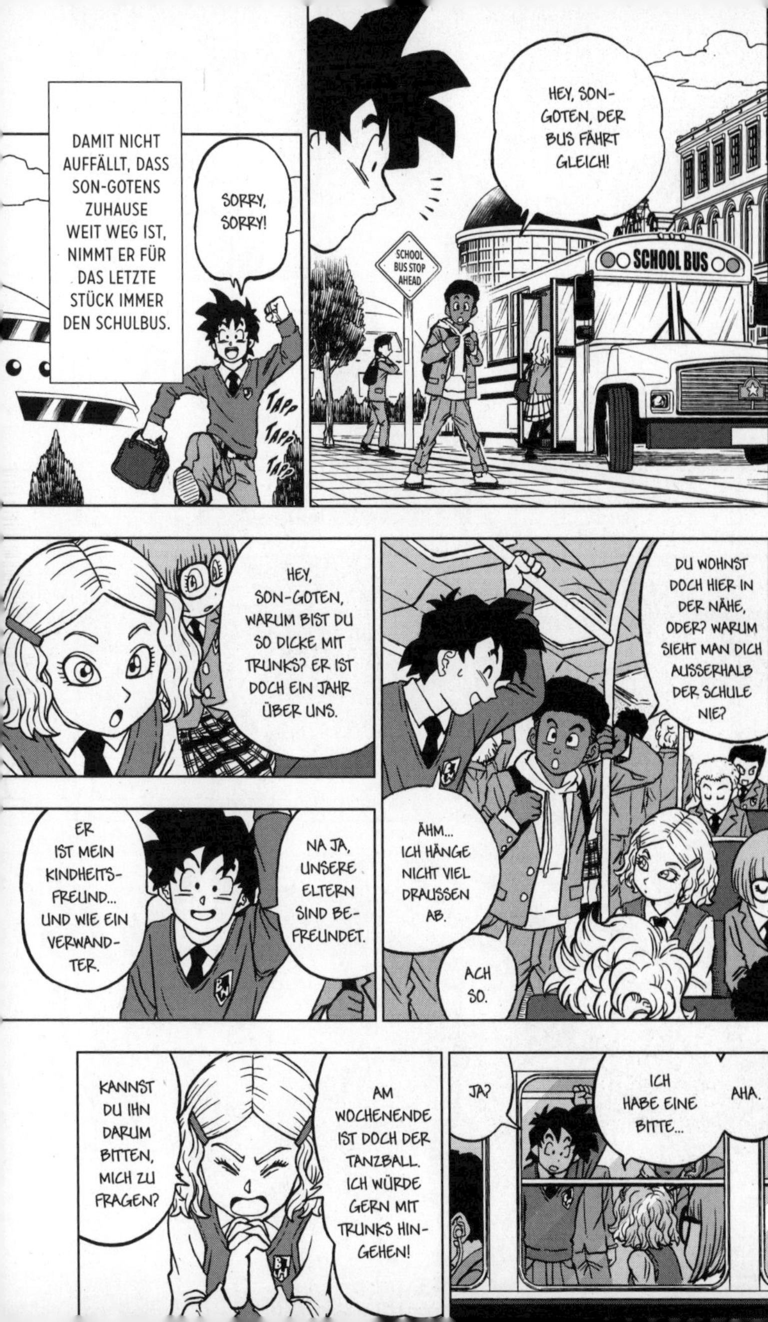
HEY, SON-GOTEN, DER BUS FÄHRT GLEICH!
SCHOOL BUS
SCHOOL BUS STOP AHEAD
DAMIT NICHT AUFFÄLLT, DASS SON-GOTENS ZUHAUSE WEIT WEG IST, NIMMT ER FÜR DAS LETZTE STÜCK IMMER DEN SCHULBUS.
SORRY, SORRY!
TAPP TAPP TAPP
DU WOHNST DOCH HIER IN DER NÄHE, ODER? WARUM SIEHT MAN DICH AUSSERHALB DER SCHULE NIE?
ÄHM... ICH HÄNGE NICHT VIEL DRAUSSEN AB.
ACH SO.
HEY, SON-GOTEN, WARUM BIST DU SO DICKE MIT TRUNKS? ER IST DOCH EIN JAHR ÜBER UNS.
NA JA, UNSERE ELTERN SIND BEFREUNDET.
ER IST MEIN KINDHEITSFREUND... UND WIE EIN VERWANDTER.
AHA.
ICH HABE EINE BITTE...
JA?
AM WOCHENENDE IST DOCH DER TANZBALL. ICH WÜRDE GERN MIT TRUNKS HINGEHEN!
KANNST DU IHN DARUM BITTEN, MICH ZU FRAGEN?

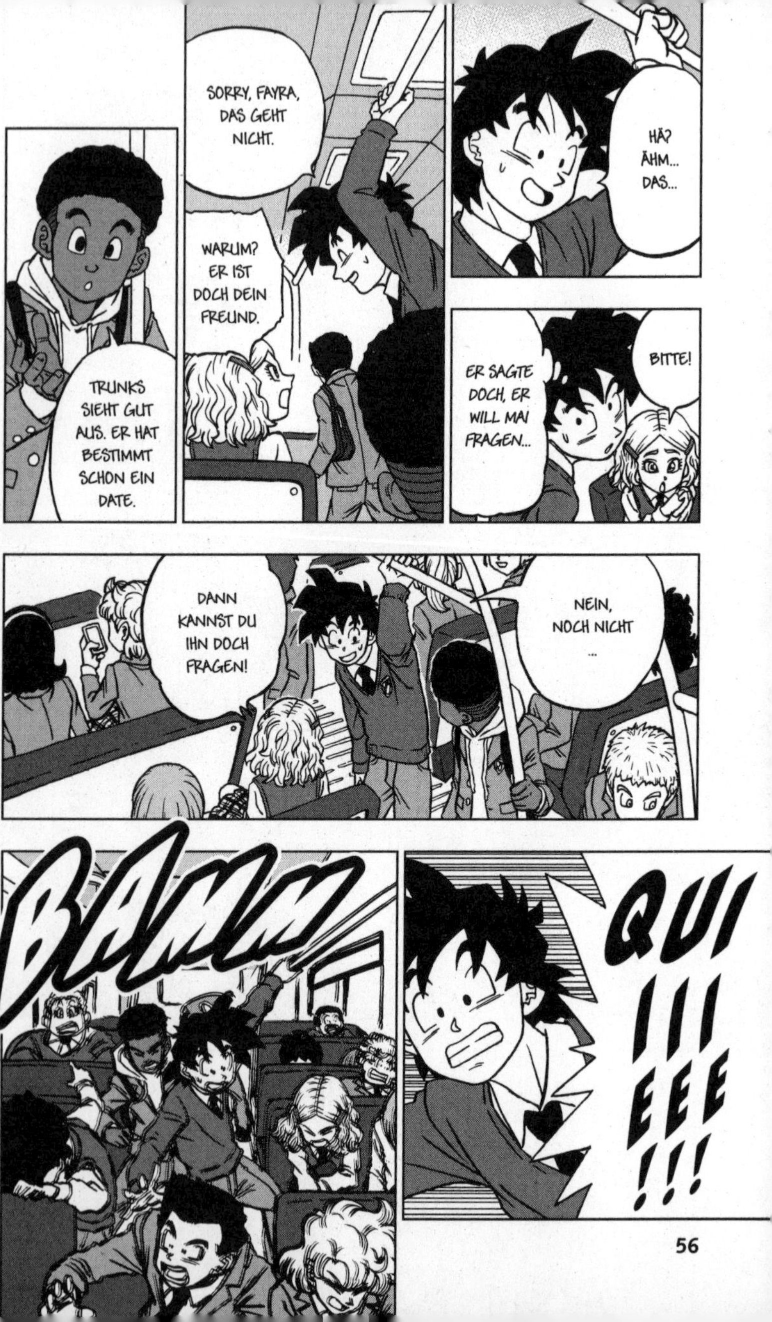
HÄ? ÄHM... DAS...
SORRY, FAYRA, DAS GEHT NICHT.
WARUM? ER IST DOCH DEIN FREUND.
TRUNKS SIEHT GUT AUS. ER HAT BESTIMMT SCHON EIN DATE.
BITTE!
ER SAGTE DOCH, ER WILL MAI FRAGEN...
NEIN, NOCH NICHT ...
DANN KANNST DU IHN DOCH FRAGEN!
QUIIIIEEE!!!
BAMM

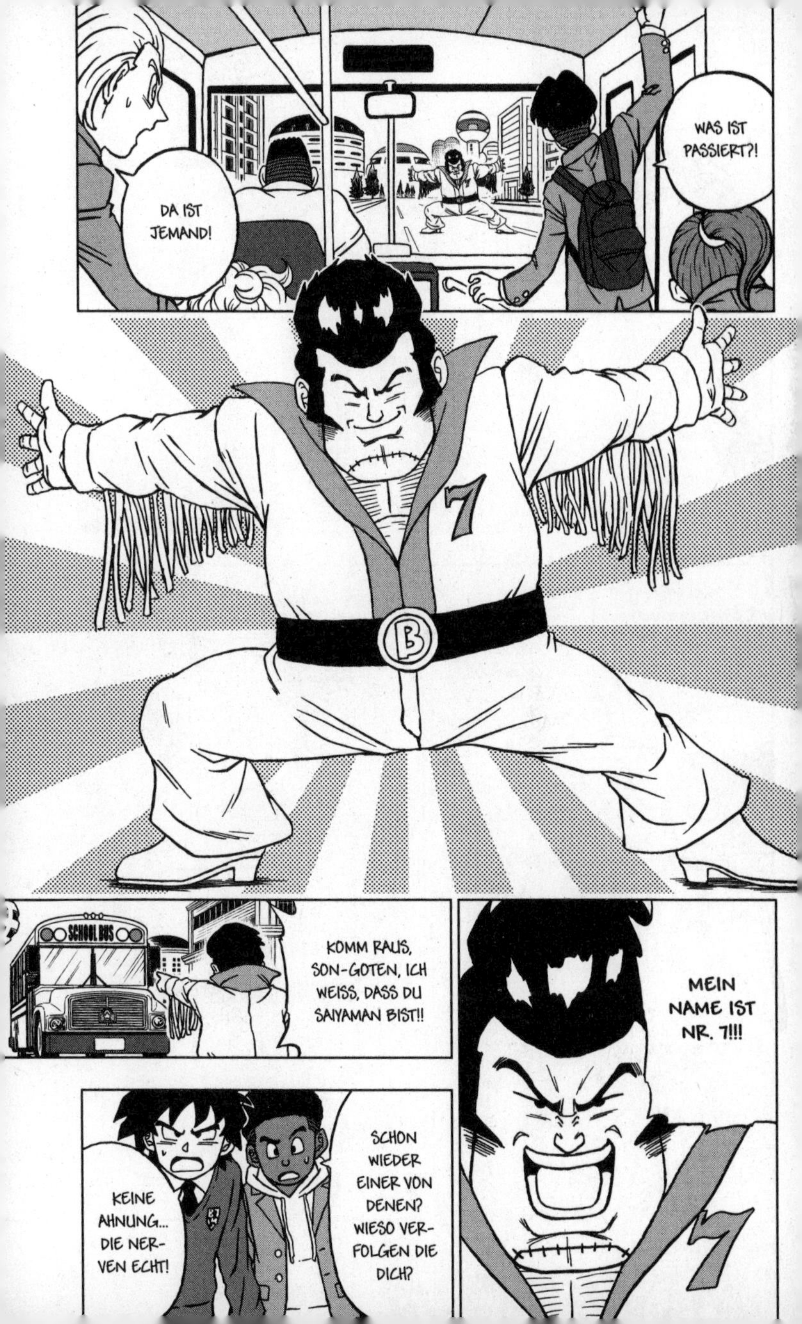
DA IST JEMAND!
WAS IST PASSIERT?!
KOMM RAUS, SON-GOTEN, ICH WEISS, DASS DU SAIYAMAN BIST!!
MEIN NAME IST NR. 7!!!
SCHON WIEDER EINER VON DENEN? WIESO VERFOLGEN DIE DICH?
KEINE AHNUNG... DIE NERVEN ECHT!

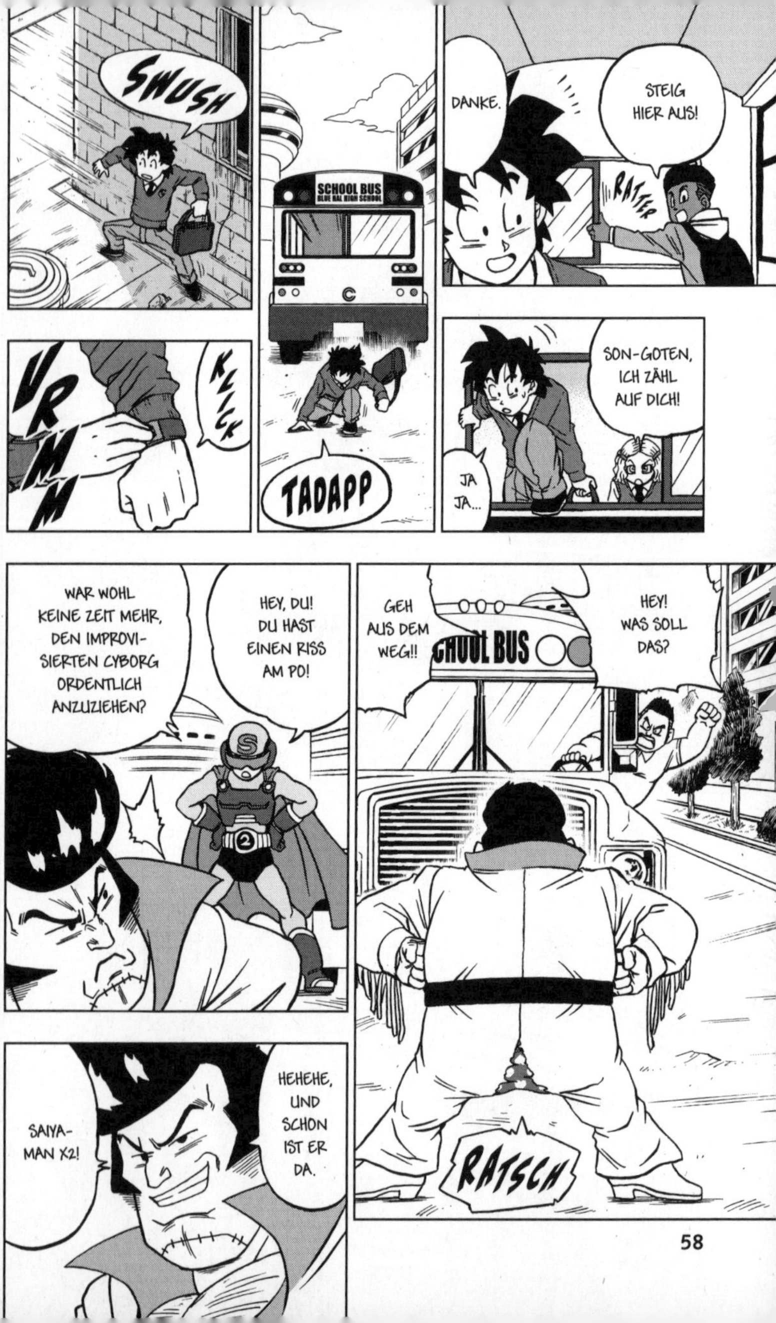
SWUSH
SCHOOL BUS
BLUE HAL HIGH SCHOOL
STEIG HIER AUS!
RATTER
DANKE.
KLICK
URMMM
TADAPP
SON-GOTEN, ICH ZÄHL AUF DICH!
JA JA...
HEY! WAS SOLL DAS?
GEH AUS DEM WEG!!
CHOOL BUS
RATSCH
HEY, DU! DU HAST EINEN RISS AM PO!
WAR WOHL KEINE ZEIT MEHR, DEN IMPROVI-SIERTEN CYBORG ORDENTLICH ANZUZIEHEN?
HEHEHE, UND SCHON IST ER DA.
SAIYA-MAN X2!

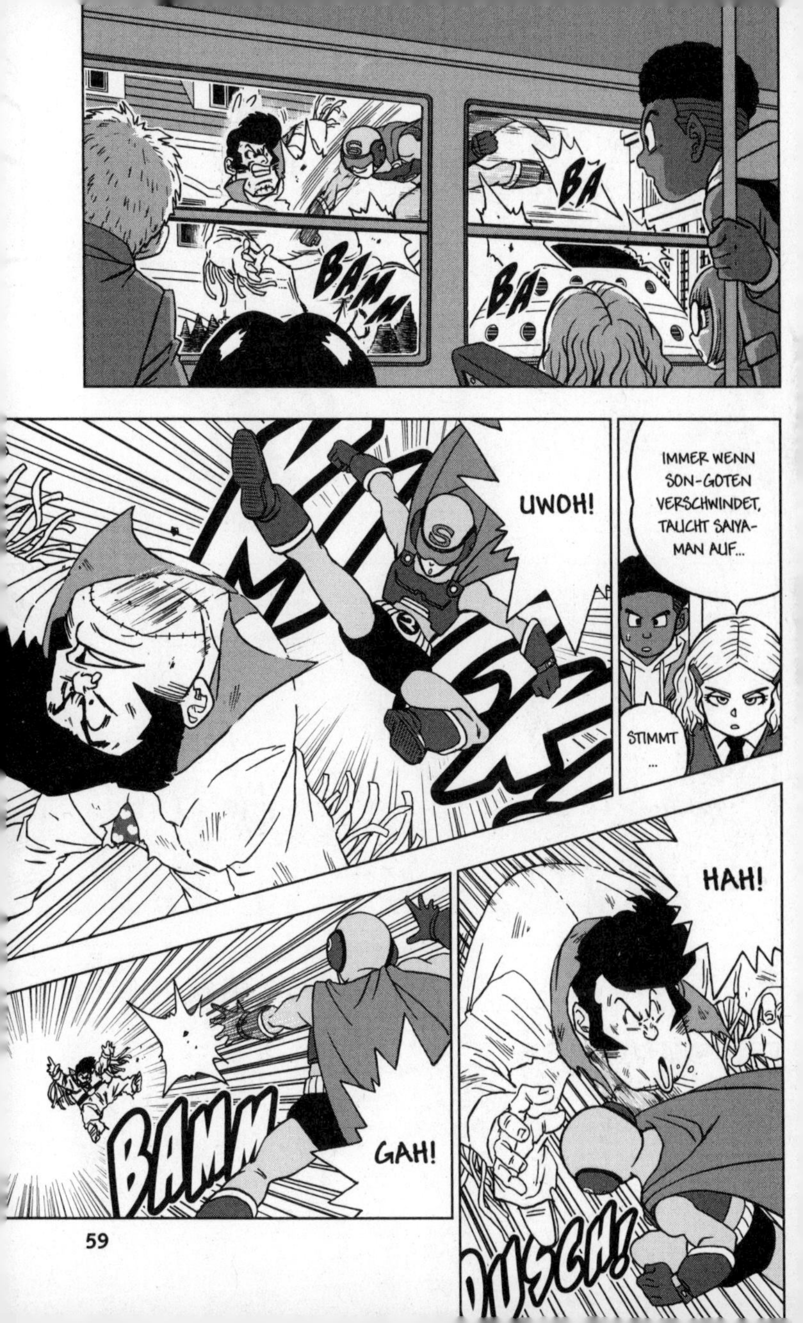
BA
BAMM
BA
UWOH!
IMMER WENN SON-GOTEN VERSCHWINDET, TAUCHT SAIYA-MAN AUF...
STIMMT ...
HAH!
BAMM
GAH!
DUSCH!

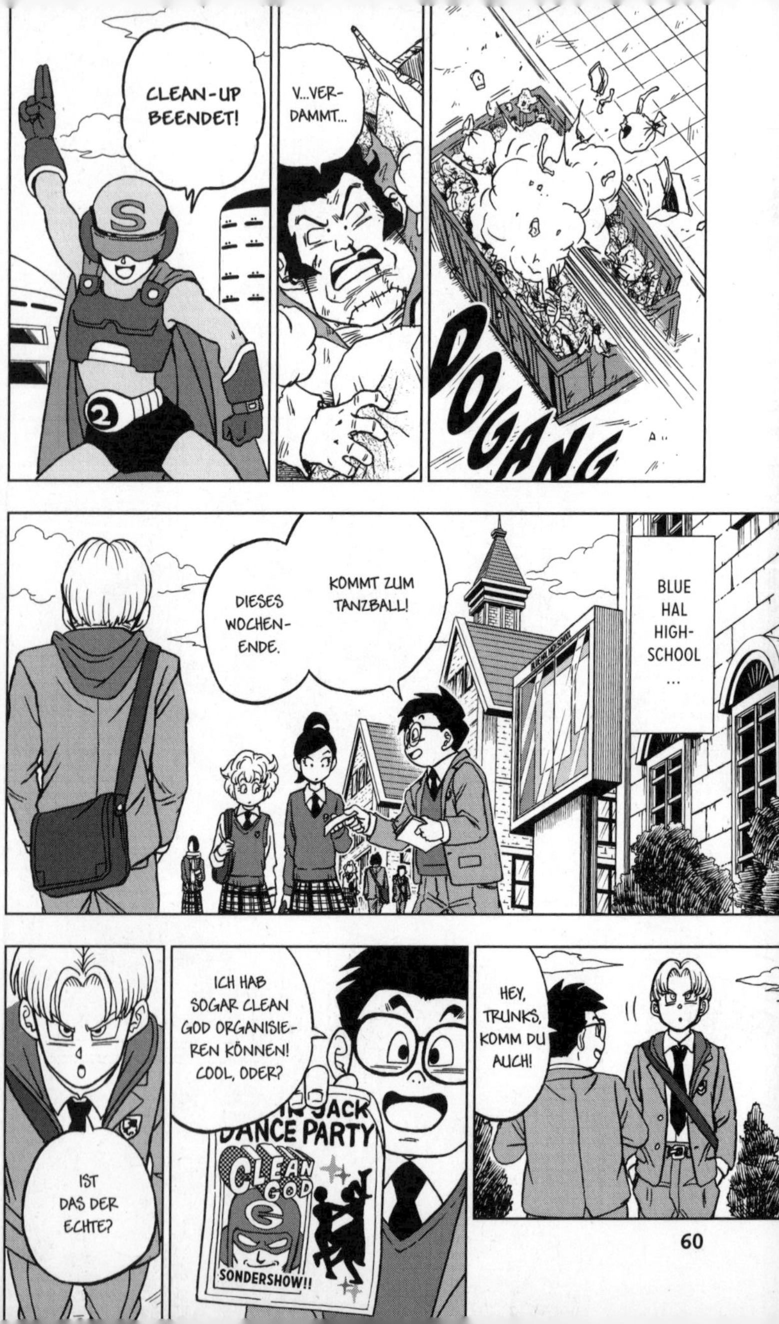
DOGANG
V...VER-DAMMT...
CLEAN-UP BEENDET!
BLUE HAL HIGH-SCHOOL ...
KOMMT ZUM TANZBALL!
DIESES WOCHEN-ENDE.
HEY, TRUNKS, KOMM DU AUCH!
ICH HAB SOGAR CLEAN GOD ORGANISIE-REN KÖNNEN! COOL, ODER?
DANCE PARTY
CLEAN GOD
SONDERSHOW!!
IST DAS DER ECHTE?

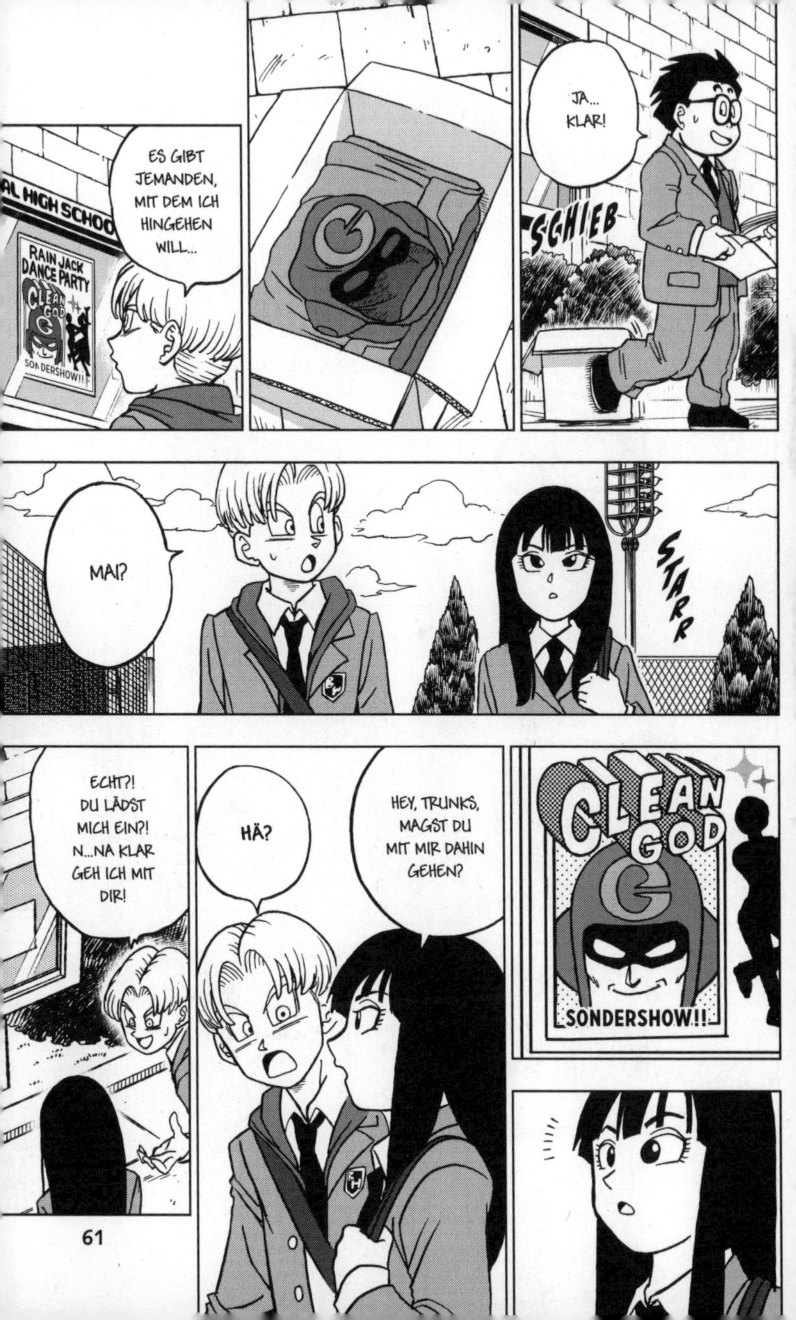
JA... KLAR!
SCHIEB
ES GIBT JEMANDEN, MIT DEM ICH HINGEHEN WILL...
AL HIGH SCHOO
RAIN JACK DANCE PARTY
CLEAN GOD
SONDERSHOW!!
STARR
MAI?
CLEAN GOD
SONDERSHOW!!
HEY, TRUNKS, MAGST DU MIT MIR DAHIN GEHEN?
HÄ?
ECHT?! DU LÄDST MICH EIN?! N...NA KLAR GEH ICH MIT DIR!

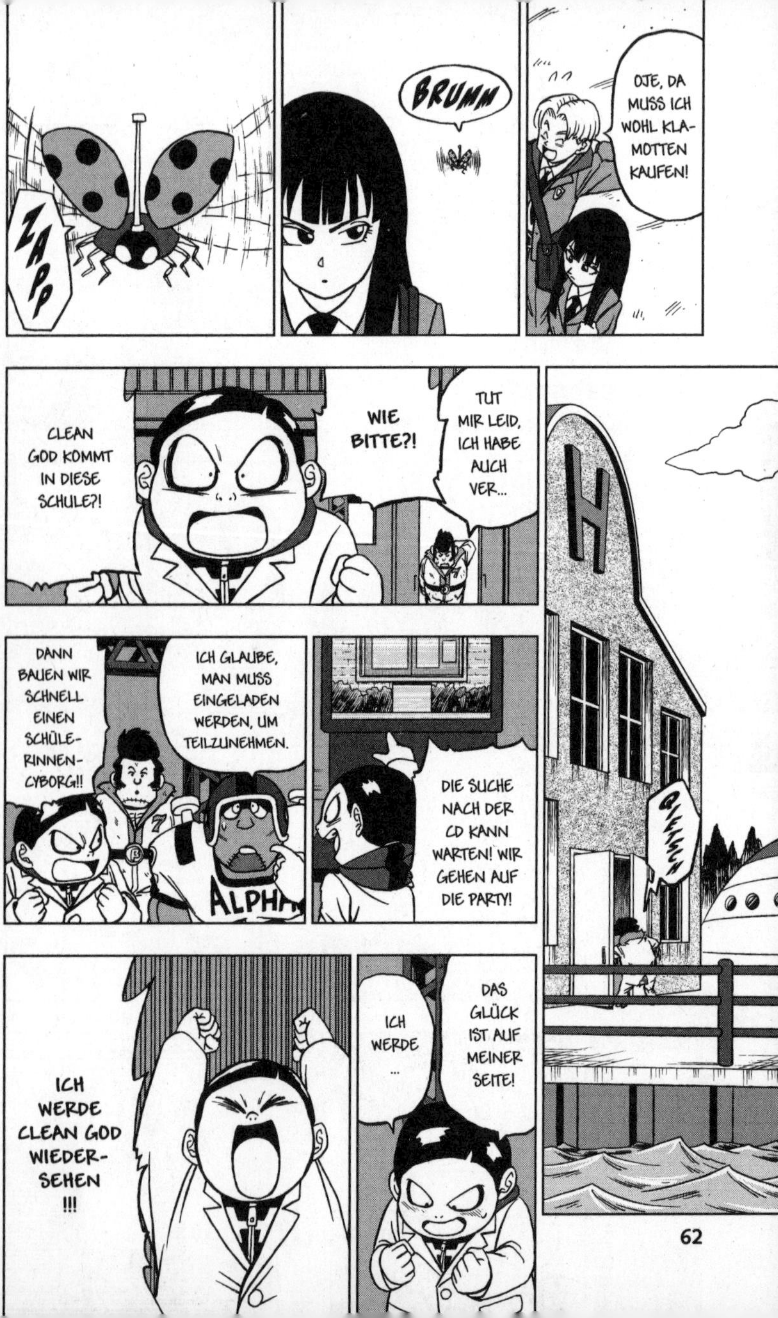
OJE, DA MUSS ICH WOHL KLAMOTTEN KAUFEN!
BRUMM
ZAPP
TUT MIR LEID, ICH HABE AUCH VER...
WIE BITTE?!
CLEAN GOD KOMMT IN DIESE SCHULE?!
DIE SUCHE NACH DER CD KANN WARTEN! WIR GEHEN AUF DIE PARTY!
ICH GLAUBE, MAN MUSS EINGELADEN WERDEN, UM TEILZUNEHMEN.
DANN BAUEN WIR SCHNELL EINEN SCHÜLERINNEN-CYBORG!!
ALPHA
DAS GLÜCK IST AUF MEINER SEITE!
ICH WERDE ...
ICH WERDE CLEAN GOD WIEDERSEHEN !!!

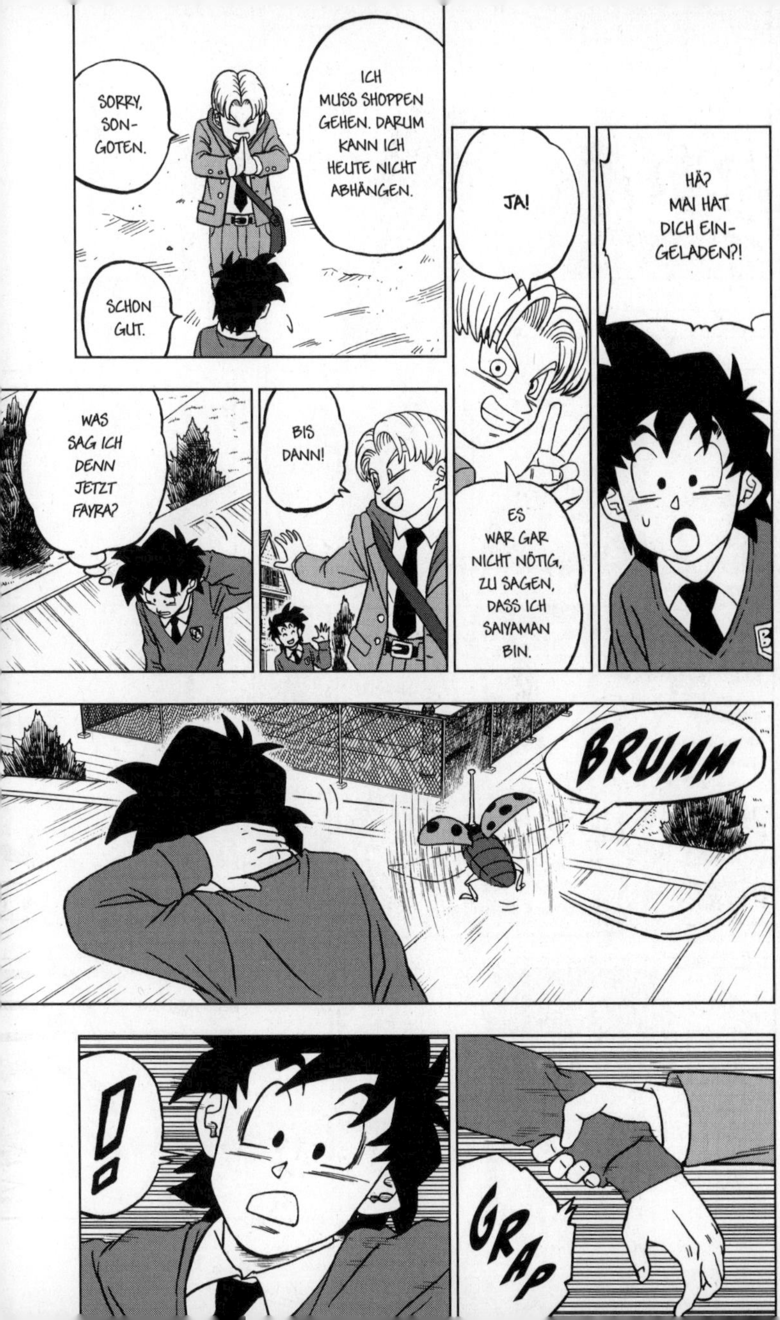

ICH MUSS SHOPPEN GEHEN. DARUM KANN ICH HEUTE NICHT ABHÄNGEN.
SORRY, SON-GOTEN.
SCHON GUT.
HÄ? MAI HAT DICH EIN-GELADEN?!
JA!
ES WAR GAR NICHT NÖTIG, ZU SAGEN, DASS ICH SAIYAMAN BIN.
BIS DANN!
WAS SAG ICH DENN JETZT FAYRA?
BRUMM
GRAP
!

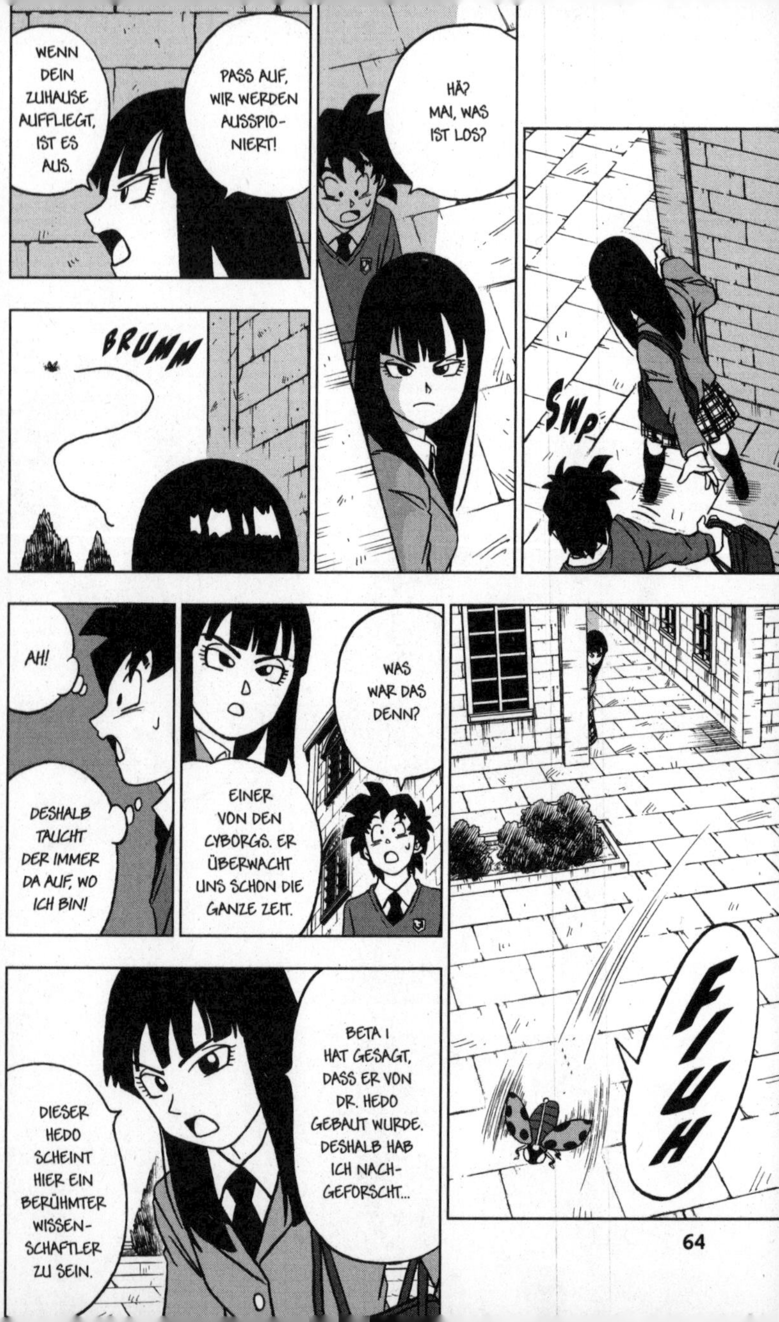
WENN DEIN ZUHAUSE AUFFLIEGT, IST ES AUS.
PASS AUF, WIR WERDEN AUSSPIO-NIERT!
HÄ? MAI, WAS IST LOS?
BRUMM
SWP
AH!
DESHALB TAUCHT DER IMMER DA AUF, WO ICH BIN!
WAS WAR DAS DENN?
EINER VON DEN CYBORGS. ER ÜBERWACHT UNS SCHON DIE GANZE ZEIT.
FIUH
DIESER HEDO SCHEINT HIER EIN BERÜHMTER WISSEN-SCHAFTLER ZU SEIN.
BETA I HAT GESAGT, DASS ER VON DR. HEDO GEBAUT WURDE. DESHALB HAB ICH NACH-GEFORSCHT...

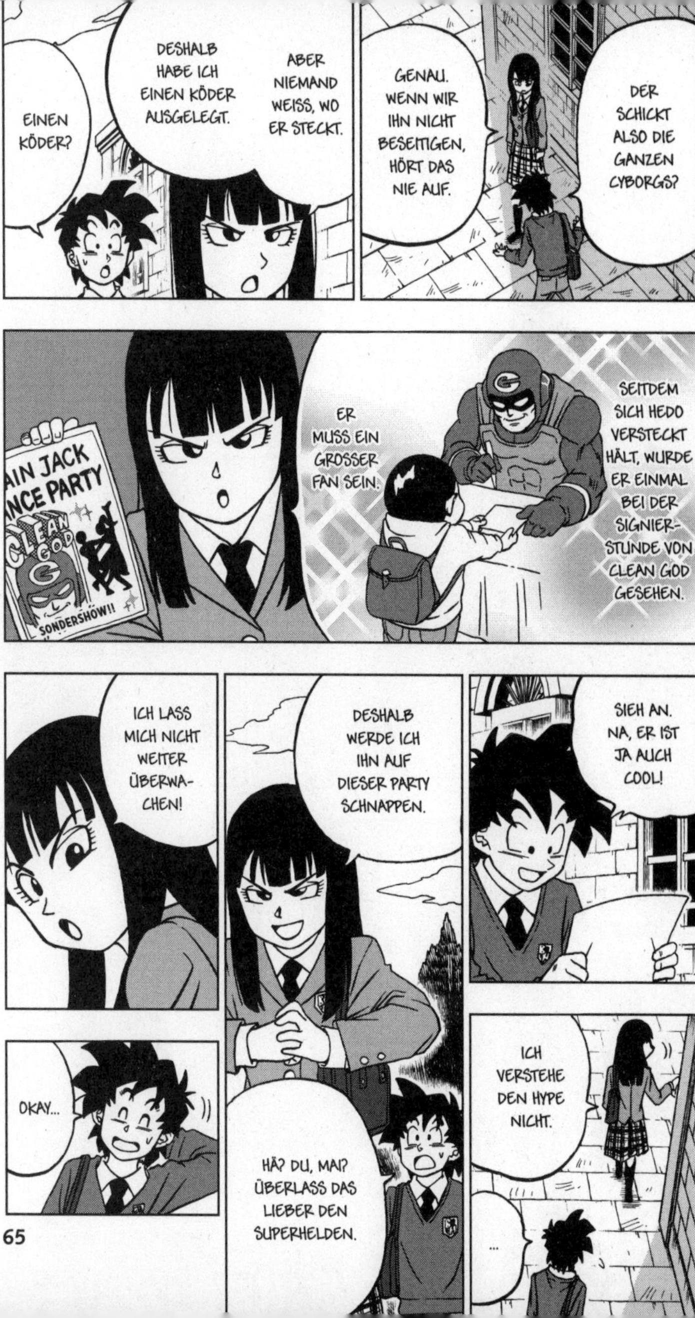
DER SCHICKT ALSO DIE GANZEN CYBORGS?
GENAU. WENN WIR IHN NICHT BESEITIGEN, HÖRT DAS NIE AUF.
ABER NIEMAND WEISS, WO ER STECKT.
DESHALB HABE ICH EINEN KÖDER AUSGELEGT.
EINEN KÖDER?
SEITDEM SICH HEDO VERSTECKT HÄLT, WURDE ER EINMAL BEI DER SIGNIER-STUNDE VON CLEAN GOD GESEHEN.
ER MUSS EIN GROSSER FAN SEIN.
AIN JACK
NCE PARTY
CLEAN GOD
SONDERSHOW!!
SIEH AN. NA, ER IST JA AUCH COOL!
DESHALB WERDE ICH IHN AUF DIESER PARTY SCHNAPPEN.
HÄ? DU, MAI? ÜBERLASS DAS LIEBER DEN SUPERHELDEN.
ICH LASS MICH NICHT WEITER ÜBERWA-CHEN!
OKAY...
ICH VERSTEHE DEN HYPE NICHT.
...

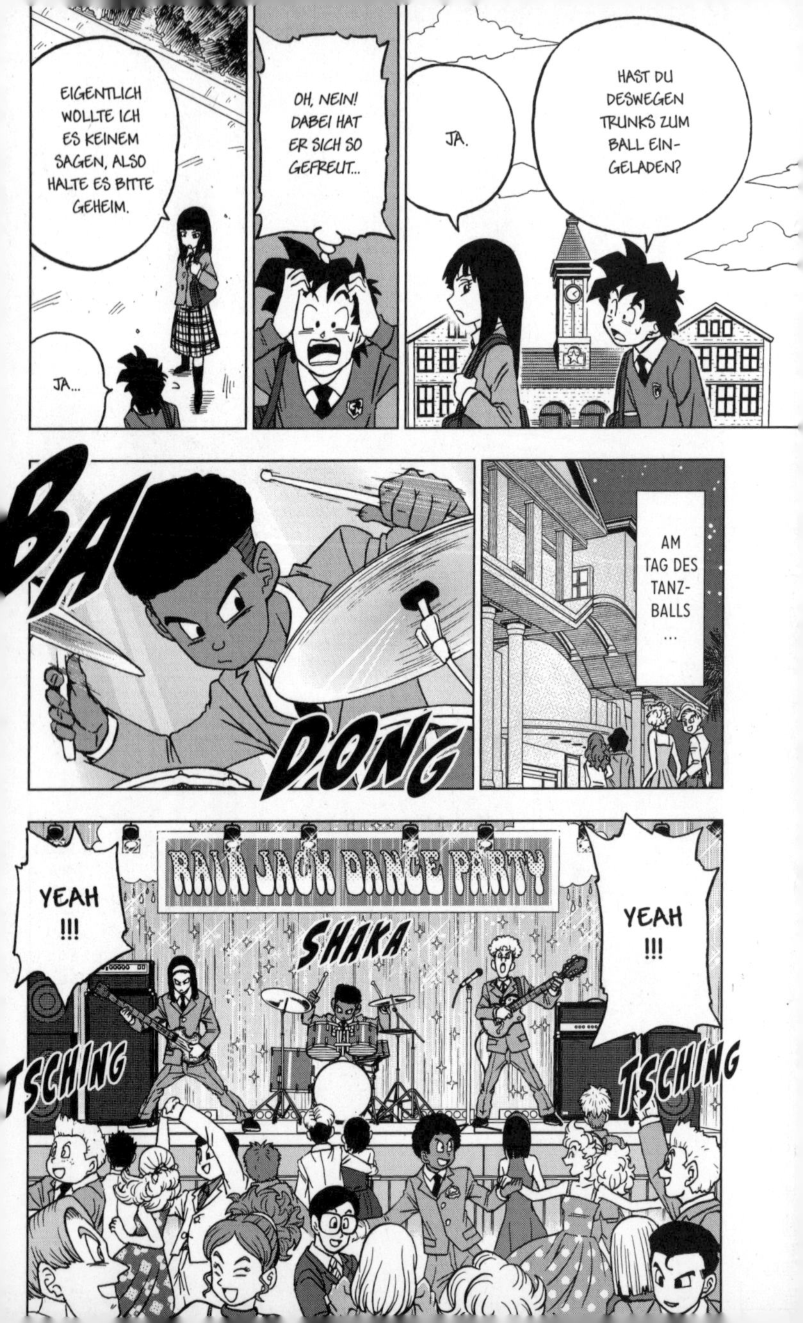
HAST DU DESWEGEN TRUNKS ZUM BALL EIN-GELADEN?
JA.
OH, NEIN! DABEI HAT ER SICH SO GEFREUT...
EIGENTLICH WOLLTE ICH ES KEINEM SAGEN, ALSO HALTE ES BITTE GEHEIM.
JA...
AM TAG DES TANZ-BALLS ...
BA
DONG
RAIA JACK DANCE PARTY
YEAH !!!
YEAH !!!
SHAKA
TSCHING
TSCHING

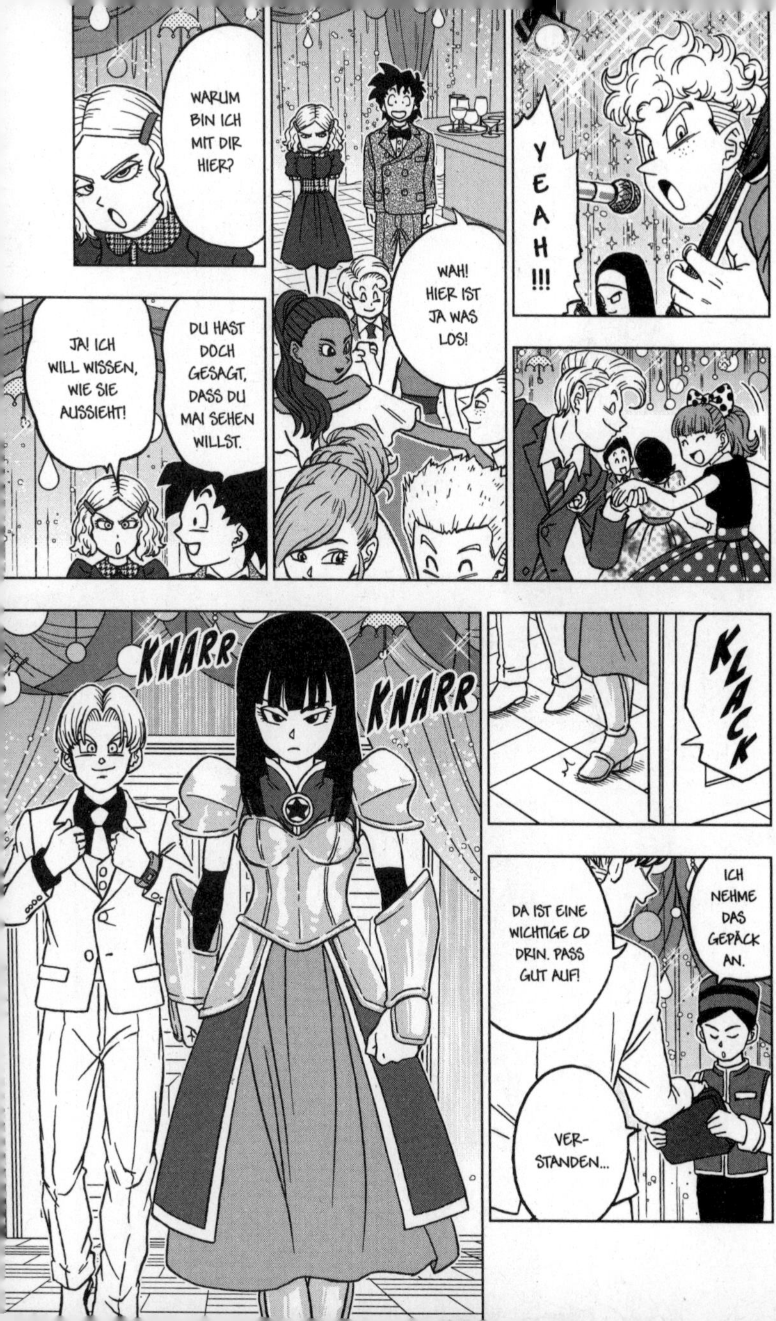
YEAH!!!
WAH! HIER IST JA WAS LOS!
WARUM BIN ICH MIT DIR HIER?
DU HAST DOCH GESAGT, DASS DU MAI SEHEN WILLST.
JA! ICH WILL WISSEN, WIE SIE AUSSIEHT!
KLACK
ICH NEHME DAS GEPÄCK AN.
DA IST EINE WICHTIGE CD DRIN. PASS GUT AUF!
VER-STANDEN...
KNARR
KNARR

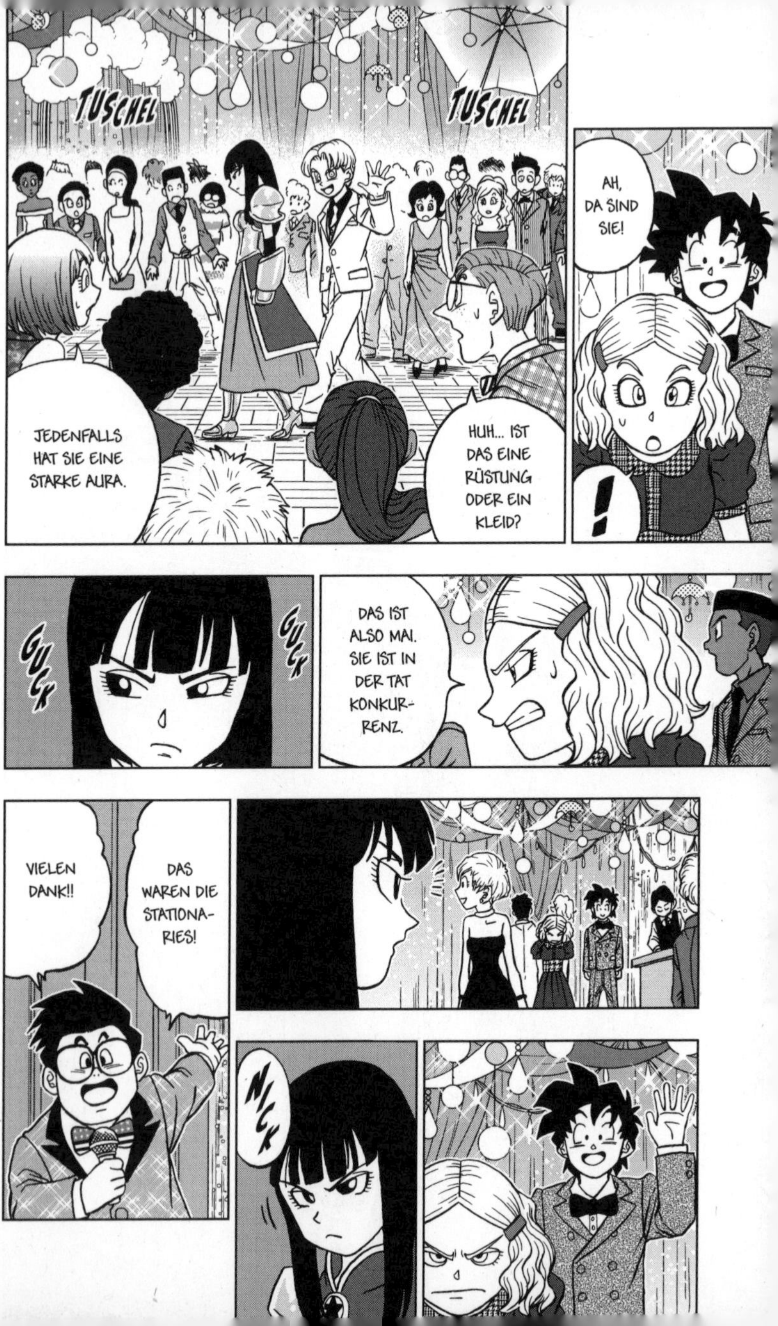

TUSCHEL
TUSCHEL
AH, DA SIND SIE!
HUH... IST DAS EINE RÜSTUNG ODER EIN KLEID?
JEDENFALLS HAT SIE EINE STARKE AURA.
!
DAS IST ALSO MAI. SIE IST IN DER TAT KONKUR-RENZ.
GUCK
GUCK
DAS WAREN DIE STATIONA-RIES!
VIELEN DANK!!
NICK

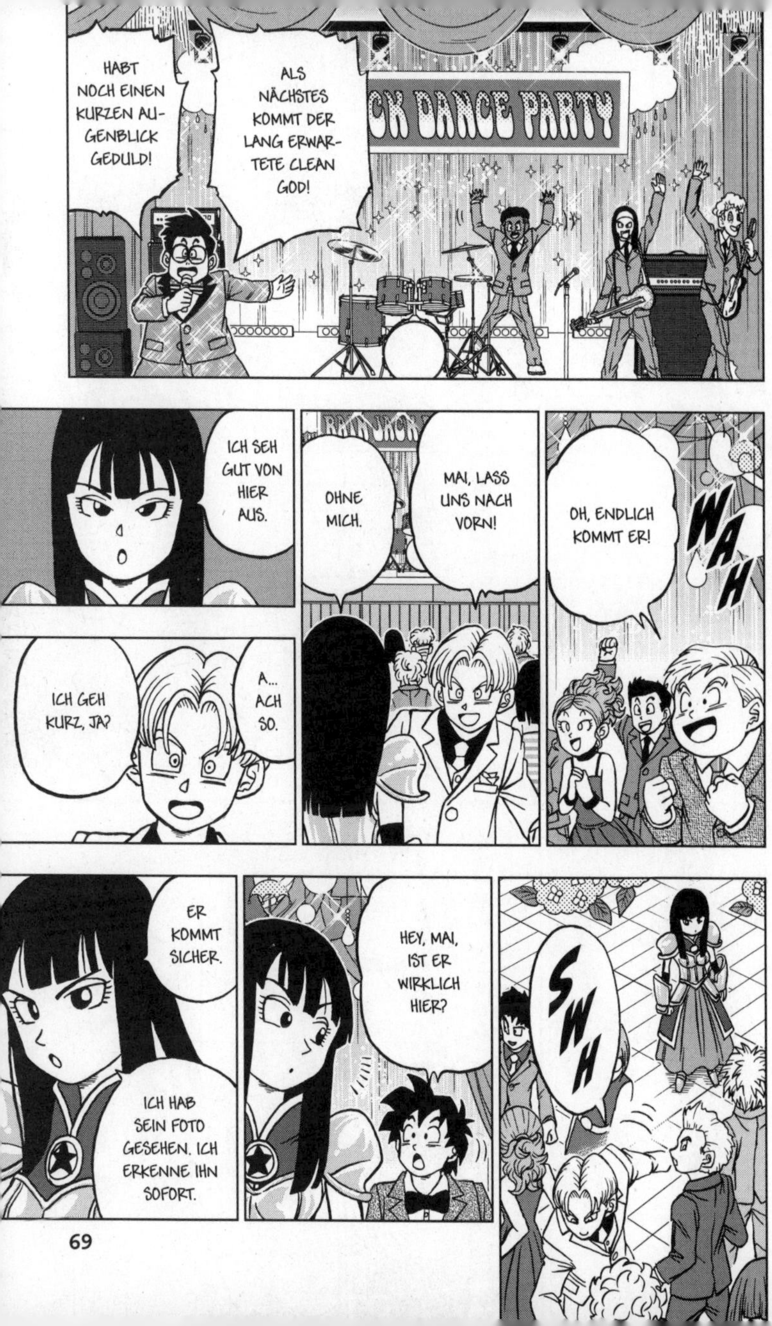
ALS NÄCHSTES KOMMT DER LANG ERWARTETE CLEAN GOD!
HABT NOCH EINEN KURZEN AUGENBLICK GEDULD!
CK DANCE PARTY
OH, ENDLICH KOMMT ER!
WAH
MAI, LASS UNS NACH VORN!
OHNE MICH.
ICH SEH GUT VON HIER AUS.
A... ACH SO.
ICH GEH KURZ, JA?
SWH
HEY, MAI, IST ER WIRKLICH HIER?
ER KOMMT SICHER.
ICH HAB SEIN FOTO GESEHEN. ICH ERKENNE IHN SOFORT.

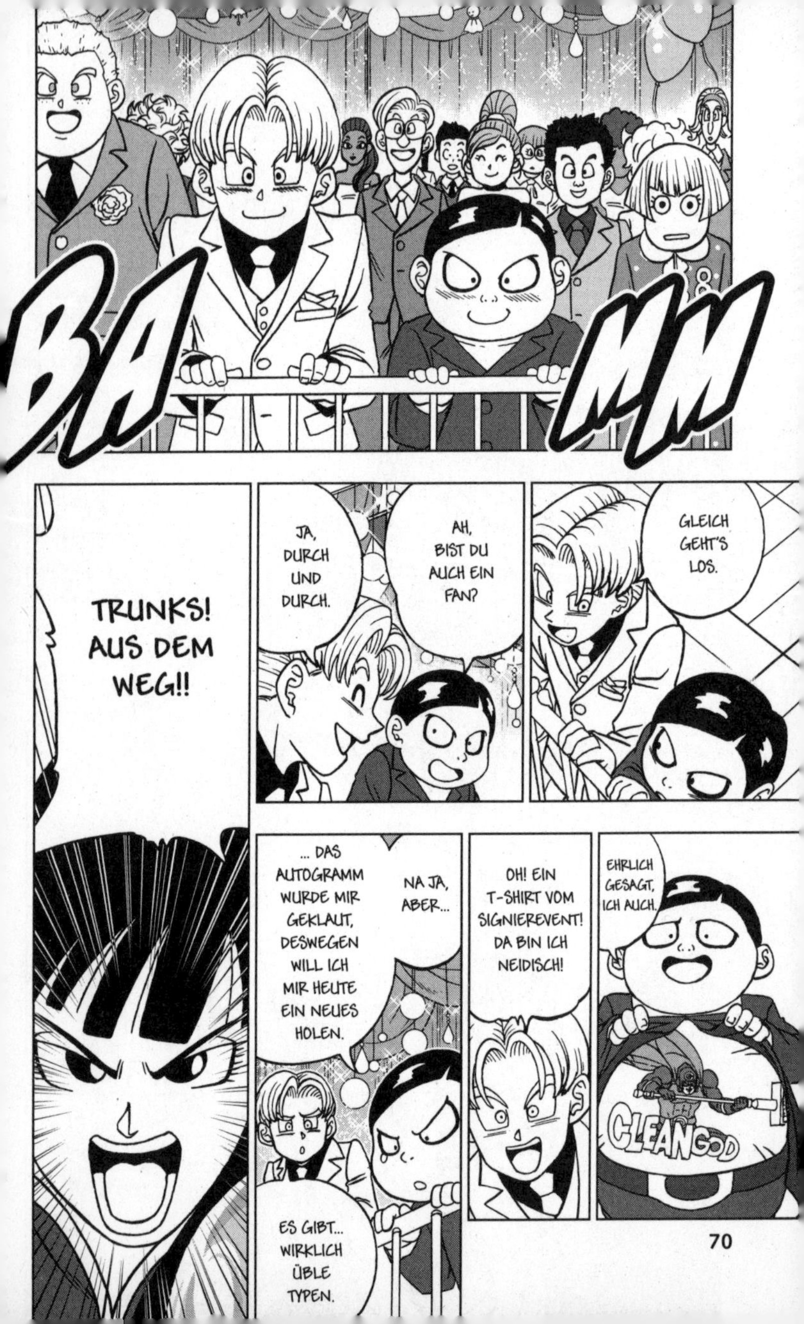
BAMM
GLEICH GEHT'S LOS.
AH, BIST DU AUCH EIN FAN?
JA, DURCH UND DURCH.
EHRLICH GESAGT, ICH AUCH.
CLEAN GOD
OH! EIN T-SHIRT VOM SIGNIEREVENT! DA BIN ICH NEIDISCH!
NA JA, ABER...
... DAS AUTOGRAMM WURDE MIR GEKLAUT, DESWEGEN WILL ICH MIR HEUTE EIN NEUES HOLEN.
ES GIBT... WIRKLICH ÜBLE TYPEN.
TRUNKS! AUS DEM WEG!!

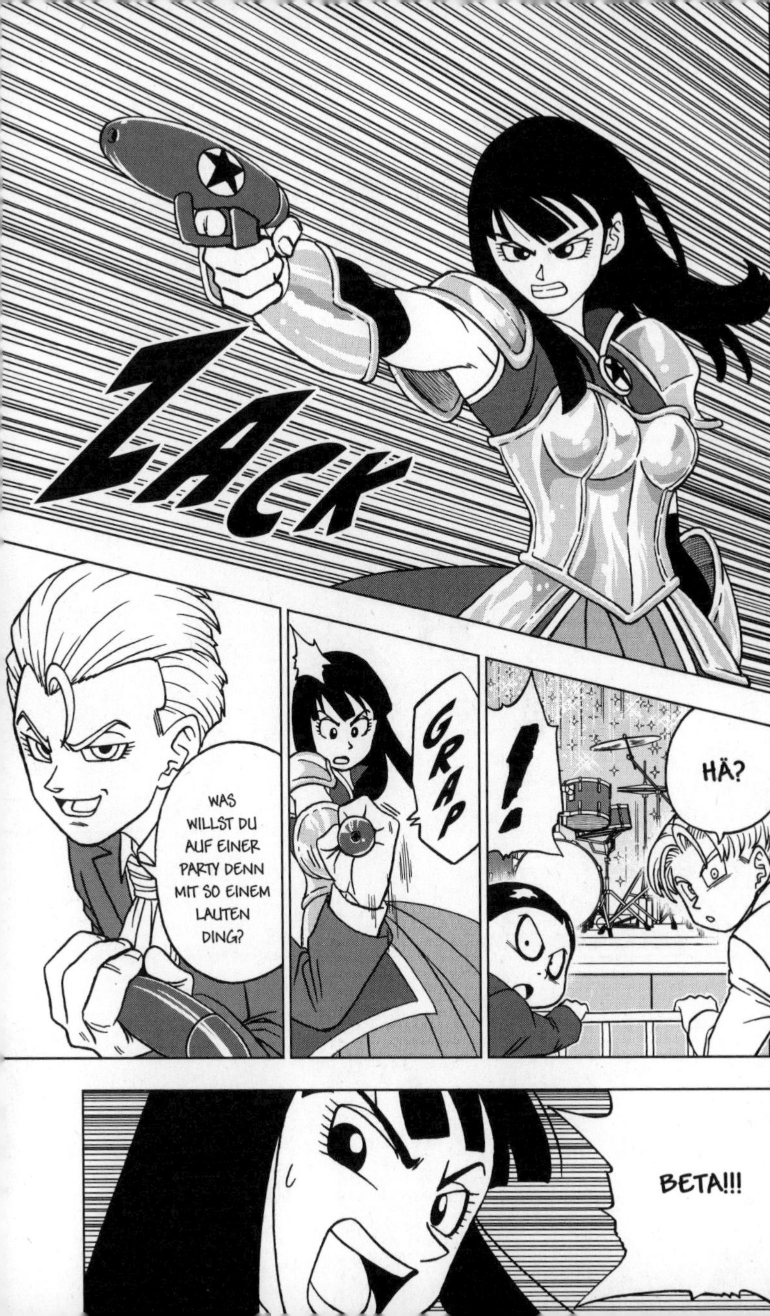
ZACK
HÄ?
!
GRAP
WAS WILLST DU AUF EINER PARTY DENN MIT SO EINEM LAUTEN DING?
BETA!!!

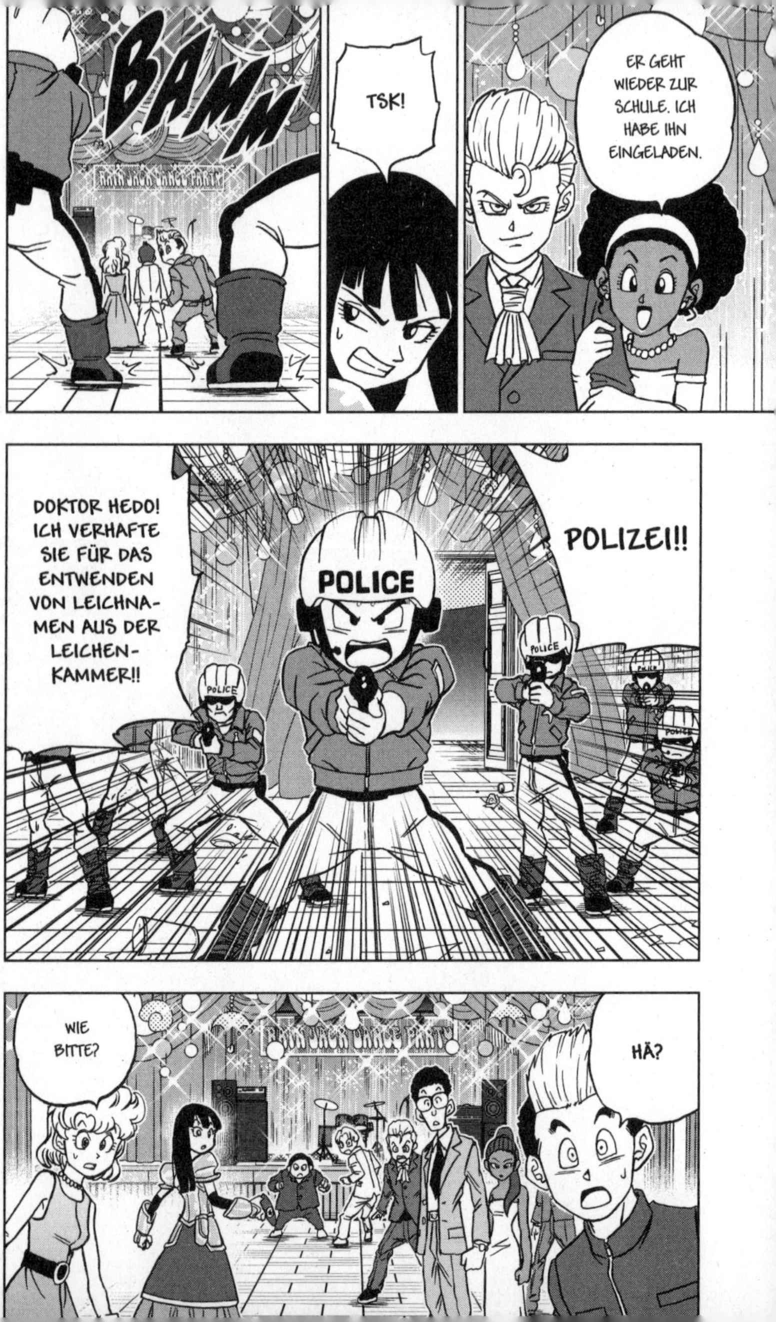
BAMM
RAIN JACK DANCE PARTY
TSK!
ER GEHT WIEDER ZUR SCHULE. ICH HABE IHN EINGELADEN.
POLIZEI!!
DOKTOR HEDO! ICH VERHAFTE SIE FÜR DAS ENTWENDEN VON LEICHNAMEN AUS DER LEICHENKAMMER!!
POLICE
HÄ?
WIE BITTE?

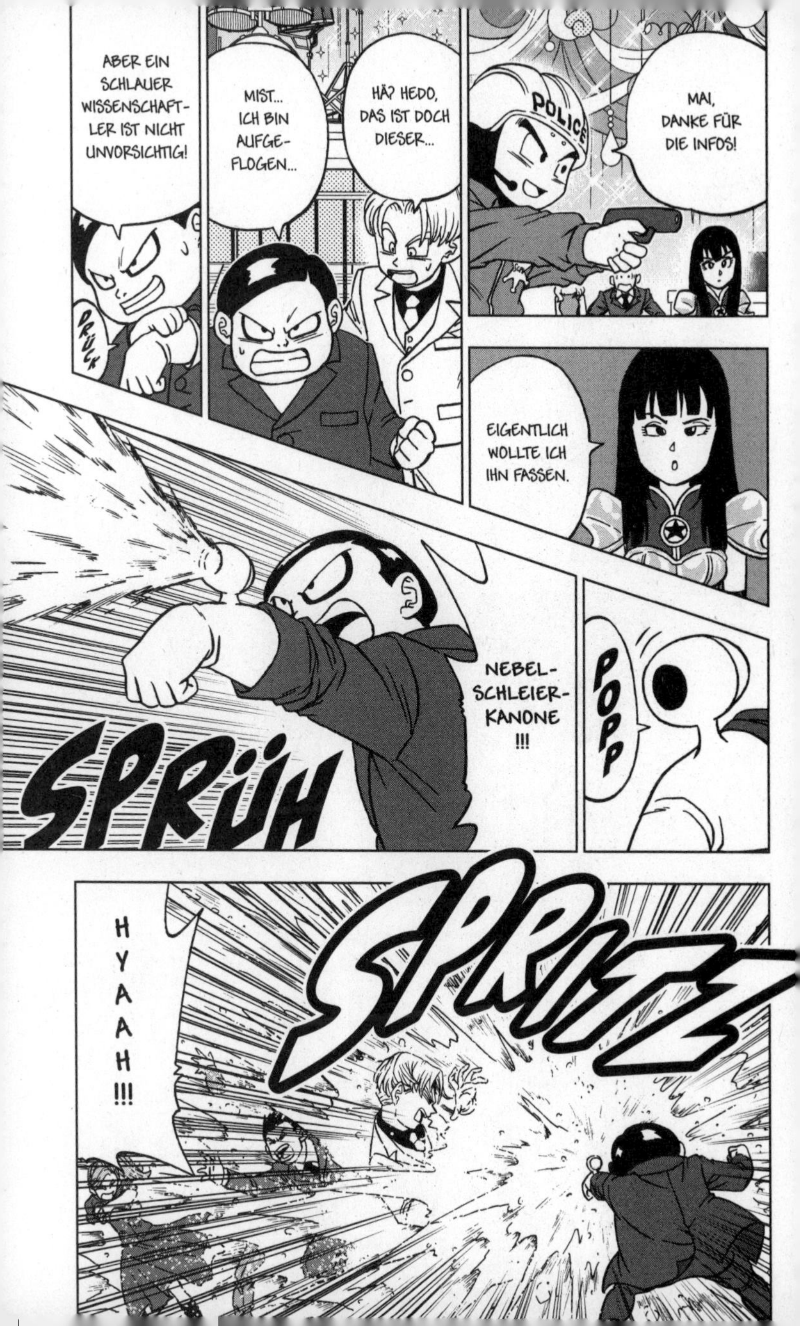
MAI, DANKE FÜR DIE INFOS!
HÄ? HEDO, DAS IST DOCH DIESER...
MIST... ICH BIN AUFGE-FLOGEN...
ABER EIN SCHLAUER WISSENSCHAFT-LER IST NICHT UNVORSICHTIG!
DRÜCK
EIGENTLICH WOLLTE ICH IHN FASSEN.
POPP
NEBEL-SCHLEIER-KANONE!!!
SPRÜH
SPRITZ
HYAAH!!!

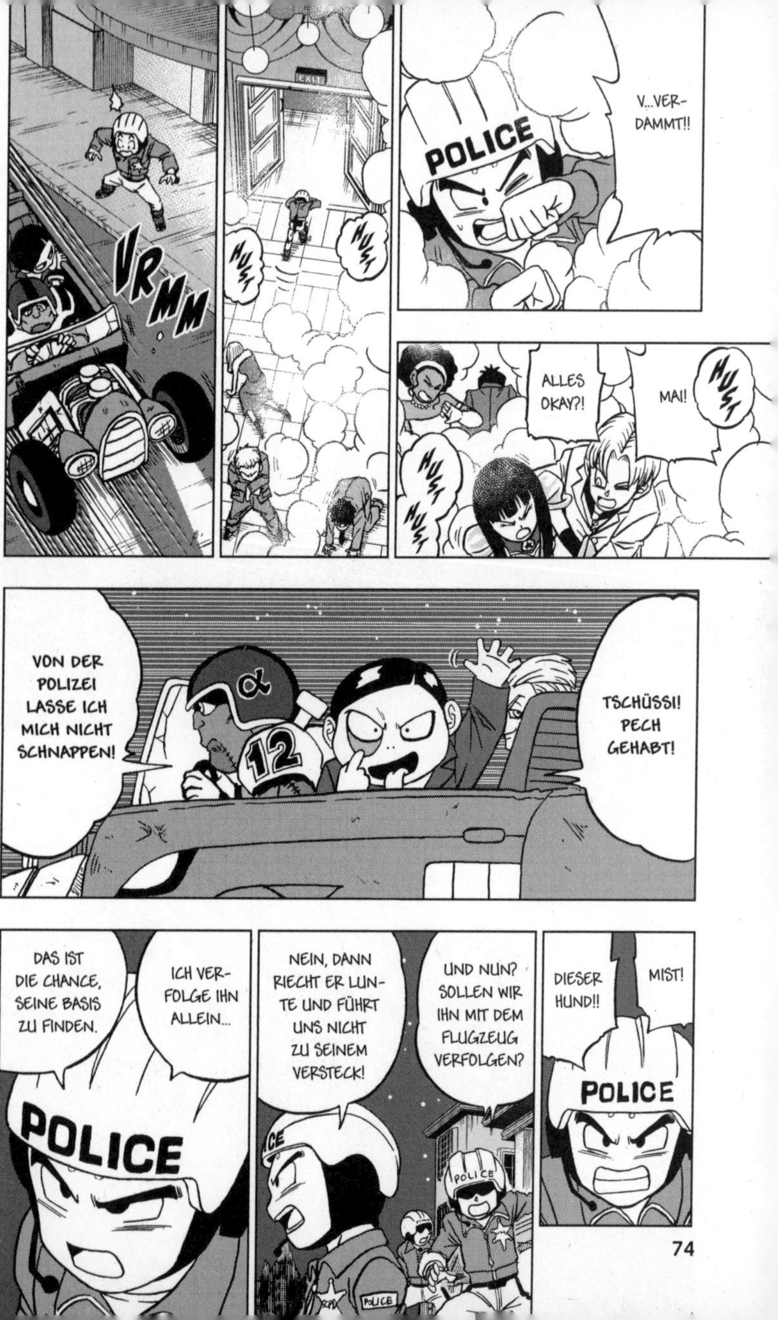

V...VER-
DAMMT!!
MAI!
HUST
ALLES OKAY?!
HUST HUST
HUST
HUST
VRMM
TSCHÜSSI! PECH GEHABT!
VON DER POLIZEI LASSE ICH MICH NICHT SCHNAPPEN!
MIST!
DIESER HUND!!
UND NUN? SOLLEN WIR IHN MIT DEM FLUGZEUG VERFOLGEN?
NEIN, DANN RIECHT ER LUNTE UND FÜHRT UNS NICHT ZU SEINEM VERSTECK!
ICH VERFOLGE IHN ALLEIN...
DAS IST DIE CHANCE, SEINE BASIS ZU FINDEN.

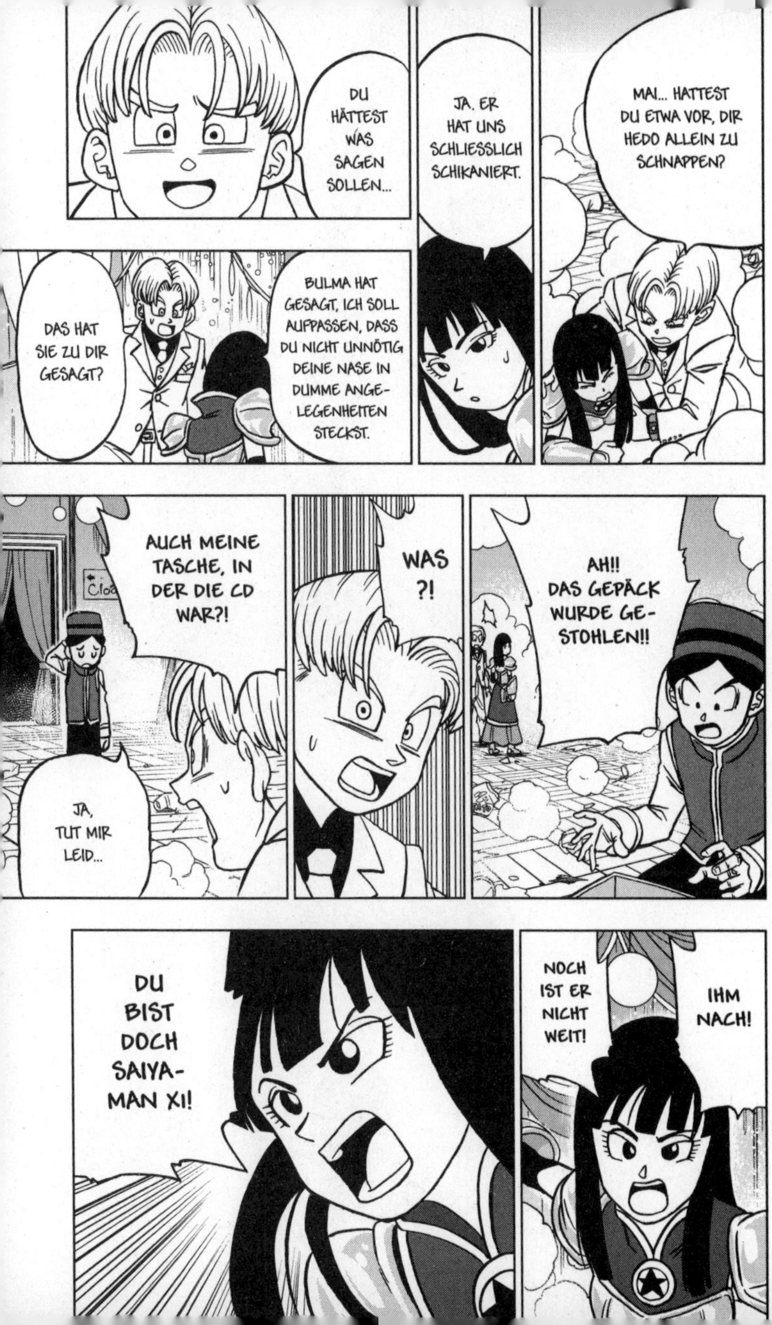
MAI... HATTEST DU ETWA VOR, DIR HEDO ALLEIN ZU SCHNAPPEN?
JA. ER HAT UNS SCHLIESSLICH SCHIKANIERT.
DU HÄTTEST WAS SAGEN SOLLEN...
BULMA HAT GESAGT, ICH SOLL AUFPASSEN, DASS DU NICHT UNNÖTIG DEINE NASE IN DUMME ANGE-LEGENHEITEN STECKST.
DAS HAT SIE ZU DIR GESAGT?
AH!! DAS GEPÄCK WURDE GE-STOHLEN!!
WAS ?!
AUCH MEINE TASCHE, IN DER DIE CD WAR?!
JA, TUT MIR LEID...
NOCH IST ER NICHT WEIT!
IHM NACH!
DU BIST DOCH SAIYA-MAN XI!

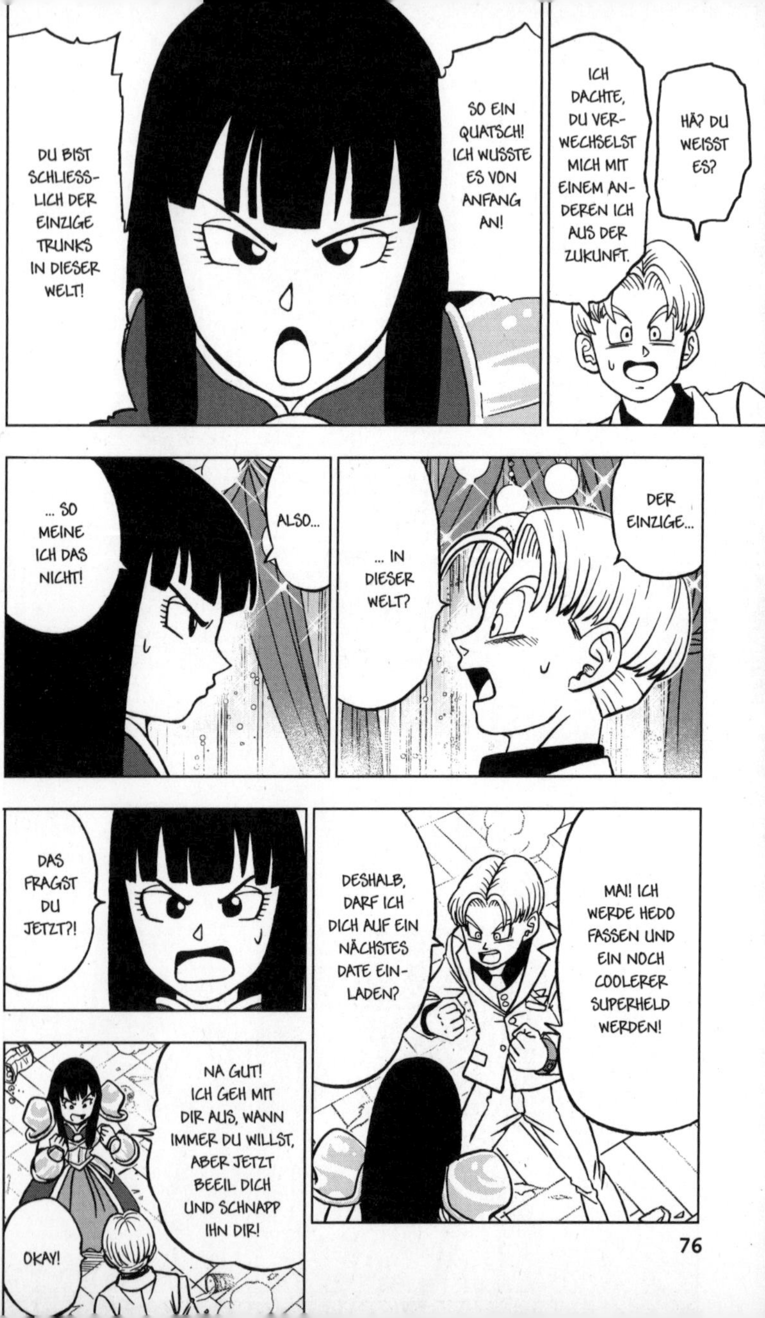
HÄ? DU WEISST ES?
ICH DACHTE, DU VERWECHSELST MICH MIT EINEM ANDEREN ICH AUS DER ZUKUNFT.
SO EIN QUATSCH! ICH WUSSTE ES VON ANFANG AN!
DU BIST SCHLIESSLICH DER EINZIGE TRUNKS IN DIESER WELT!
DER EINZIGE...
... IN DIESER WELT?
ALSO...
... SO MEINE ICH DAS NICHT!
MAI! ICH WERDE HEDO FASSEN UND EIN NOCH COOLERER SUPERHELD WERDEN!
DESHALB, DARF ICH DICH AUF EIN NÄCHSTES DATE EINLADEN?
DAS FRAGST DU JETZT?!
NA GUT! ICH GEH MIT DIR AUS, WANN IMMER DU WILLST, ABER JETZT BEEIL DICH UND SCHNAPP IHN DIR!
OKAY!

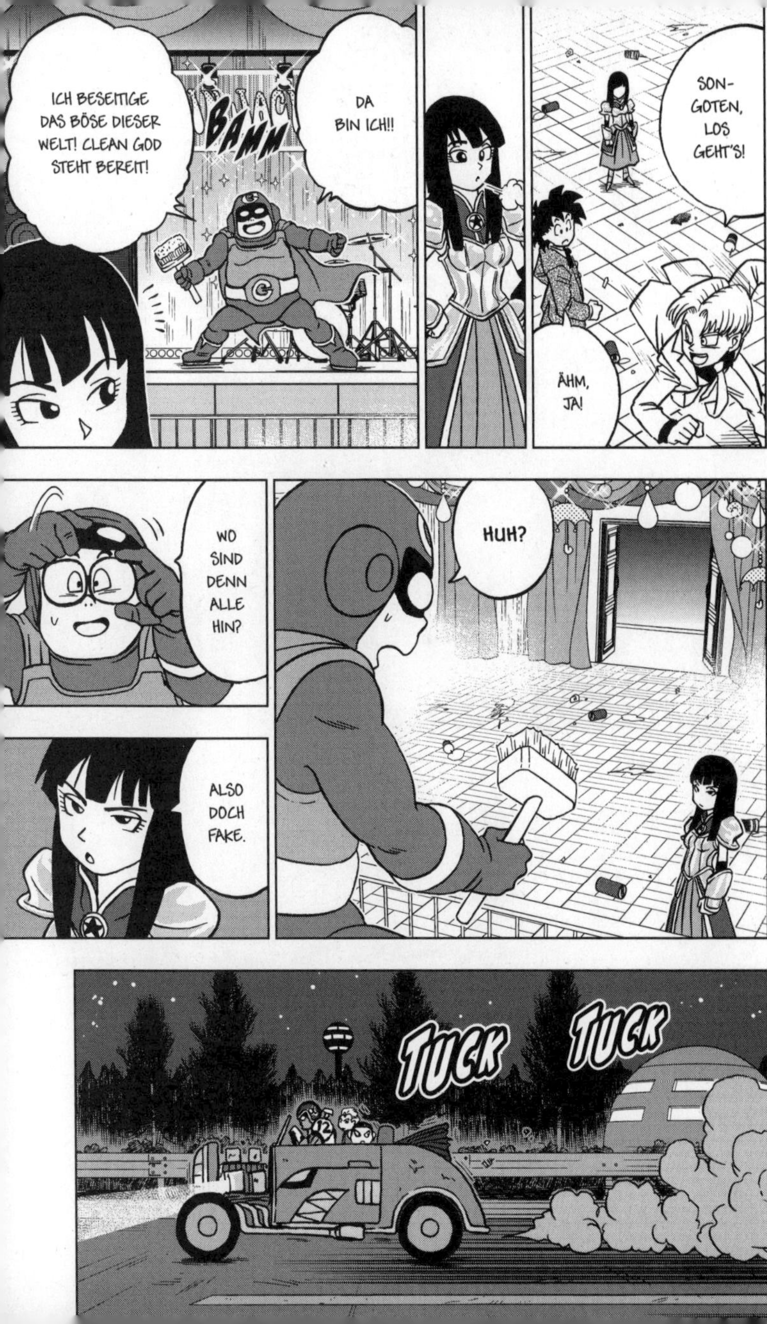
SON-
GOTEN,
LOS
GEHT'S!
ÄHM,
JA!
DA
BIN ICH!!
ICH BESEITIGE
DAS BÖSE DIESER
WELT! CLEAN GOD
STEHT BEREIT!
BAMM
HUH?
WO
SIND
DENN
ALLE
HIN?
ALSO
DOCH
FAKE.
TUCK
TUCK

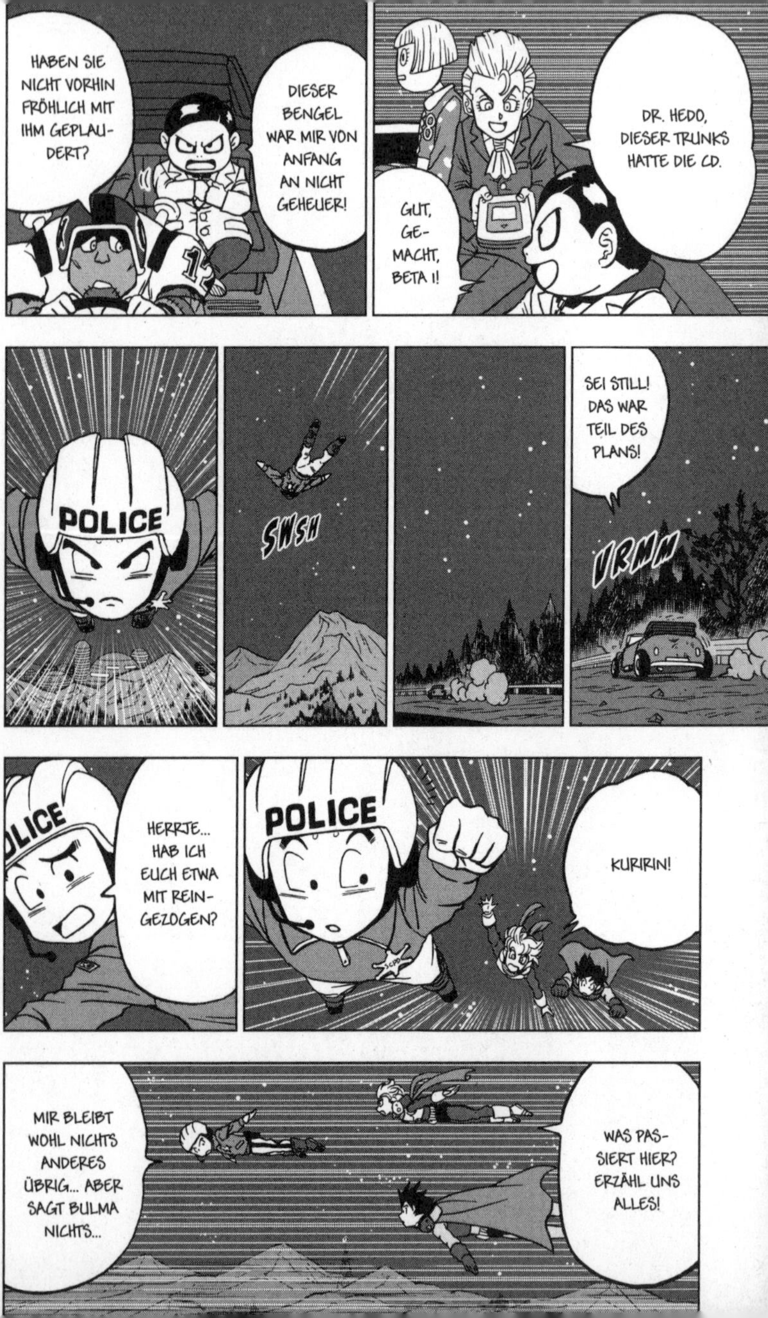
DR. HEDO, DIESER TRUNKS HATTE DIE CD.
GUT, GEMACHT, BETA 1!
DIESER BENGEL WAR MIR VON ANFANG AN NICHT GEHEUER!
HABEN SIE NICHT VORHIN FRÖHLICH MIT IHM GEPLAUDERT?
SEI STILL! DAS WAR TEIL DES PLANS!
VRMM
SWSH
POLICE
KURIRIN!
POLICE
HERRJE... HAB ICH EUCH ETWA MIT REINGEZOGEN?
POLICE
WAS PASSIERT HIER? ERZÄHL UNS ALLES!
MIR BLEIBT WOHL NICHTS ANDERES ÜBRIG... ABER SAGT BULMA NICHTS...

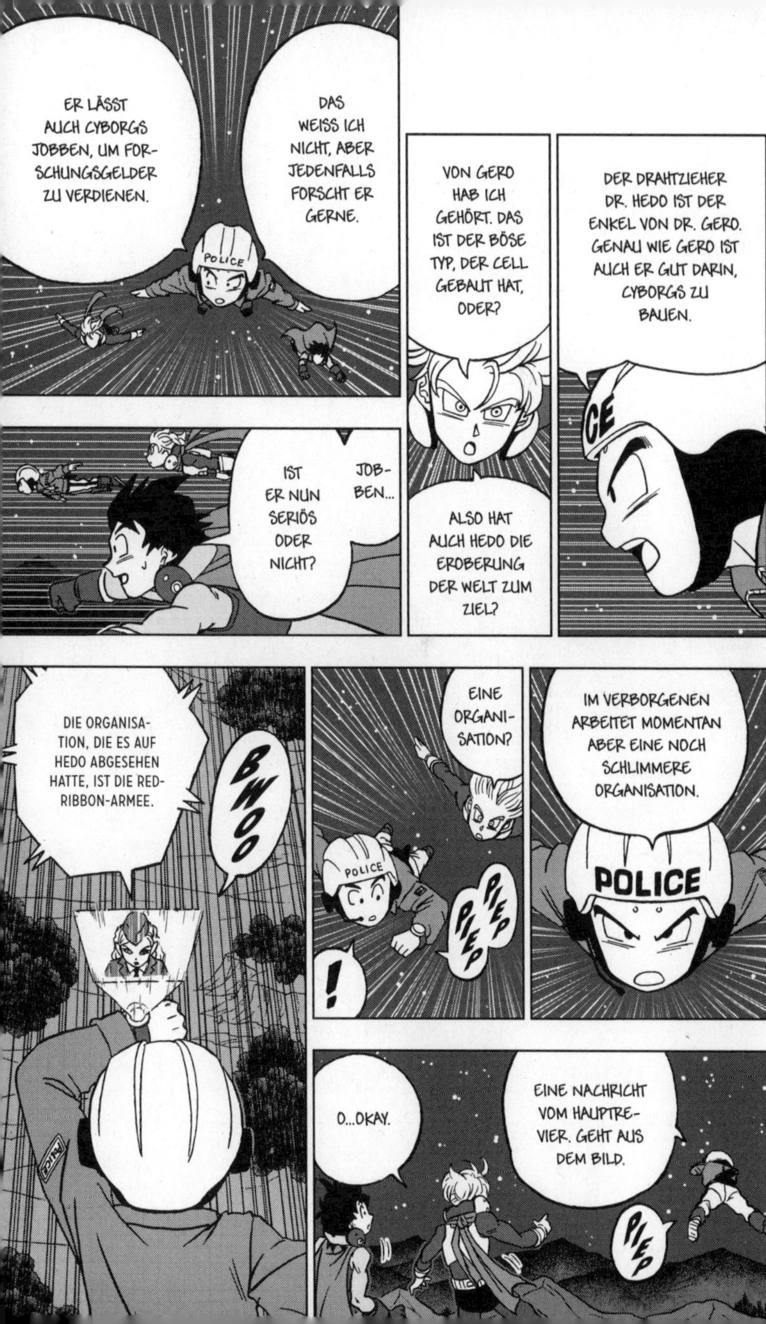
DER DRAHTZIEHER DR. HEDO IST DER ENKEL VON DR. GERO. GENAU WIE GERO IST AUCH ER GUT DARIN, CYBORGS ZU BAUEN.
VON GERO HAB ICH GEHÖRT. DAS IST DER BÖSE TYP, DER CELL GEBAUT HAT, ODER?
ALSO HAT AUCH HEDO DIE EROBERUNG DER WELT ZUM ZIEL?
DAS WEISS ICH NICHT, ABER JEDENFALLS FORSCHT ER GERNE.
ER LÄSST AUCH CYBORGS JOBBEN, UM FORSCHUNGSGELDER ZU VERDIENEN.
JOBBEN...
IST ER NUN SERIÖS ODER NICHT?
IM VERBORGENEN ARBEITET MOMENTAN ABER EINE NOCH SCHLIMMERE ORGANISATION.
POLICE
EINE ORGANISATION?
PIEP PIEP
!
EINE NACHRICHT VOM HAUPTREVIER. GEHT AUS DEM BILD.
O...OKAY.
PIEP
BWOO
DIE ORGANISATION, DIE ES AUF HEDO ABGESEHEN HATTE, IST DIE RED-RIBBON-ARMEE.

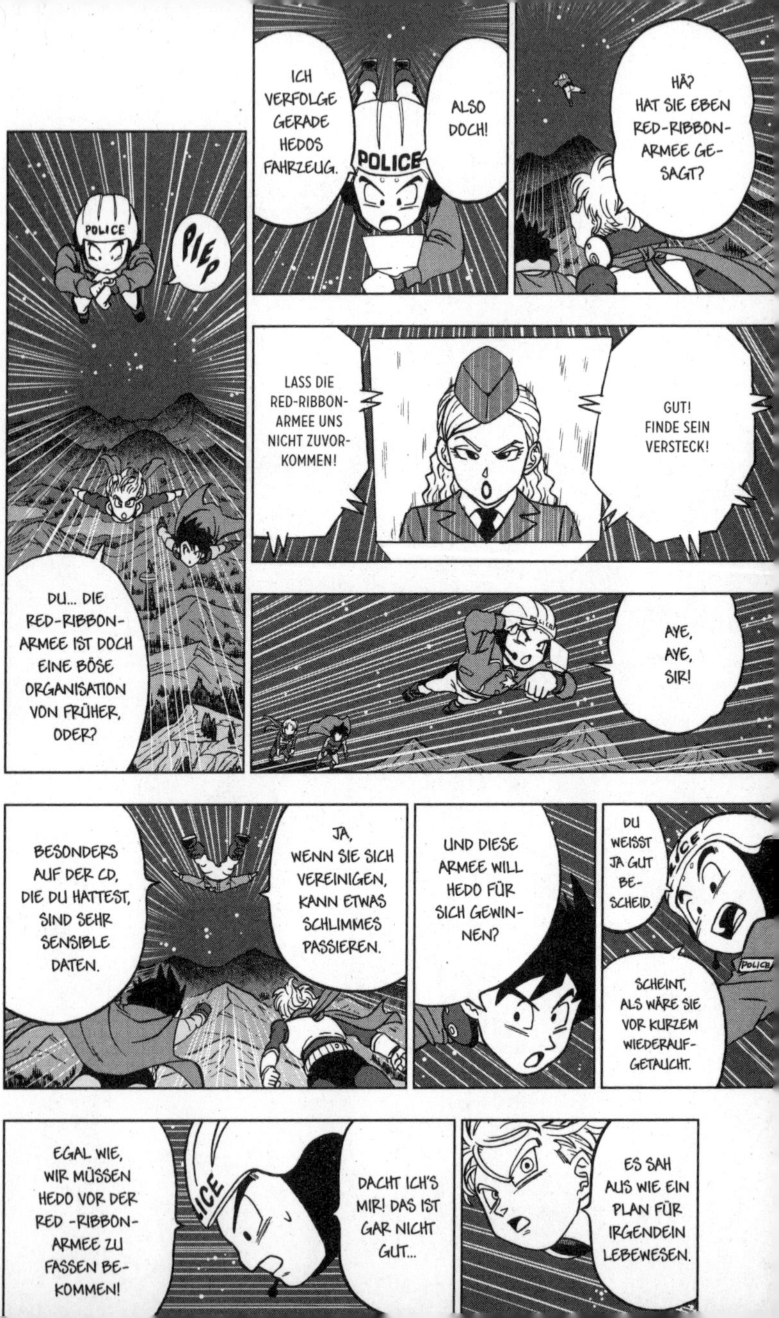

HÄ? HAT SIE EBEN RED-RIBBON-ARMEE GESAGT?
ALSO DOCH!
ICH VERFOLGE GERADE HEDOS FAHRZEUG.
GUT! FINDE SEIN VERSTECK!
LASS DIE RED-RIBBON-ARMEE UNS NICHT ZUVORKOMMEN!
AYE, AYE, SIR!
PIEP
DU... DIE RED-RIBBON-ARMEE IST DOCH EINE BÖSE ORGANISATION VON FRÜHER, ODER?
DU WEISST JA GUT BESCHEID.
SCHEINT, ALS WÄRE SIE VOR KURZEM WIEDERAUFGETAUCHT.
UND DIESE ARMEE WILL HEDO FÜR SICH GEWINNEN?
JA, WENN SIE SICH VEREINIGEN, KANN ETWAS SCHLIMMES PASSIEREN.
BESONDERS AUF DER CD, DIE DU HATTEST, SIND SEHR SENSIBLE DATEN.
ES SAH AUS WIE EIN PLAN FÜR IRGENDEIN LEBEWESEN.
DACHT ICH'S MIR! DAS IST GAR NICHT GUT...
EGAL WIE, WIR MÜSSEN HEDO VOR DER RED-RIBBON-ARMEE ZU FASSEN BEKOMMEN!

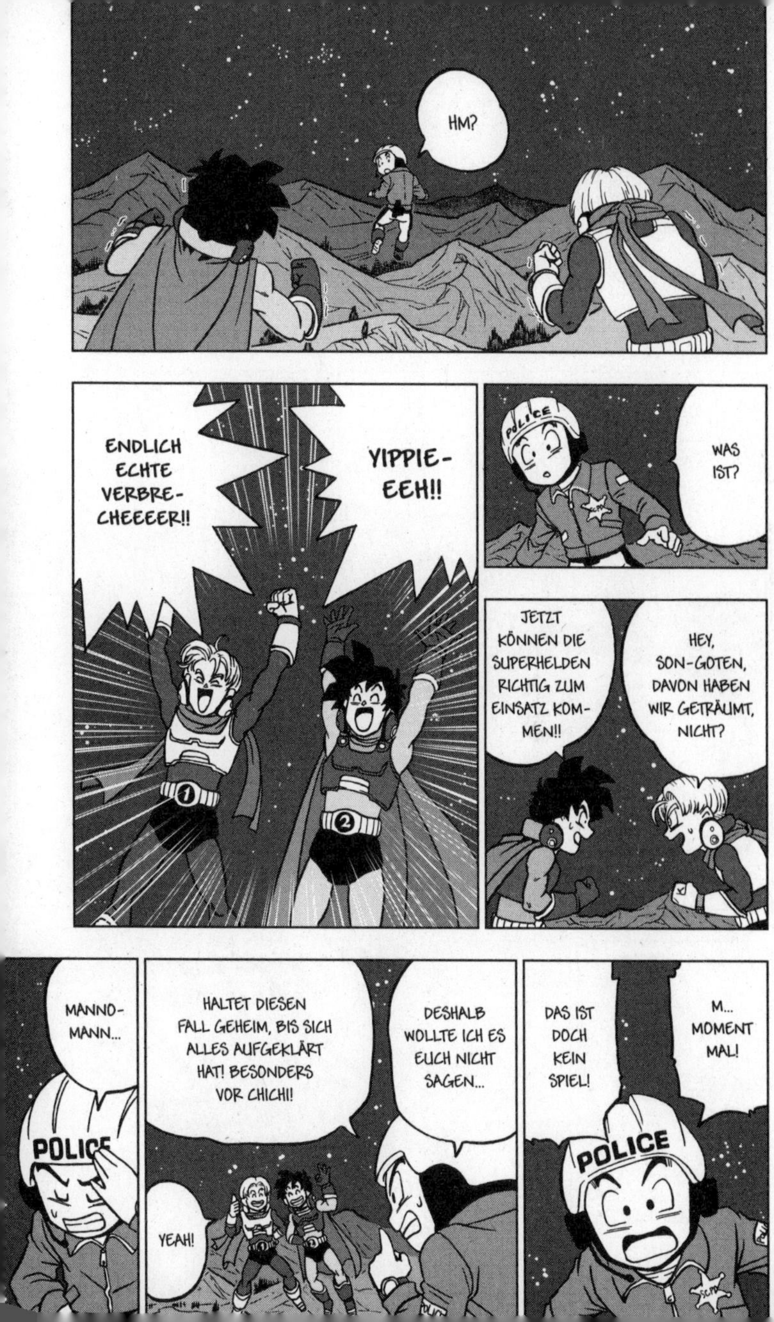
HM?
WAS IST?
YIPPIE-EEH!!
ENDLICH ECHTE VERBRE-CHEEEER!!
HEY, SON-GOTEN, DAVON HABEN WIR GETRÄUMT, NICHT?
JETZT KÖNNEN DIE SUPERHELDEN RICHTIG ZUM EINSATZ KOM-MEN!!
M... MOMENT MAL!
DAS IST DOCH KEIN SPIEL!
DESHALB WOLLTE ICH ES EUCH NICHT SAGEN...
HALTET DIESEN FALL GEHEIM, BIS SICH ALLES AUFGEKLÄRT HAT! BESONDERS VOR CHICHI!
YEAH!
MANNO-MANN...
POLICE

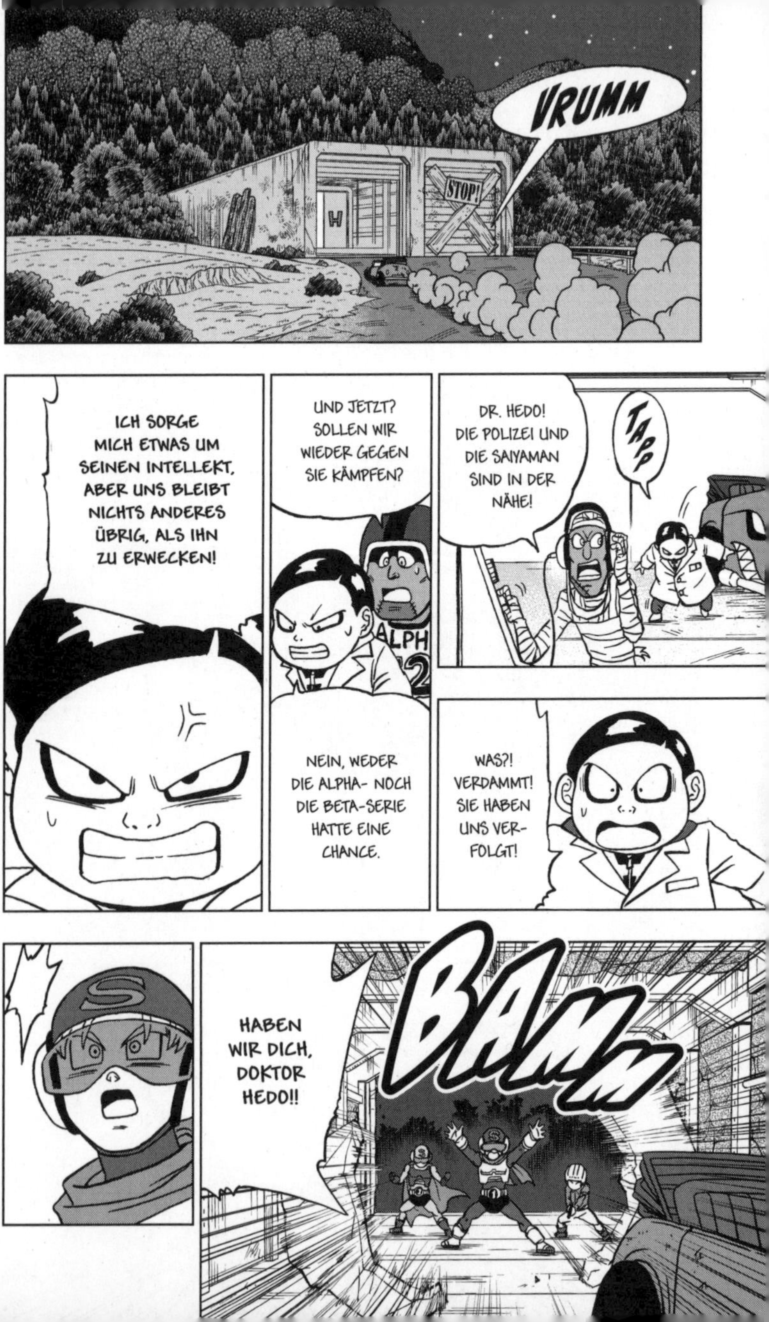
VRUMM
STOP!
DR. HEDO! DIE POLIZEI UND DIE SAIYAMAN SIND IN DER NÄHE!
TAPP
WAS?! VERDAMMT! SIE HABEN UNS VER-FOLGT!
UND JETZT? SOLLEN WIR WIEDER GEGEN SIE KÄMPFEN?
NEIN, WEDER DIE ALPHA- NOCH DIE BETA-SERIE HATTE EINE CHANCE.
ICH SORGE MICH ETWAS UM SEINEN INTELLEKT, ABER UNS BLEIBT NICHTS ANDERES ÜBRIG, ALS IHN ZU ERWECKEN!
BAM
HABEN WIR DICH, DOKTOR HEDO!!

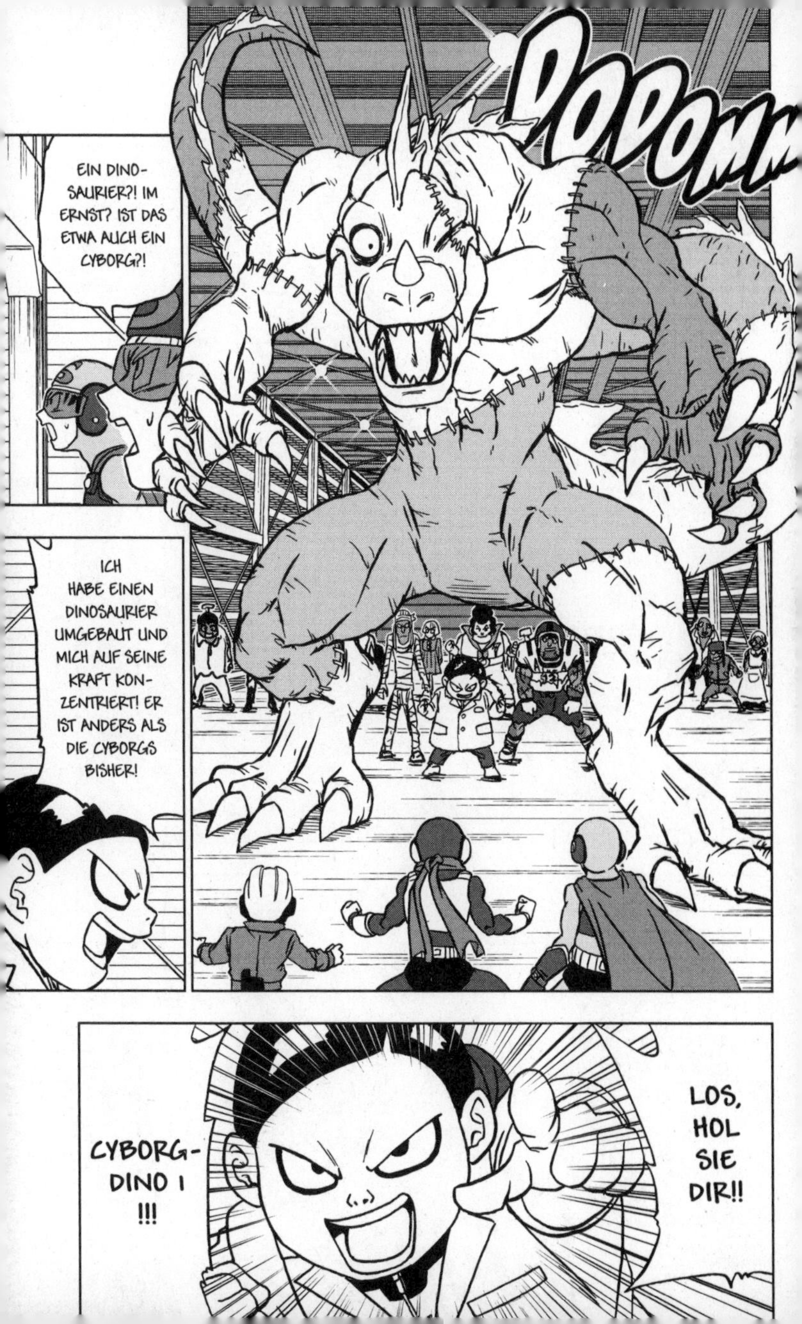
DODOM
EIN DINO-SAURIER?! IM ERNST? IST DAS ETWA AUCH EIN CYBORG?!
ICH HABE EINEN DINOSAURIER UMGEBAUT UND MICH AUF SEINE KRAFT KON-ZENTRIERT! ER IST ANDERS ALS DIE CYBORGS BISHER!
LOS, HOL SIE DIR!!
CYBORG-DINO I !!!

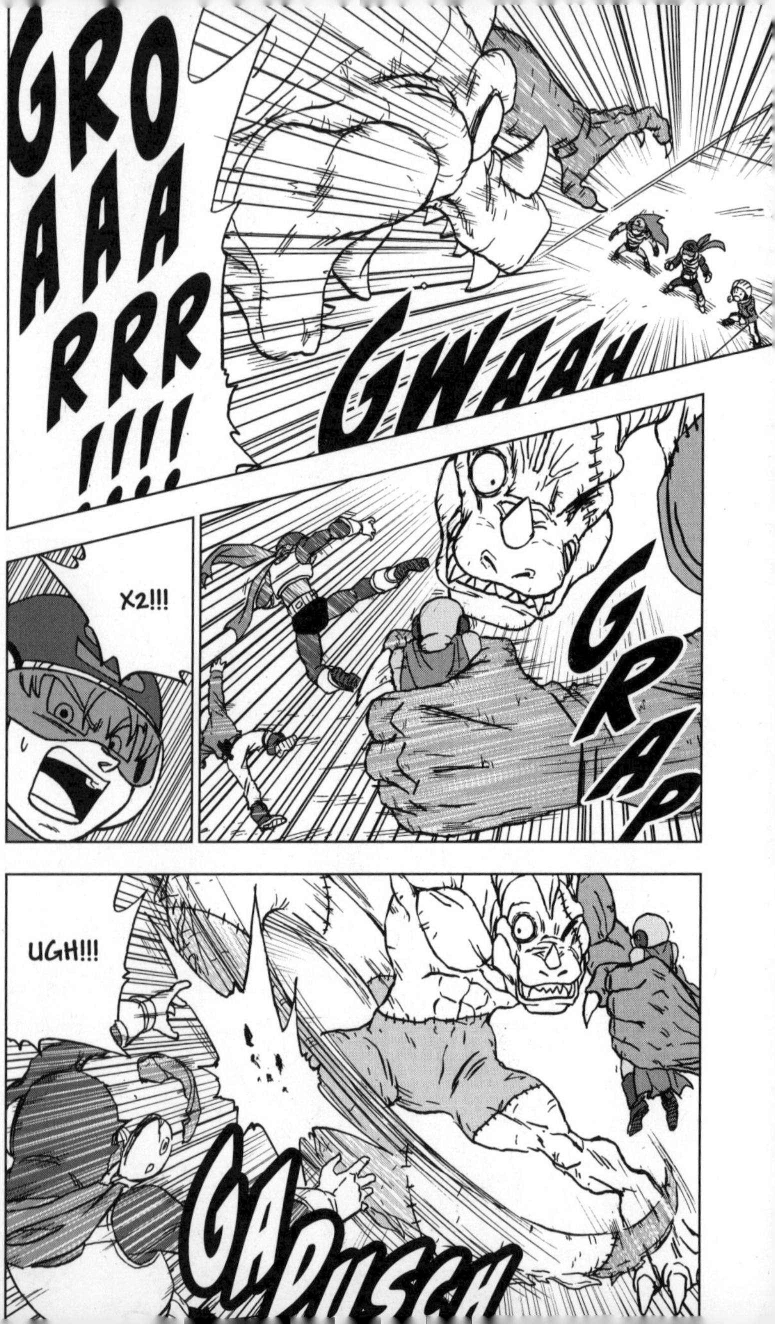
GROAAARRR!!!!
GWAAAH
X2!!!
GRAP
UGH!!!
GADUSCH

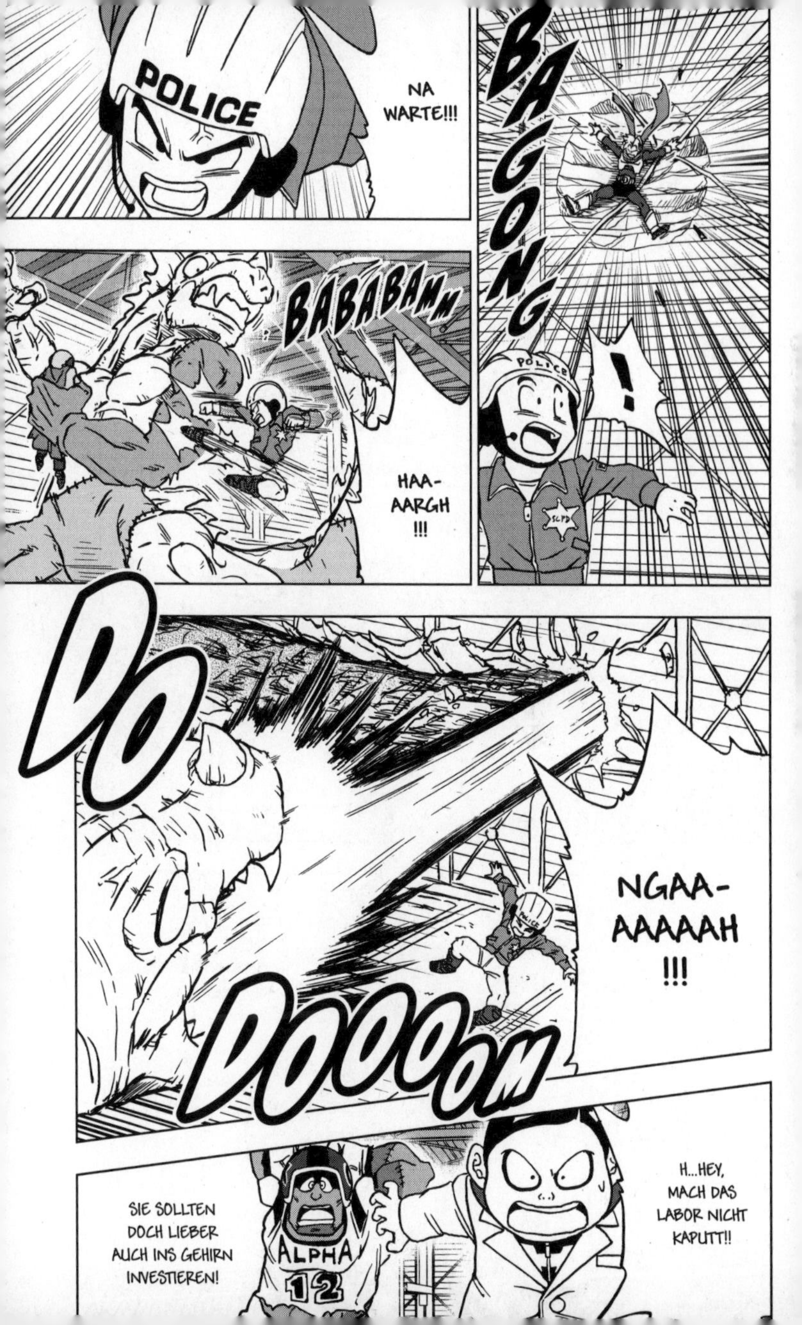
BAGONG
NA WARTE!!!
POLICE
!
POLICE
SCPD
BABABAMM
HAA-AARGH!!!
DO
DOOOOM
NGAA-AAAAAH!!!
POLICE
H...HEY, MACH DAS LABOR NICHT KAPUTT!!
SIE SOLLTEN DOCH LIEBER AUCH INS GEHIRN INVESTIEREN!
ALPHA
12

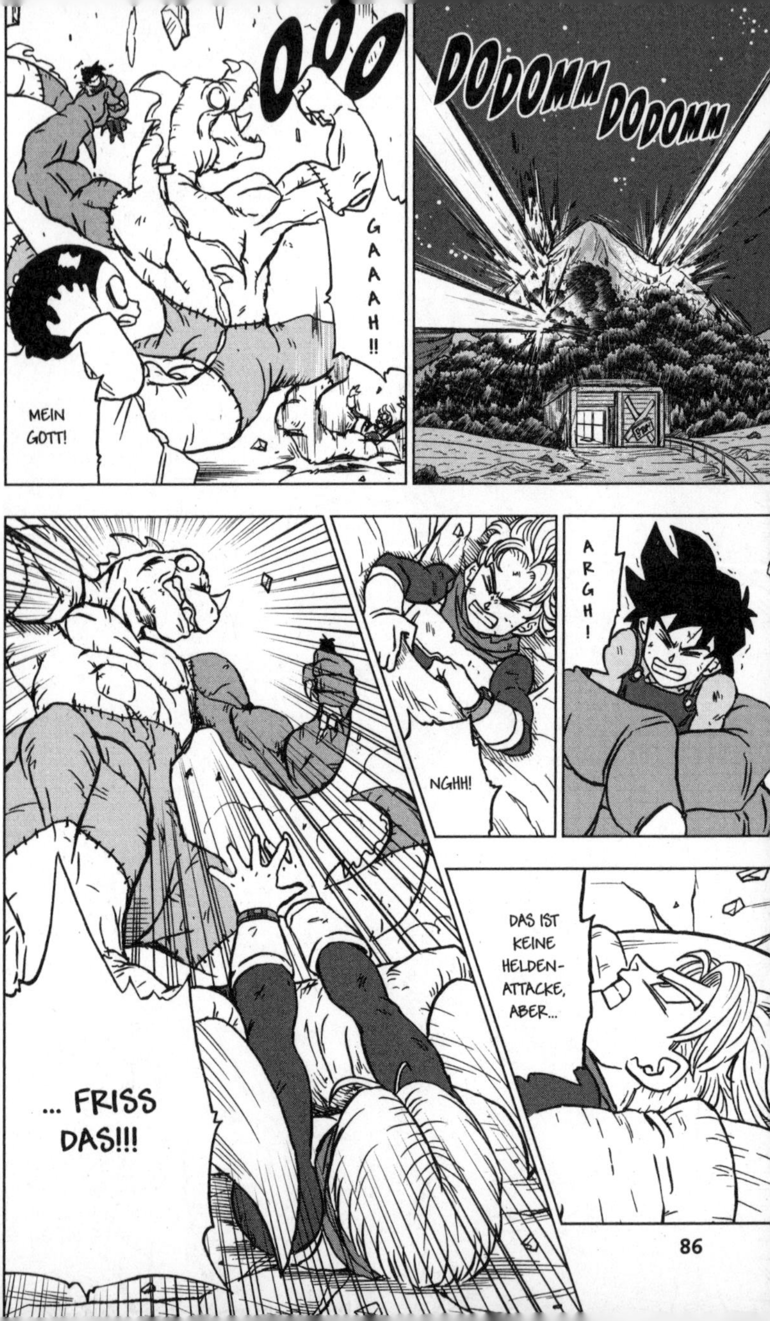
DODOMM DODOMM
OOO
GAAAAH!!
MEIN GOTT!
ARGH!
NGHH!
DAS IST KEINE HELDEN-ATTACKE, ABER...
... FRISS DAS!!!

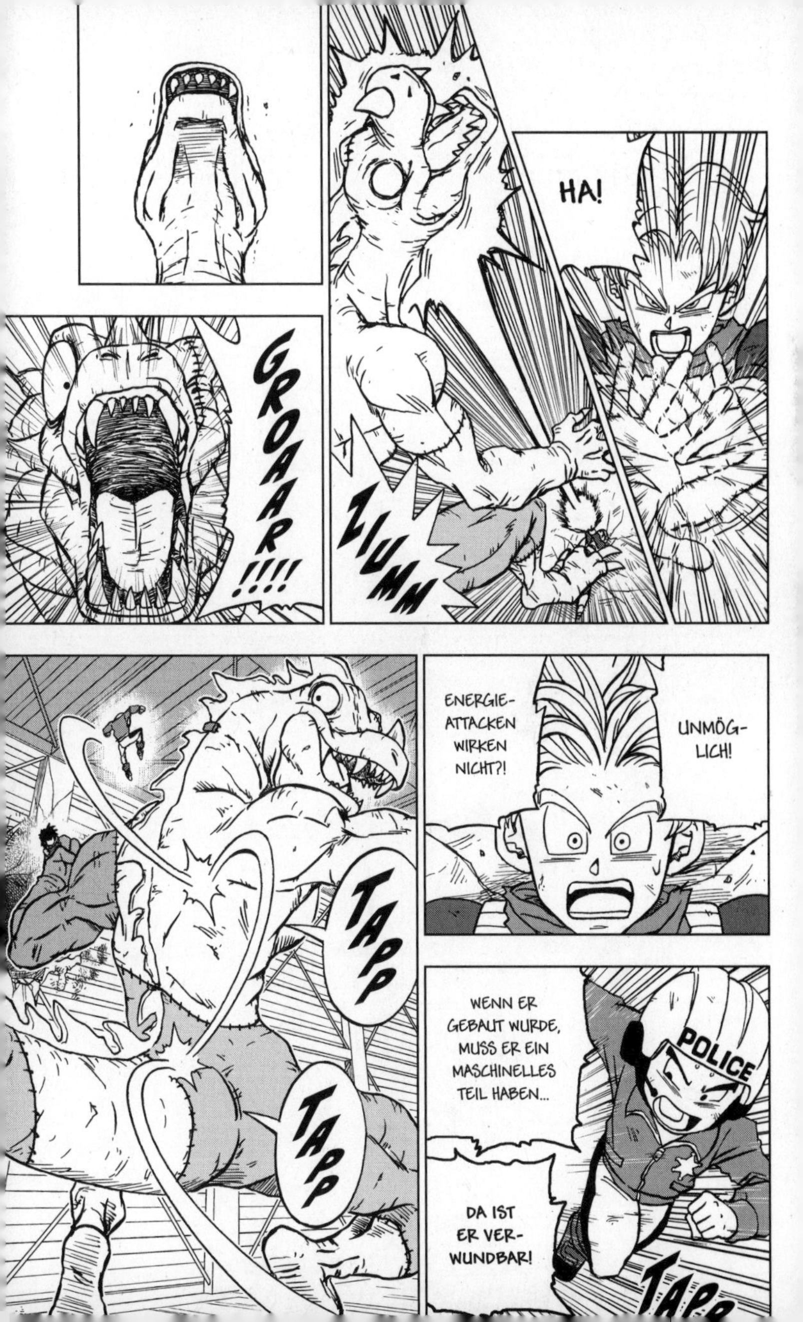
HA!
ZIUMM
GROAAAR!!!!
UNMÖG-
LICH!
ENERGIE-
ATTACKEN
WIRKEN
NICHT?!
WENN ER
GEBAUT WURDE,
MUSS ER EIN
MASCHINELLES
TEIL HABEN...
DA IST
ER VER-
WUNDBAR!
TAPP
TAPP
TAPP
TAPP

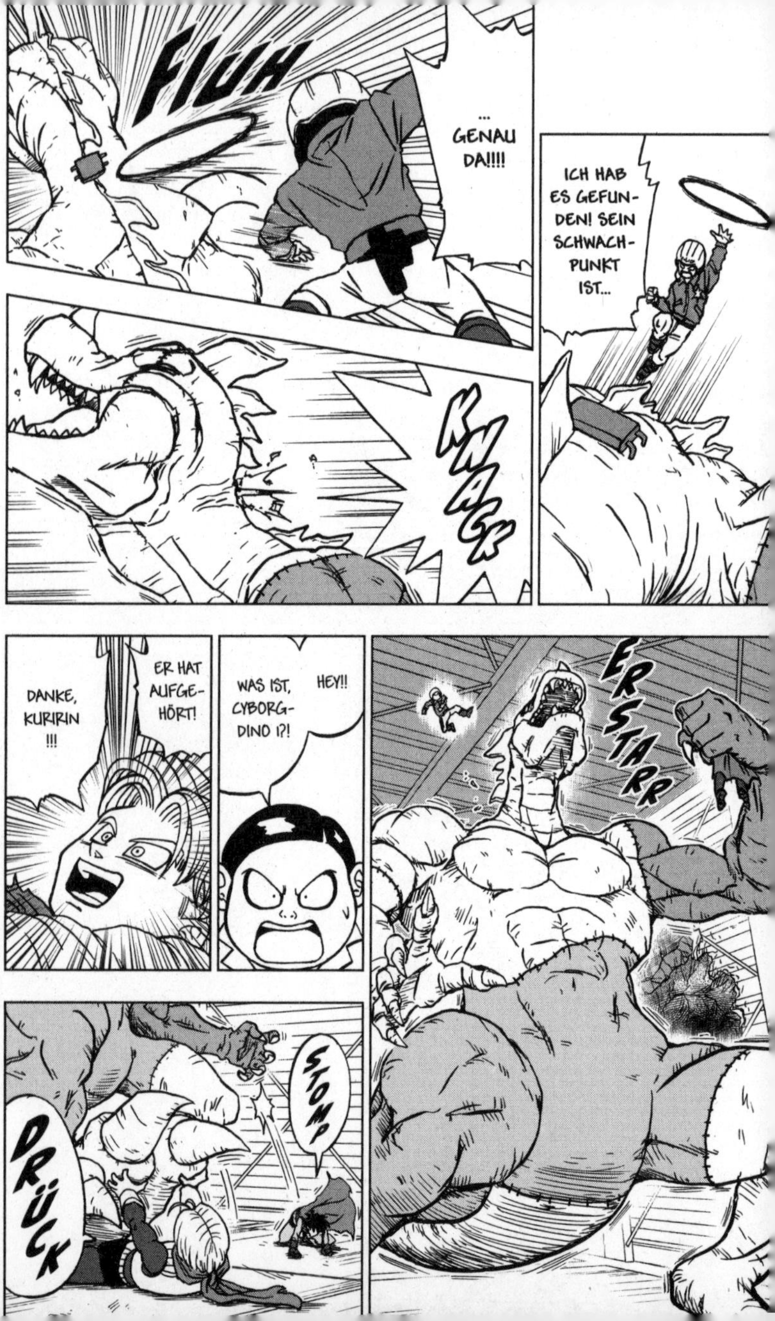
ICH HAB ES GEFUN-DEN! SEIN SCHWACH-PUNKT IST...
... GENAU DA!!!!
FLUH
KNACK
ERSTARR
HEY!!
WAS IST, CYBORG-DINO 1?!
ER HAT AUFGE-HÖRT!
DANKE, KURIRIN !!!
STOMP
DRÜCK

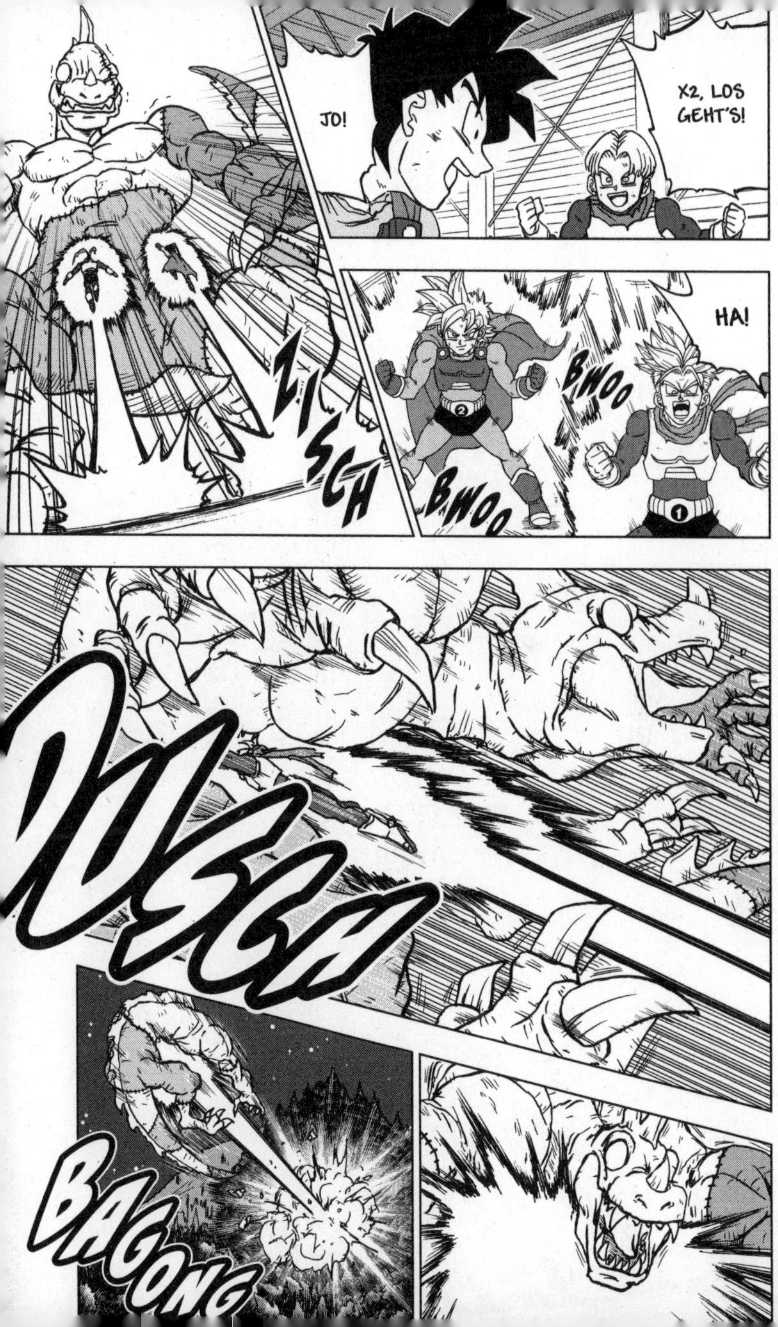
X2, LOS GEHT'S!
JO!
ZI SCH
HA!
BWOO
BWOO
DEGA
BAGONG

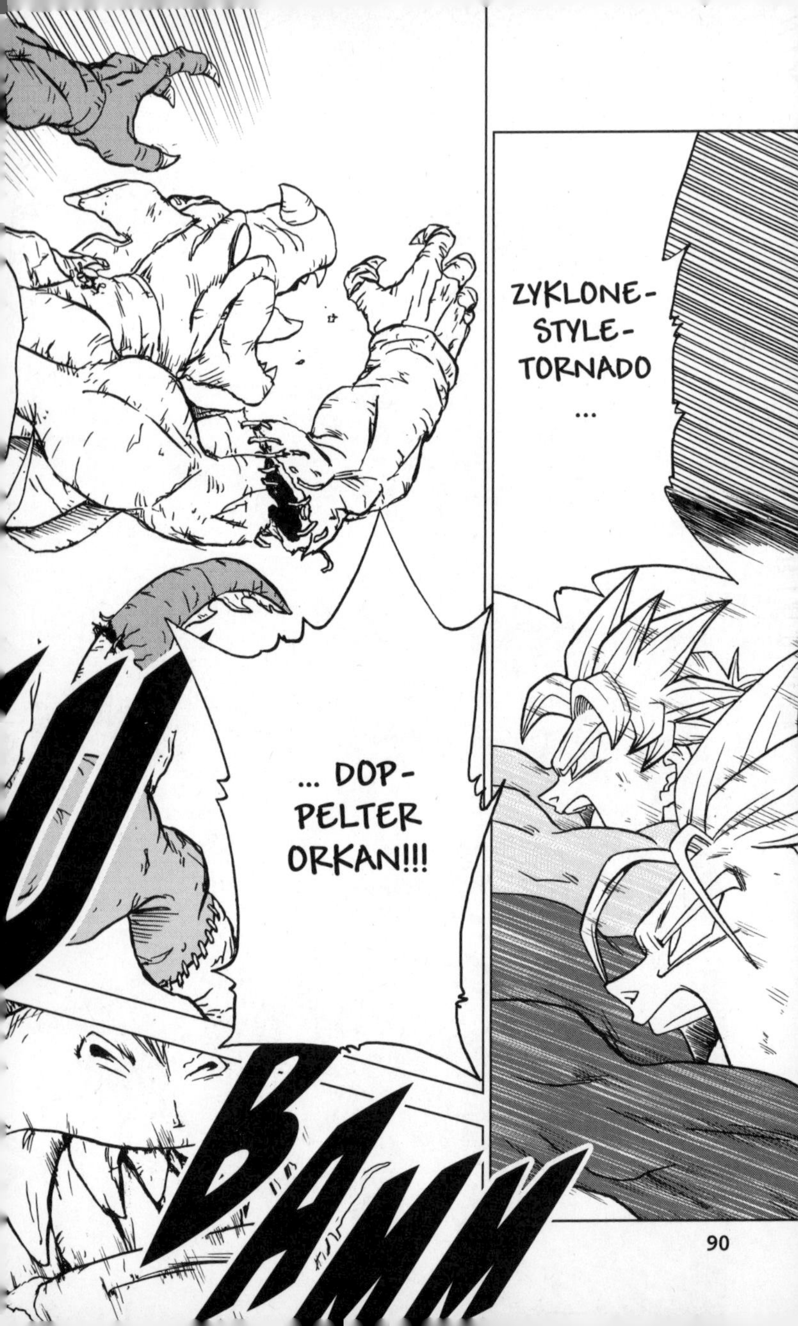
ZYKLONE-STYLE-TORNADO ...
... DOPPELTER ORKAN!!!
BAMM

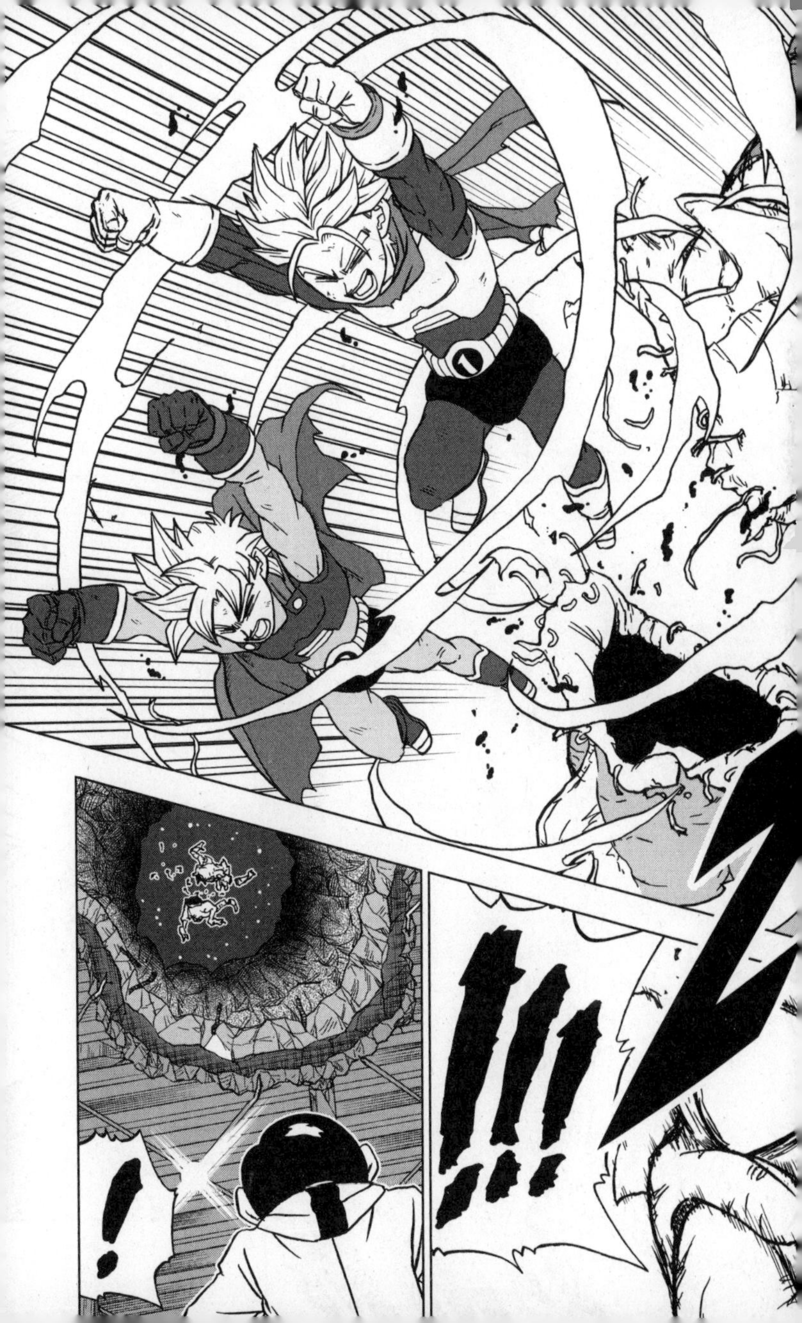

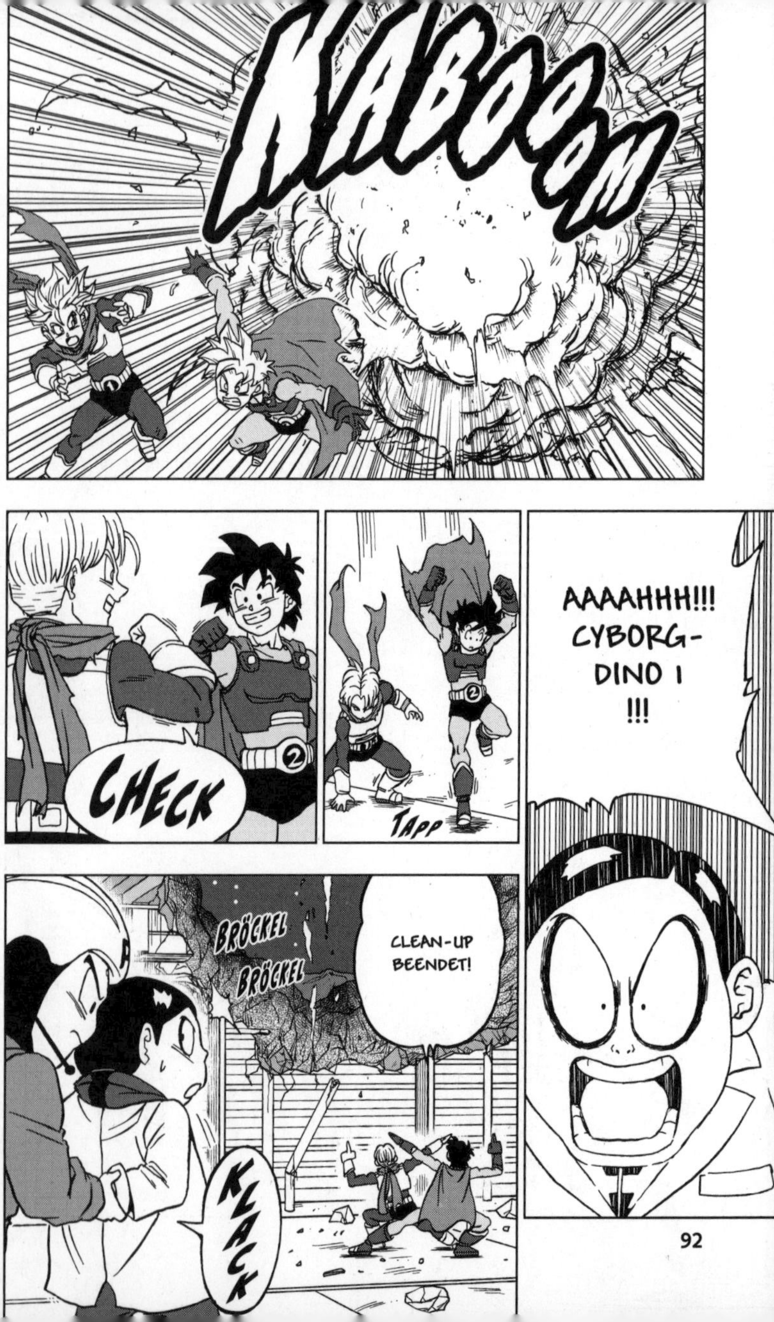
KABOOM
CHECK
TAPP
AAAAHHH!!! CYBORG-DINO 1 !!!
BRÖCKEL
BRÖCKEL
CLEAN-UP BEENDET!
KLACK

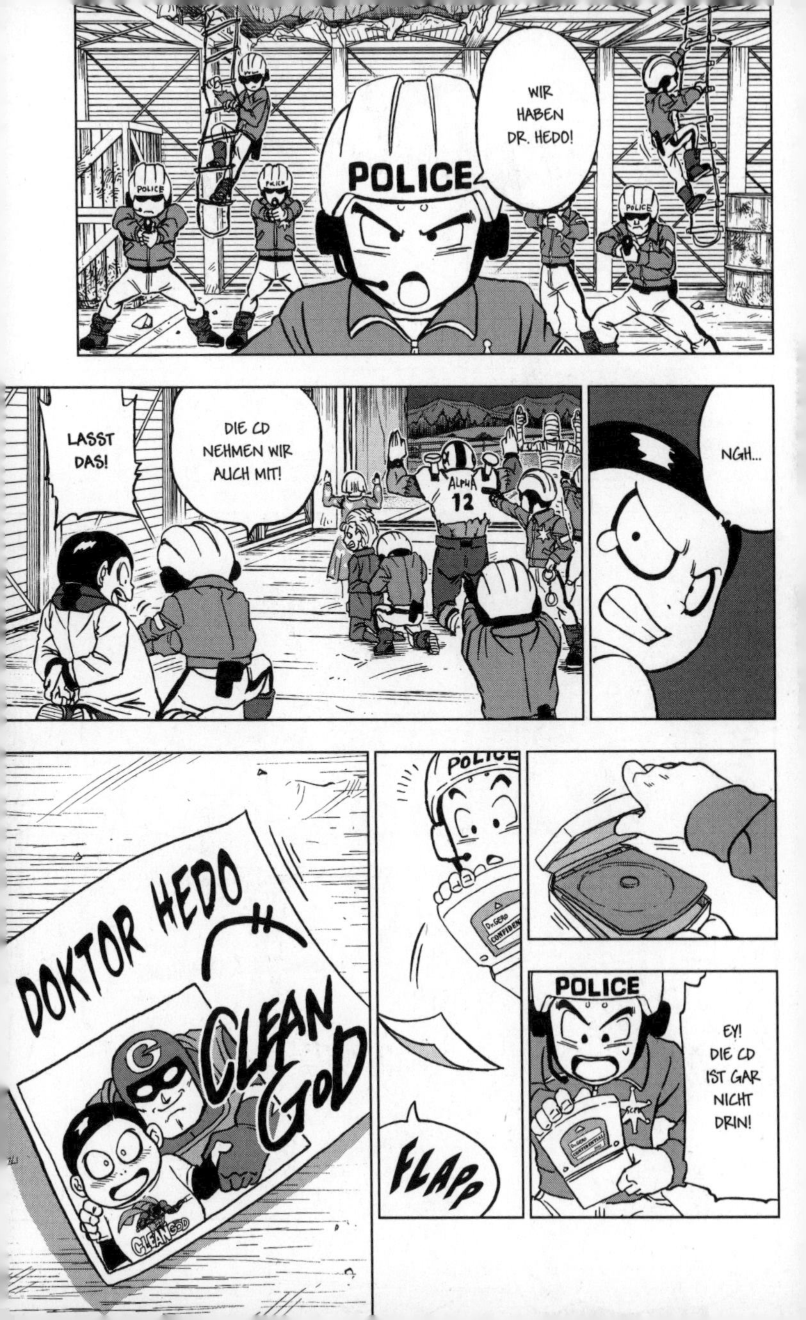

POLICE
WIR HABEN DR. HEDO!
NGH...
DIE CD NEHMEN WIR AUCH MIT!
LASST DAS!
ALPHA 12
POLICE
EY! DIE CD IST GAR NICHT DRIN!
FLAPP
DOKTOR HEDO
CLEAN GOD

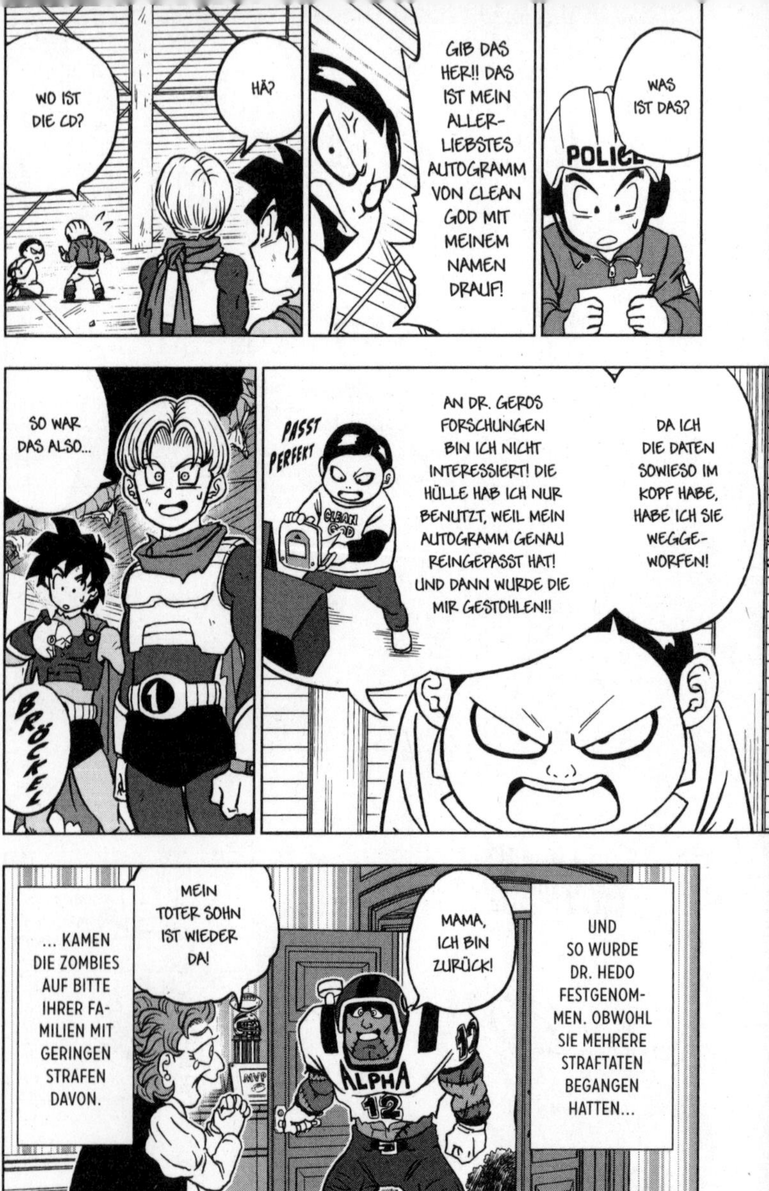
WAS IST DAS?
POLICE
GIB DAS HER!! DAS IST MEIN ALLER-LIEBSTES AUTOGRAMM VON CLEAN GOD MIT MEINEM NAMEN DRAUF!
HÄ?
WO IST DIE CD?
DA ICH DIE DATEN SOWIESO IM KOPF HABE, HABE ICH SIE WEGGE-WORFEN!
AN DR. GEROS FORSCHUNGEN BIN ICH NICHT INTERESSIERT! DIE HÜLLE HAB ICH NUR BENUTZT, WEIL MEIN AUTOGRAMM GENAU REINGEPASST HAT! UND DANN WURDE DIE MIR GESTOHLEN!!
PASST PERFEKT
CLEAN GOD
SO WAR DAS ALSO...
BRÖCKEL
UND SO WURDE DR. HEDO FESTGENOM-MEN. OBWOHL SIE MEHRERE STRAFTATEN BEGANGEN HATTEN...
MAMA, ICH BIN ZURÜCK!
ALPHA 12
MEIN TOTER SOHN IST WIEDER DA!
MVP
... KAMEN DIE ZOMBIES AUF BITTE IHRER FA-MILIEN MIT GERINGEN STRAFEN DAVON.

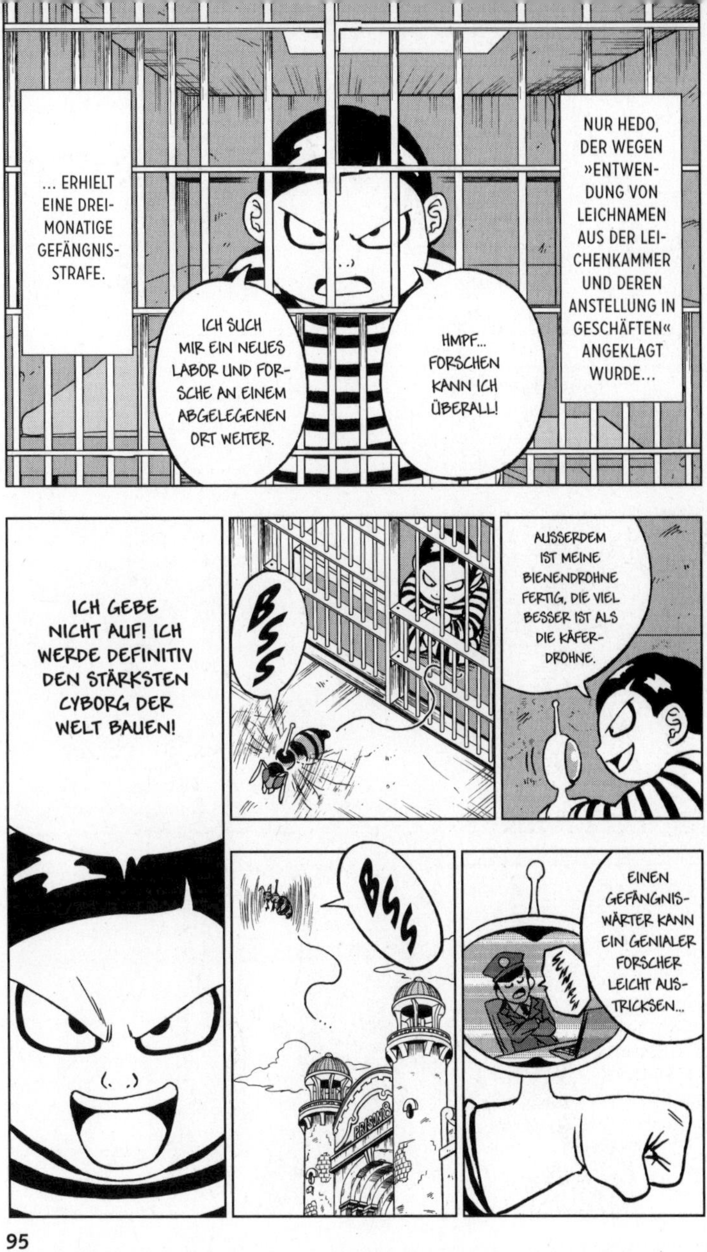
NUR HEDO, DER WEGEN »ENTWENDUNG VON LEICHNAMEN AUS DER LEICHENKAMMER UND DEREN ANSTELLUNG IN GESCHÄFTEN« ANGEKLAGT WURDE …
… ERHIELT EINE DREIMONATIGE GEFÄNGNISSTRAFE.
HMPF … FORSCHEN KANN ICH ÜBERALL!
ICH SUCH MIR EIN NEUES LABOR UND FORSCHE AN EINEM ABGELEGENEN ORT WEITER.
AUSSERDEM IST MEINE BIENENDROHNE FERTIG, DIE VIEL BESSER IST ALS DIE KÄFERDROHNE.
BSS
ICH GEBE NICHT AUF! ICH WERDE DEFINITIV DEN STÄRKSTEN CYBORG DER WELT BAUEN!
EINEN GEFÄNGNISWÄRTER KANN EIN GENIALER FORSCHER LEICHT AUSTRICKSEN …
BSS
PRISON

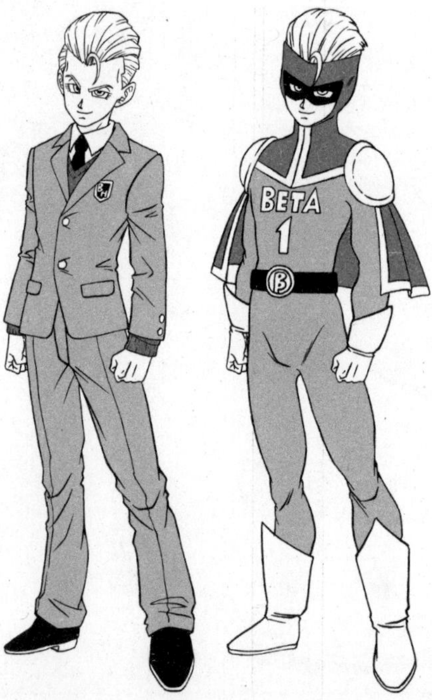

BETA 1

KAPITEL 91: DIE RÜCKKEHR DER RED-RIBBON-ARMEE

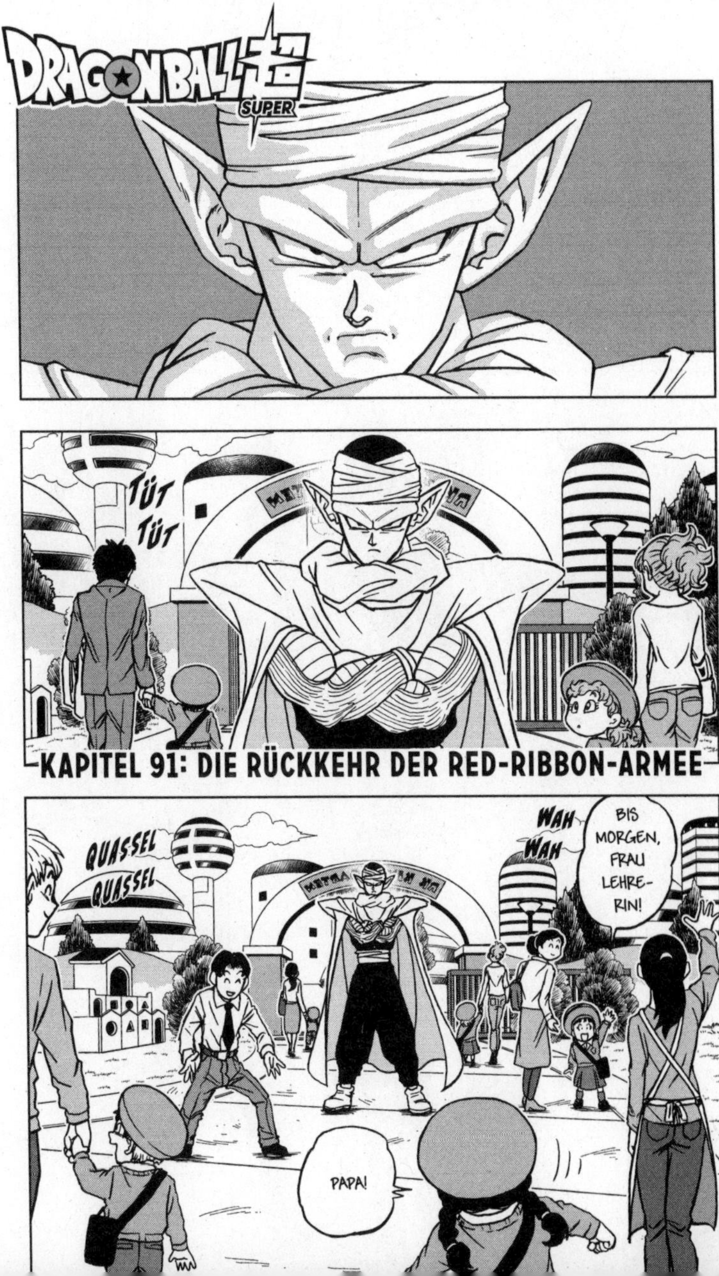

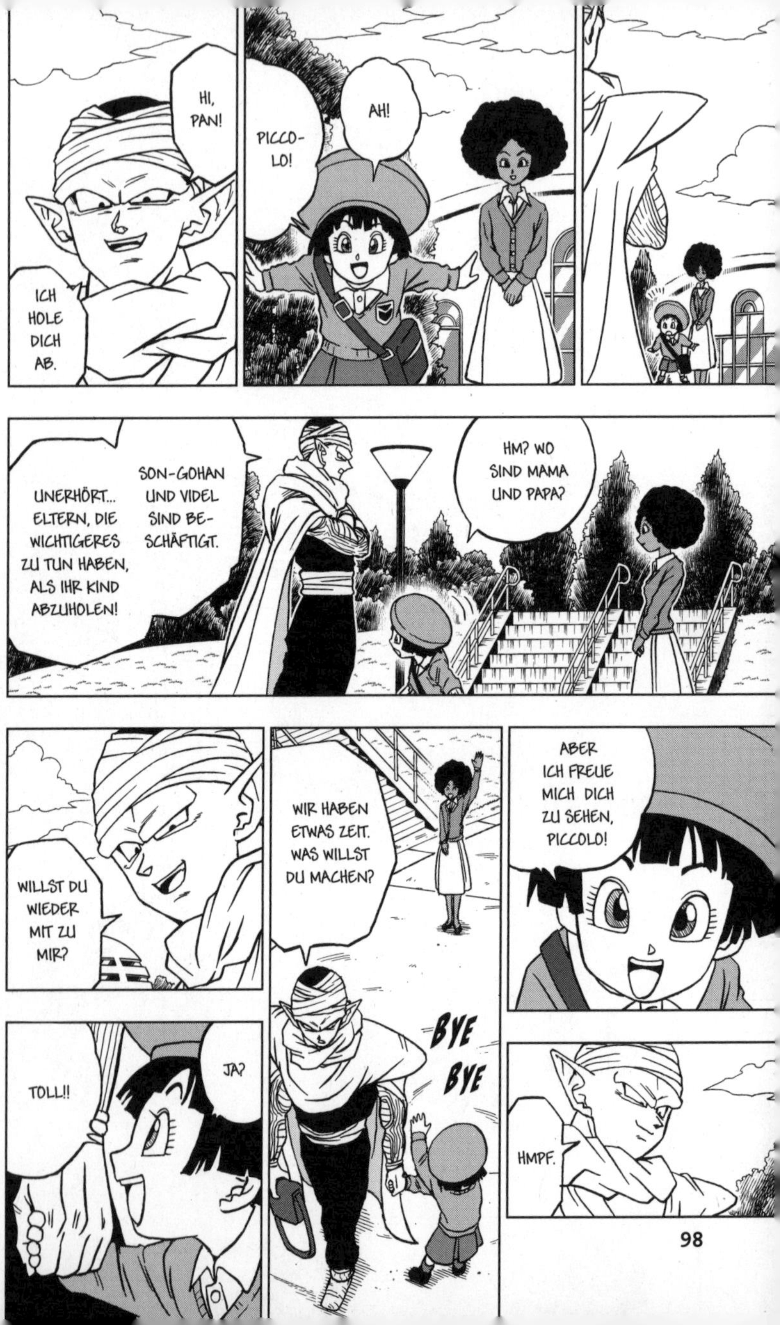
AH!
PICCOLO!
HI, PAN!
ICH HOLE DICH AB.
HM? WO SIND MAMA UND PAPA?
SON-GOHAN UND VIDEL SIND BESCHÄFTIGT.
UNERHÖRT... ELTERN, DIE WICHTIGERES ZU TUN HABEN, ALS IHR KIND ABZUHOLEN!
ABER ICH FREUE MICH DICH ZU SEHEN, PICCOLO!
WIR HABEN ETWAS ZEIT. WAS WILLST DU MACHEN?
WILLST DU WIEDER MIT ZU MIR?
JA?
TOLL!!
HMPF.
BYE BYE

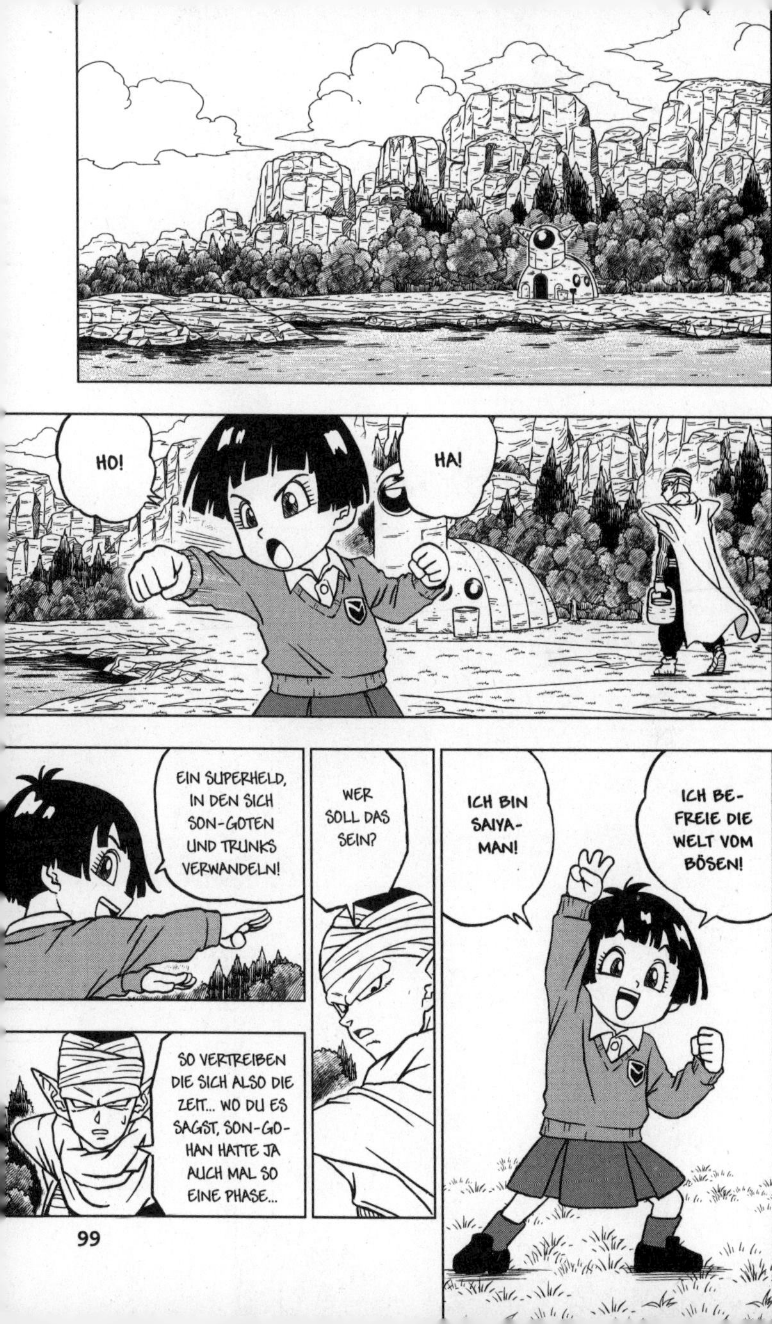
HA!
HO!
ICH BE-FREIE DIE WELT VOM BÖSEN!
ICH BIN SAIYA-MAN!
WER SOLL DAS SEIN?
EIN SUPERHELD, IN DEN SICH SON-GOTEN UND TRUNKS VERWANDELN!
SO VERTREIBEN DIE SICH ALSO DIE ZEIT... WO DU ES SAGST, SON-GOHAN HATTE JA AUCH MAL SO EINE PHASE...

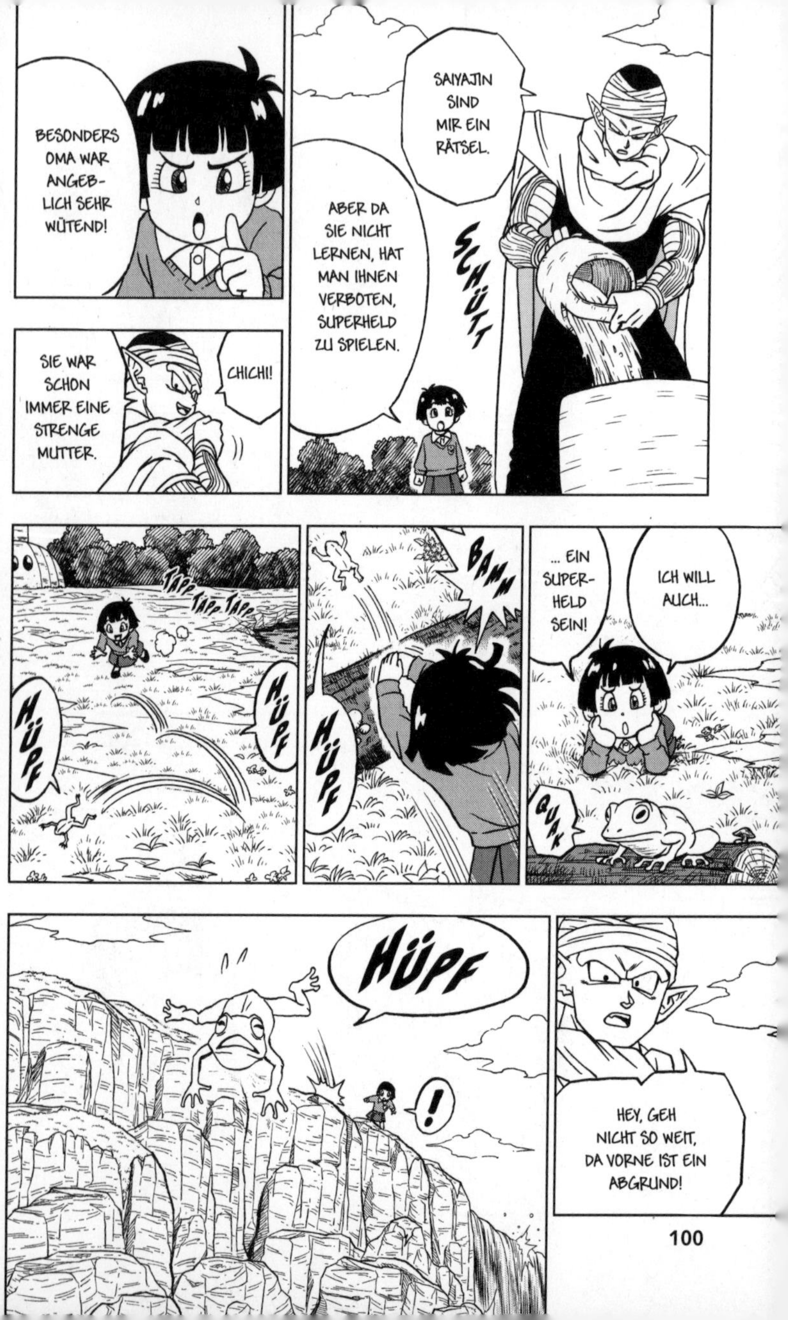
SAIYAJIN SIND MIR EIN RÄTSEL.
ABER DA SIE NICHT LERNEN, HAT MAN IHNEN VERBOTEN, SUPERHELD ZU SPIELEN.
SCHÜTT
BESONDERS OMA WAR ANGEB- LICH SEHR WÜTEND!
CHICHI!
SIE WAR SCHON IMMER EINE STRENGE MUTTER.
ICH WILL AUCH...
... EIN SUPER- HELD SEIN!
QUAK
BAMM
HÜPF
TAPP TAPP TAPP
HÜPF
HÜPF
HEY, GEH NICHT SO WEIT, DA VORNE IST EIN ABGRUND!
HÜPF
!

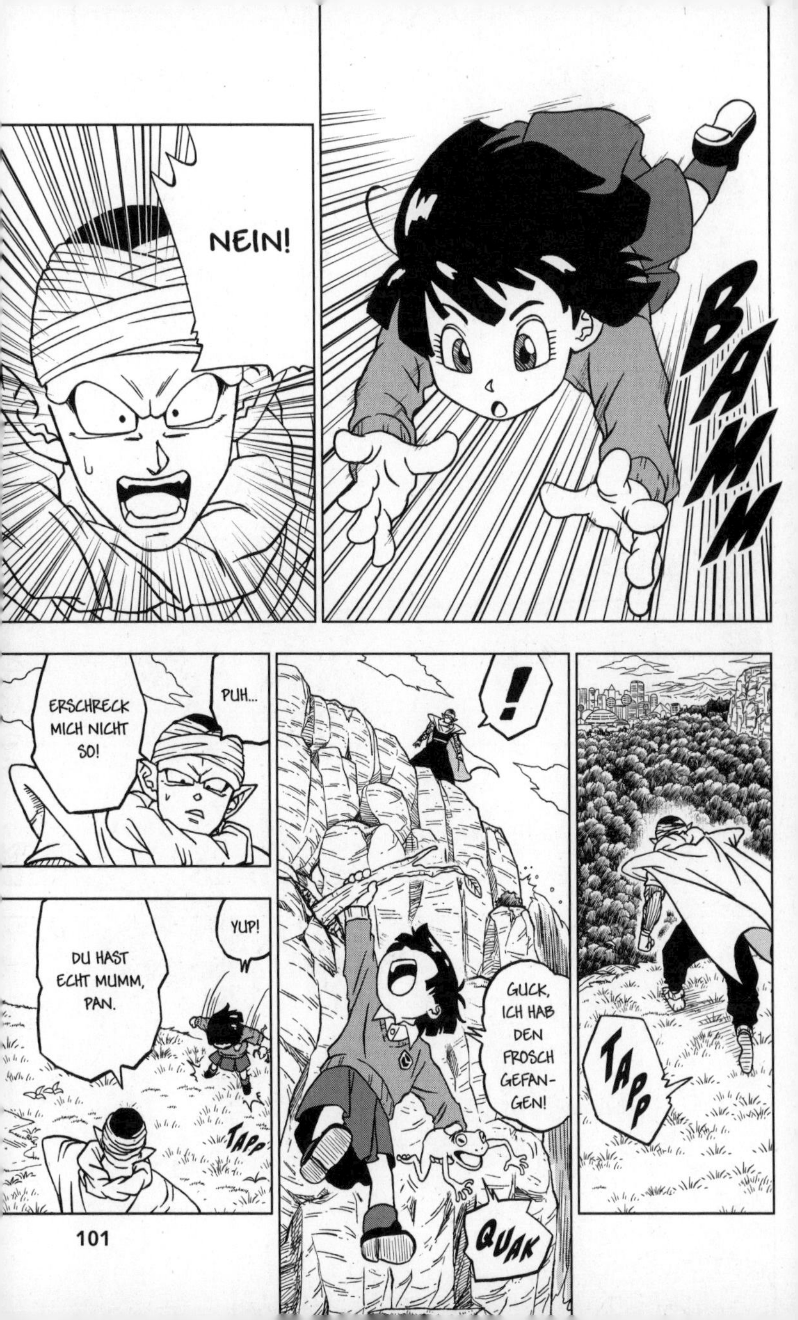
BAMM
NEIN!
TAPP
!
GUCK, ICH HAB DEN FROSCH GEFAN-GEN!
QUAK
PUH...
ERSCHRECK MICH NICHT SO!
YUP!
DU HAST ECHT MUMM, PAN.
TAPP

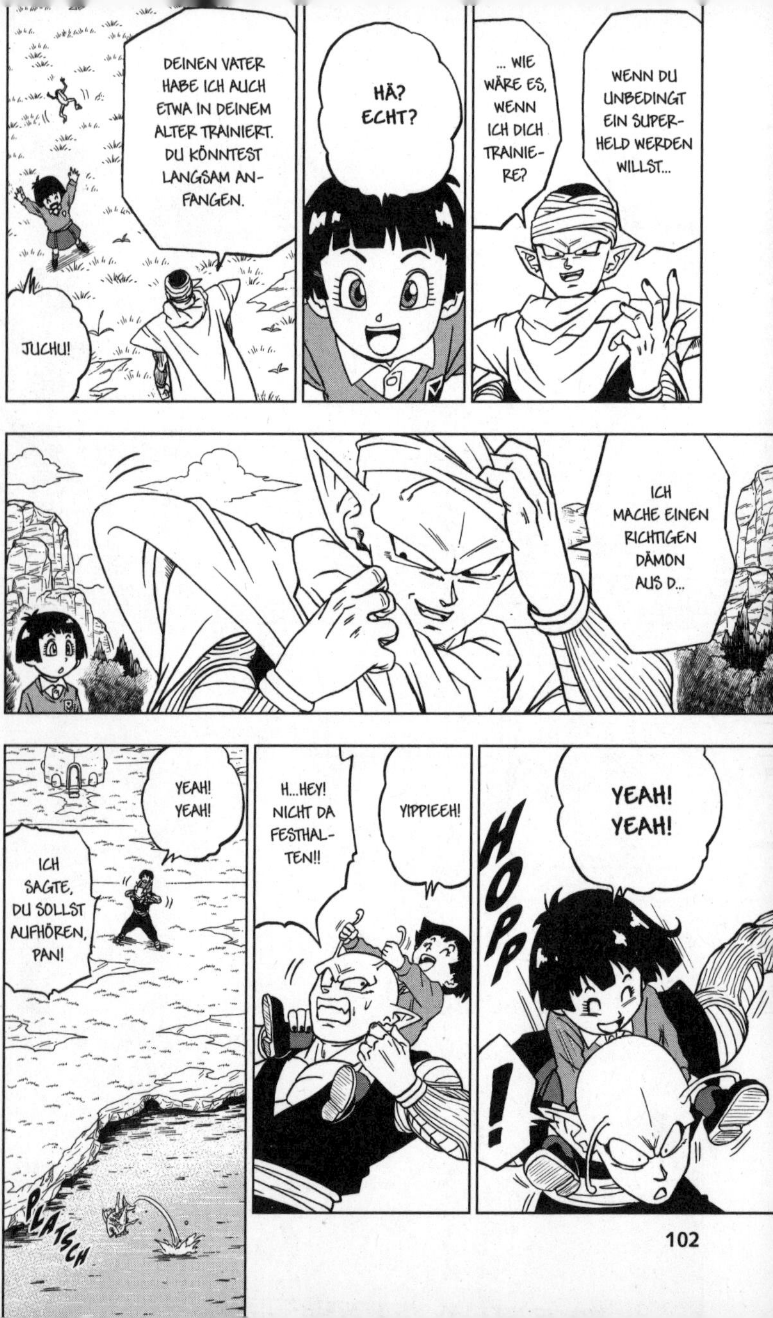
WENN DU UNBEDINGT EIN SUPERHELD WERDEN WILLST...
... WIE WÄRE ES, WENN ICH DICH TRAINIERE?
HÄ? ECHT?
DEINEN VATER HABE ICH AUCH ETWA IN DEINEM ALTER TRAINIERT. DU KÖNNTEST LANGSAM ANFANGEN.
JUCHU!
ICH MACHE EINEN RICHTIGEN DÄMON AUS D...
YEAH! YEAH!
HOPP
!
YIPPIEEH!
H...HEY! NICHT DA FESTHALTEN!!
YEAH! YEAH!
ICH SAGTE, DU SOLLST AUFHÖREN, PAN!
PLATSCH

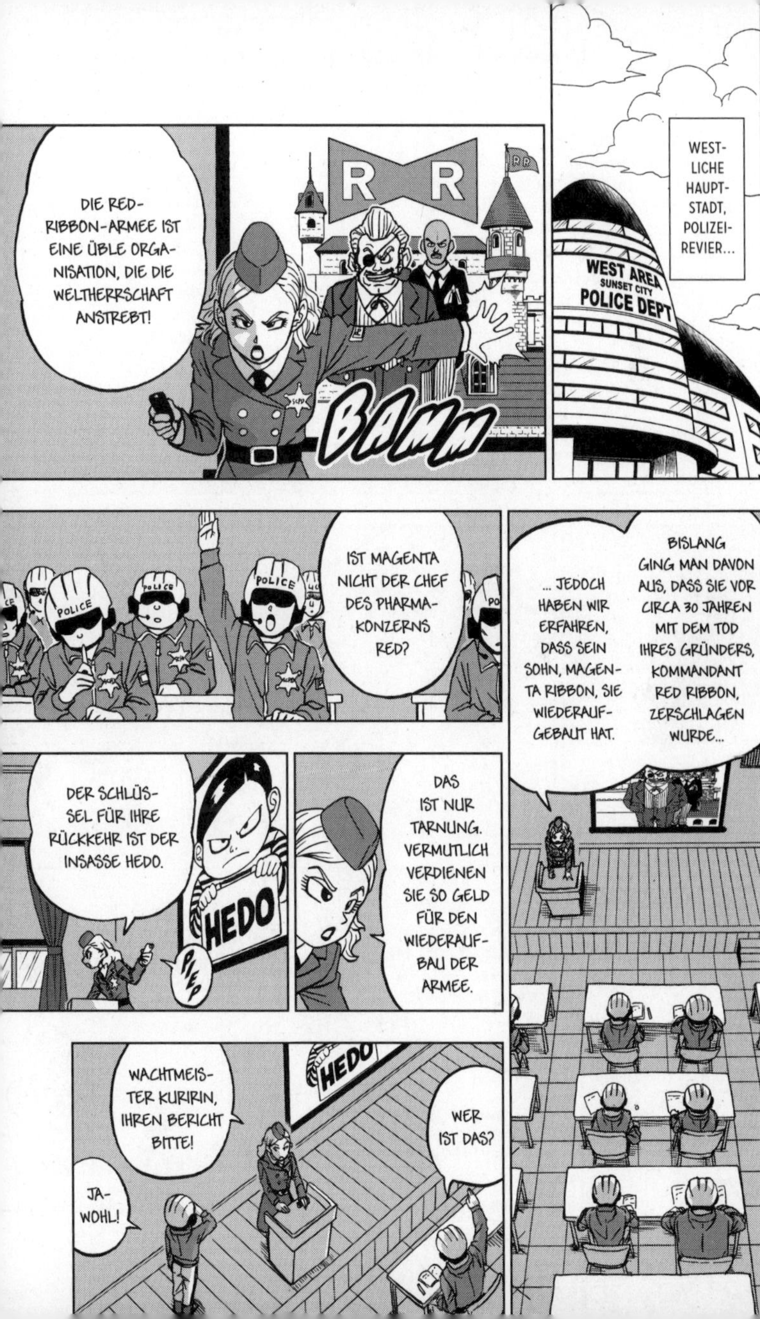
WEST-LICHE HAUPT-STADT, POLIZEI-REVIER...
WEST AREA
SUNSET CITY
POLICE DEPT
DIE RED-RIBBON-ARMEE IST EINE ÜBLE ORGA-NISATION, DIE DIE WELTHERRSCHAFT ANSTREBT!
RR
BAMM
BISLANG GING MAN DAVON AUS, DASS SIE VOR CIRCA 30 JAHREN MIT DEM TOD IHRES GRÜNDERS, KOMMANDANT RED RIBBON, ZERSCHLAGEN WURDE...
... JEDOCH HABEN WIR ERFAHREN, DASS SEIN SOHN, MAGEN-TA RIBBON, SIE WIEDERAUF-GEBAUT HAT.
IST MAGENTA NICHT DER CHEF DES PHARMA-KONZERNS RED?
POLICE
DAS IST NUR TARNUNG. VERMUTLICH VERDIENEN SIE SO GELD FÜR DEN WIEDERAUF-BAU DER ARMEE.
DER SCHLÜS-SEL FÜR IHRE RÜCKKEHR IST DER INSASSE HEDO.
HEDO
PIEP
WER IST DAS?
WACHTMEIS-TER KURIRIN, IHREN BERICHT BITTE!
JA-WOHL!

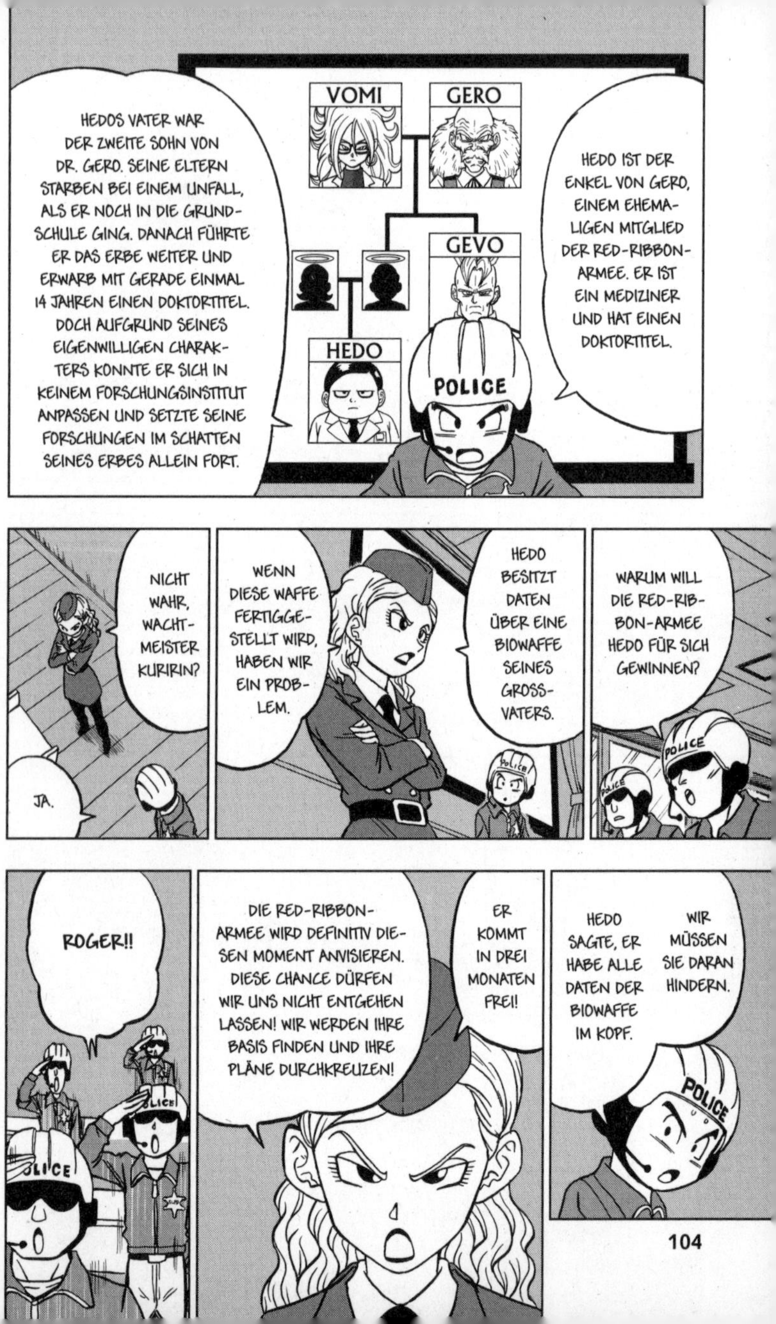
VOMI
GERO
GEVO
HEDO
HEDO IST DER ENKEL VON GERO, EINEM EHEMALIGEN MITGLIED DER RED-RIBBON-ARMEE. ER IST EIN MEDIZINER UND HAT EINEN DOKTORTITEL.
HEDOS VATER WAR DER ZWEITE SOHN VON DR. GERO. SEINE ELTERN STARBEN BEI EINEM UNFALL, ALS ER NOCH IN DIE GRUNDSCHULE GING. DANACH FÜHRTE ER DAS ERBE WEITER UND ERWARB MIT GERADE EINMAL 14 JAHREN EINEN DOKTORTITEL. DOCH AUFGRUND SEINES EIGENWILLIGEN CHARAKTERS KONNTE ER SICH IN KEINEM FORSCHUNGSINSTITUT ANPASSEN UND SETZTE SEINE FORSCHUNGEN IM SCHATTEN SEINES ERBES ALLEIN FORT.
POLICE
WARUM WILL DIE RED-RIBBON-ARMEE HEDO FÜR SICH GEWINNEN?
POLICE
HEDO BESITZT DATEN ÜBER EINE BIOWAFFE SEINES GROSSVATERS.
WENN DIESE WAFFE FERTIGGESTELLT WIRD, HABEN WIR EIN PROBLEM.
NICHT WAHR, WACHTMEISTER KURIRIN?
JA.
WIR MÜSSEN SIE DARAN HINDERN.
HEDO SAGTE, ER HABE ALLE DATEN DER BIOWAFFE IM KOPF.
POLICE
ER KOMMT IN DREI MONATEN FREI!
DIE RED-RIBBON-ARMEE WIRD DEFINITIV DIESEN MOMENT ANVISIEREN. DIESE CHANCE DÜRFEN WIR UNS NICHT ENTGEHEN LASSEN! WIR WERDEN IHRE BASIS FINDEN UND IHRE PLÄNE DURCHKREUZEN!
ROGER!!

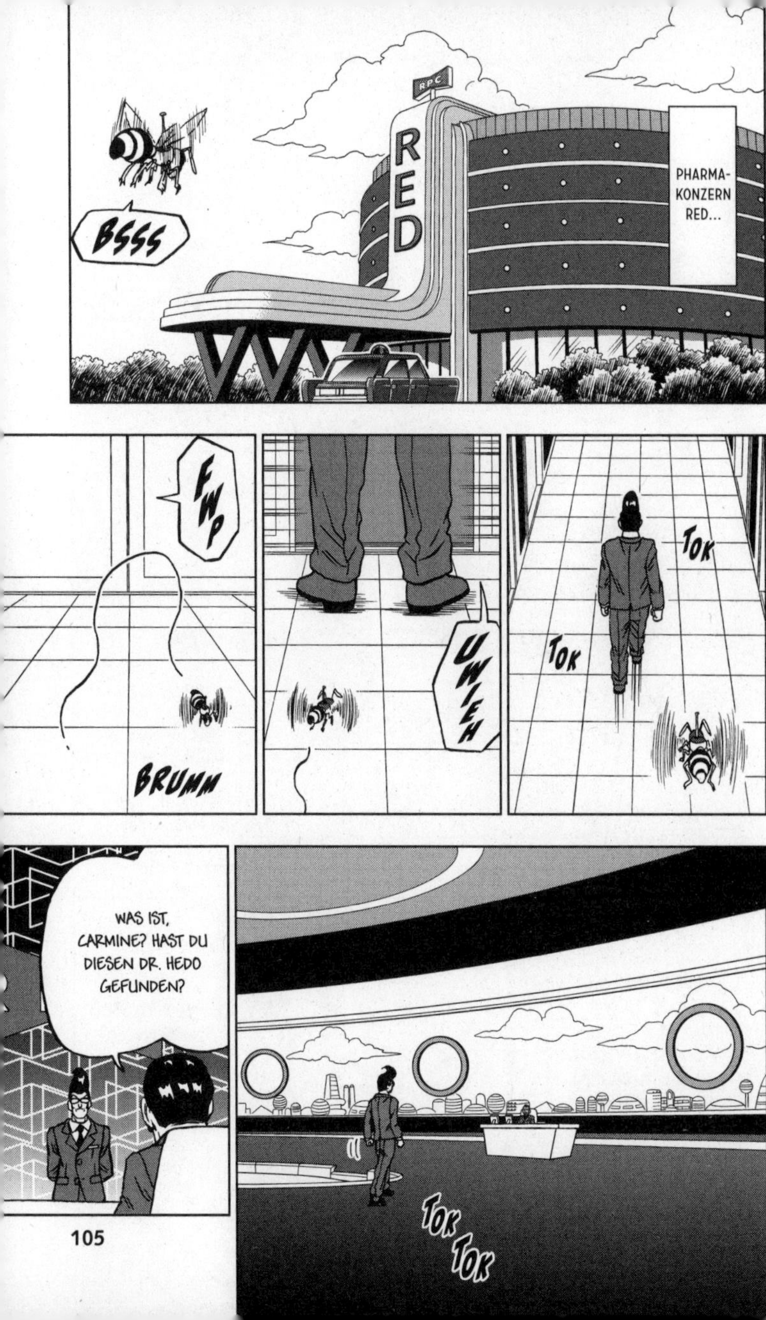
PHARMA-
KONZERN
RED...
BSSS
TOK
TOK
UWIEH
FWP
BRUMM
TOK
TOK
WAS IST,
CARMINE? HAST DU
DIESEN DR. HEDO
GEFUNDEN?

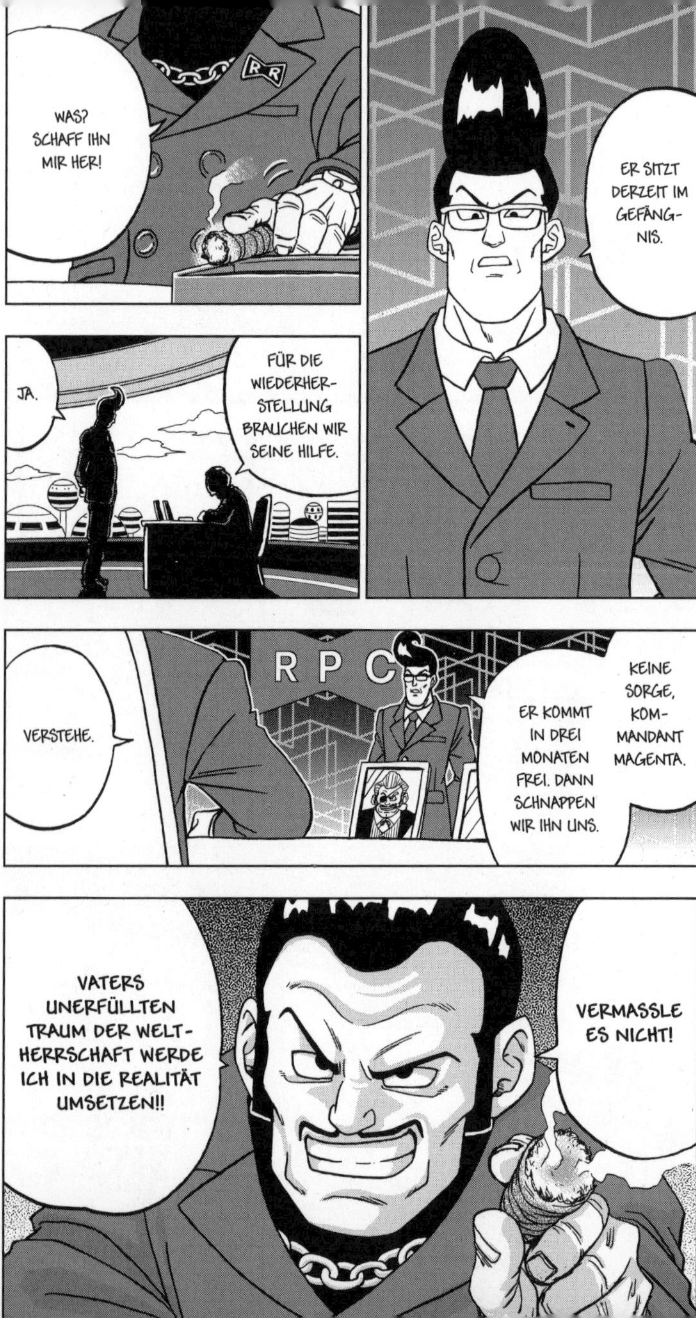

WAS? SCHAFF IHN MIR HER!
ER SITZT DERZEIT IM GEFÄNG-NIS.
JA.
FÜR DIE WIEDERHER-STELLUNG BRAUCHEN WIR SEINE HILFE.
VERSTEHE.
RPC
KEINE SORGE, KOM-MANDANT MAGENTA.
ER KOMMT IN DREI MONATEN FREI. DANN SCHNAPPEN WIR IHN UNS.
VATERS UNERFÜLLTEN TRAUM DER WELT-HERRSCHAFT WERDE ICH IN DIE REALITÄT UMSETZEN!!
VERMASSLE ES NICHT!

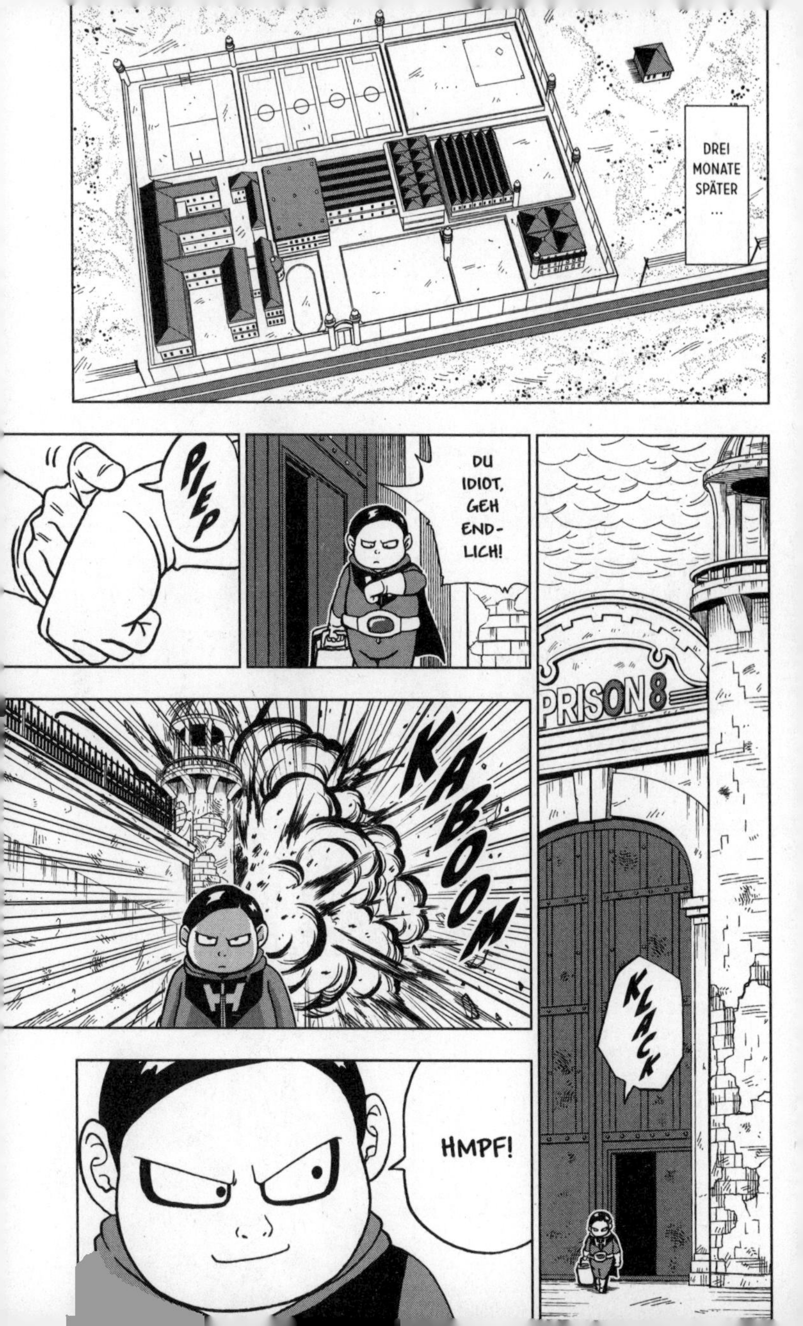

DREI MONATE SPÄTER …
PIEP
DU IDIOT, GEH END-LICH!
PRISON 8
KABOOM!
HMPF!
KLACK

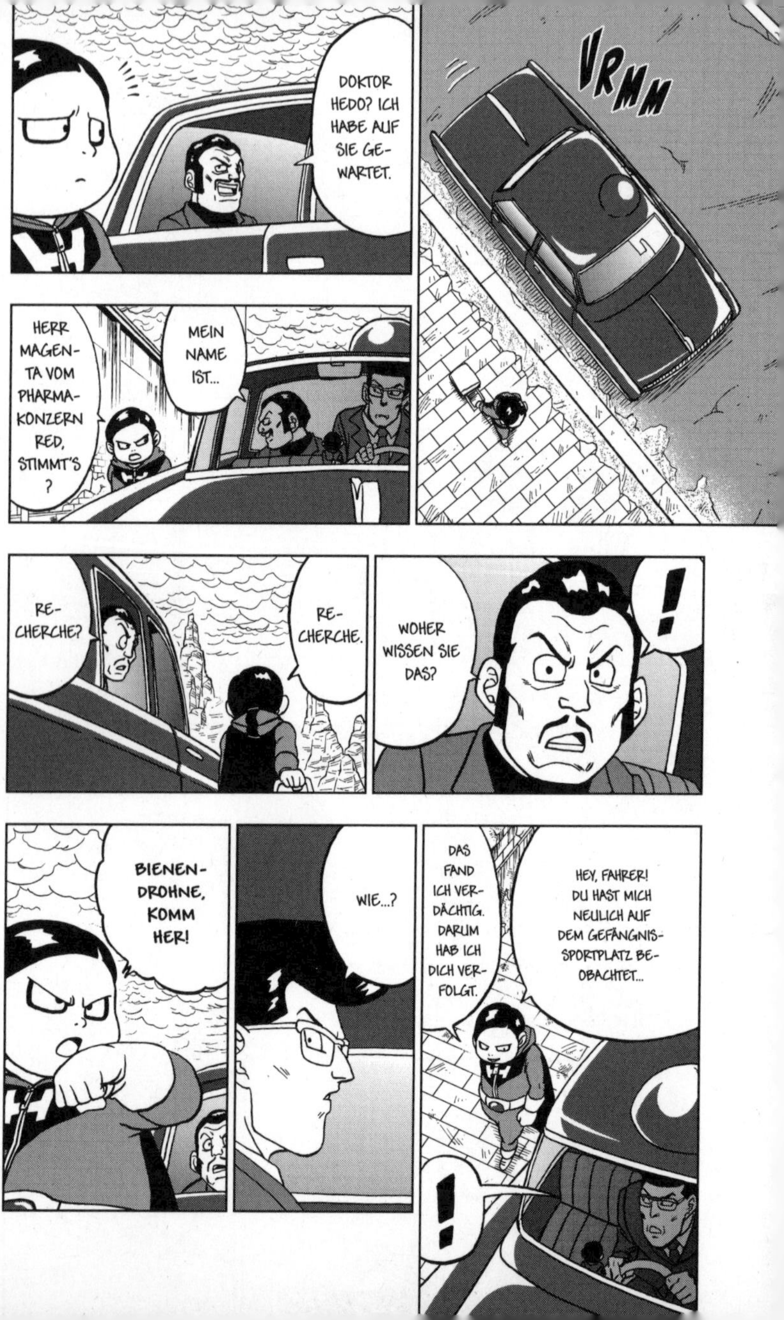
VRMM
DOKTOR HEDO? ICH HABE AUF SIE GEWARTET.
MEIN NAME IST...
HERR MAGENTA VOM PHARMAKONZERN RED, STIMMT'S?
!
WOHER WISSEN SIE DAS?
RECHERCHE.
RECHERCHE?
HEY, FAHRER! DU HAST MICH NEULICH AUF DEM GEFÄNGNISSPORTPLATZ BEOBACHTET...
DAS FAND ICH VERDÄCHTIG. DARUM HAB ICH DICH VERFOLGT.
!
WIE...?
BIENENDROHNE, KOMM HER!

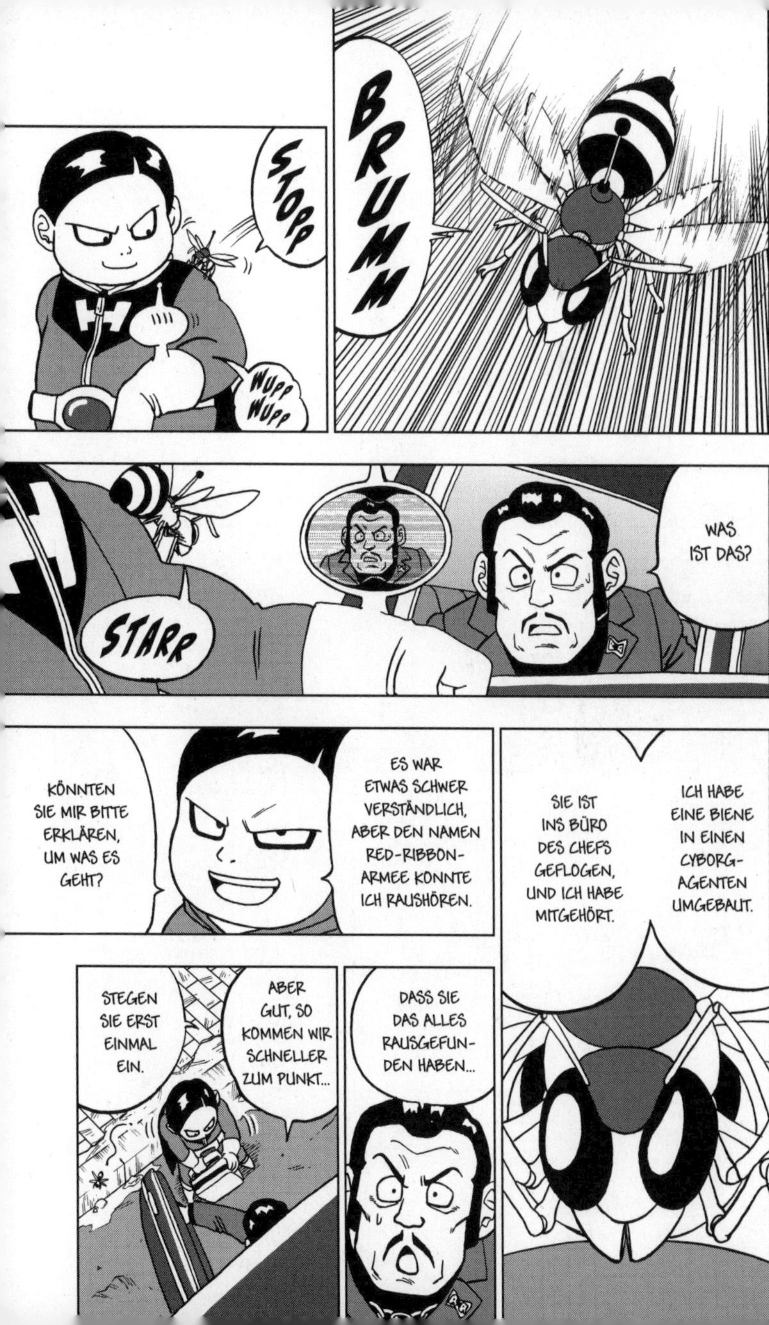
BRUMM
STOPP
WUPP WUPP
WAS IST DAS?
STARR
ICH HABE EINE BIENE IN EINEN CYBORG-AGENTEN UMGEBAUT.
SIE IST INS BÜRO DES CHEFS GEFLOGEN, UND ICH HABE MITGEHÖRT.
ES WAR ETWAS SCHWER VERSTÄNDLICH, ABER DEN NAMEN RED-RIBBON-ARMEE KONNTE ICH RAUSHÖREN.
KÖNNTEN SIE MIR BITTE ERKLÄREN, UM WAS ES GEHT?
DASS SIE DAS ALLES RAUSGEFUN-DEN HABEN...
ABER GUT, SO KOMMEN WIR SCHNELLER ZUM PUNKT...
STEGEN SIE ERST EINMAL EIN.

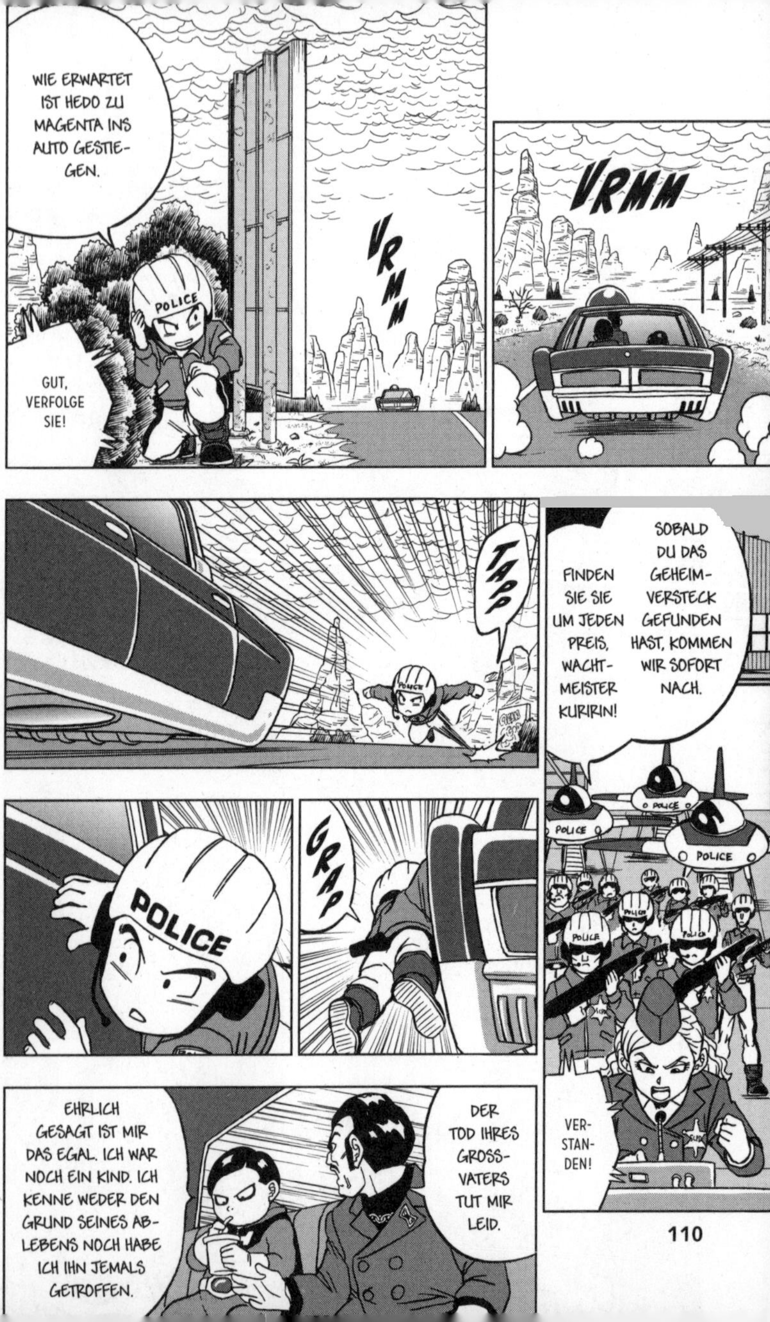
VRMM
WIE ERWARTET IST HEDO ZU MAGENTA INS AUTO GESTIE-GEN.
VRMM
GUT, VERFOLGE SIE!
POLICE
SOBALD DU DAS GEHEIM-VERSTECK GEFUNDEN HAST, KOMMEN WIR SOFORT NACH.
FINDEN SIE SIE UM JEDEN PREIS, WACHT-MEISTER KURIRIN!
VER-STAN-DEN!
TAPP
GRAP
POLICE
DER TOD IHRES GROSS-VATERS TUT MIR LEID.
EHRLICH GESAGT IST MIR DAS EGAL. ICH WAR NOCH EIN KIND. ICH KENNE WEDER DEN GRUND SEINES AB-LEBENS NOCH HABE ICH IHN JEMALS GETROFFEN.

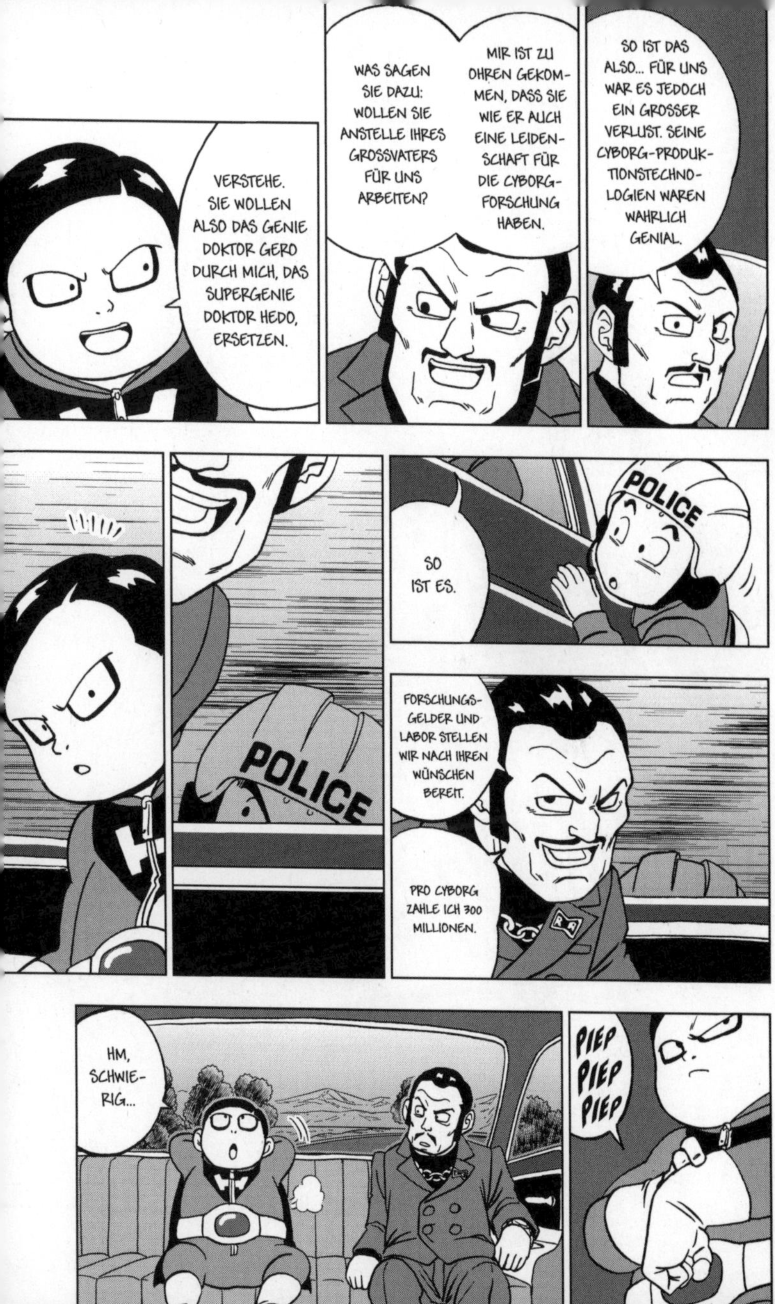
SO IST DAS ALSO... FÜR UNS WAR ES JEDOCH EIN GROSSER VERLUST. SEINE CYBORG-PRODUKTIONSTECHNOLOGIEN WAREN WAHRLICH GENIAL.
MIR IST ZU OHREN GEKOMMEN, DASS SIE WIE ER AUCH EINE LEIDENSCHAFT FÜR DIE CYBORG-FORSCHUNG HABEN.
WAS SAGEN SIE DAZU: WOLLEN SIE ANSTELLE IHRES GROSSVATERS FÜR UNS ARBEITEN?
VERSTEHE. SIE WOLLEN ALSO DAS GENIE DOKTOR GERO DURCH MICH, DAS SUPERGENIE DOKTOR HEDO, ERSETZEN.
SO IST ES.
POLICE
FORSCHUNGSGELDER UND LABOR STELLEN WIR NACH IHREN WÜNSCHEN BEREIT.
PRO CYBORG ZAHLE ICH 300 MILLIONEN.
POLICE
PIEP PIEP PIEP
HM, SCHWIERIG...

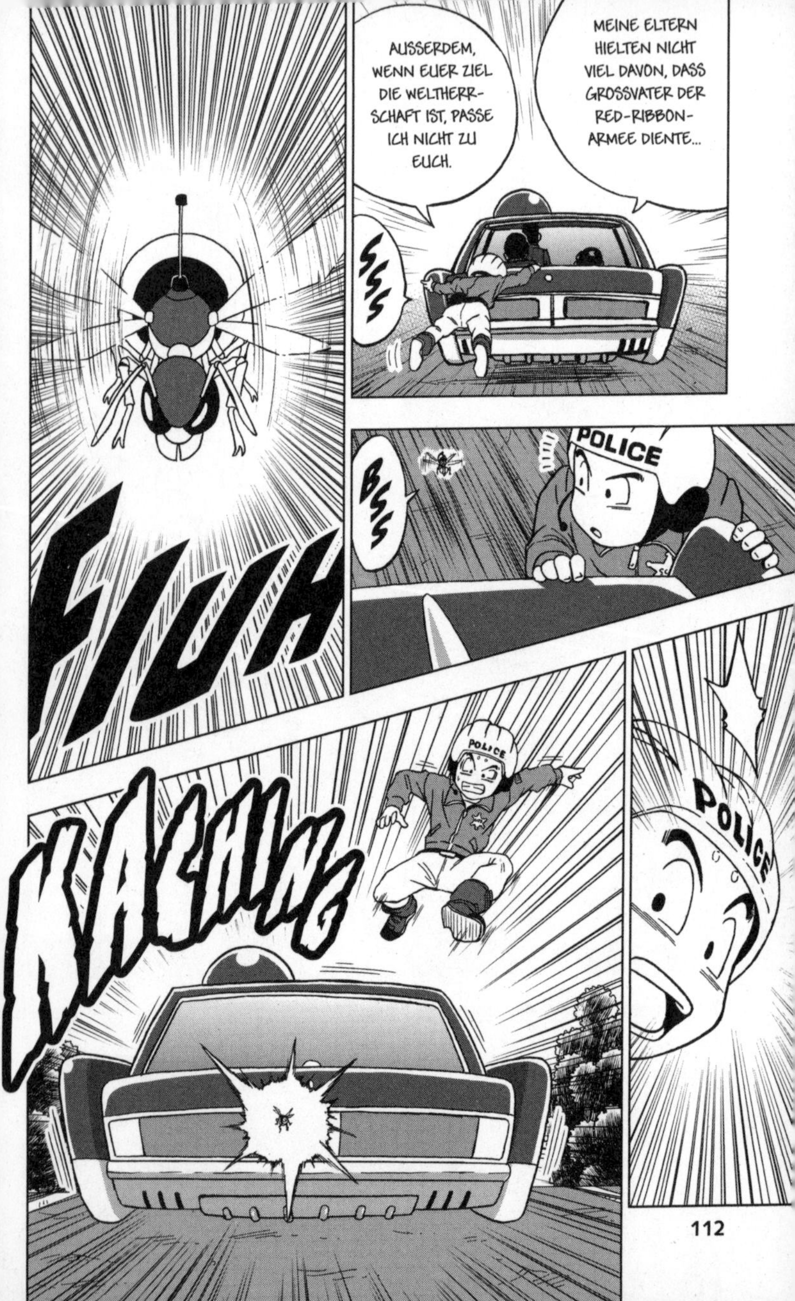
MEINE ELTERN HIELTEN NICHT VIEL DAVON, DASS GROSSVATER DER RED-RIBBON-ARMEE DIENTE...
AUSSERDEM, WENN EUER ZIEL DIE WELTHERR-SCHAFT IST, PASSE ICH NICHT ZU EUCH.
SSS
POLICE
BSS
POLICE
KACHUNG
POLICE

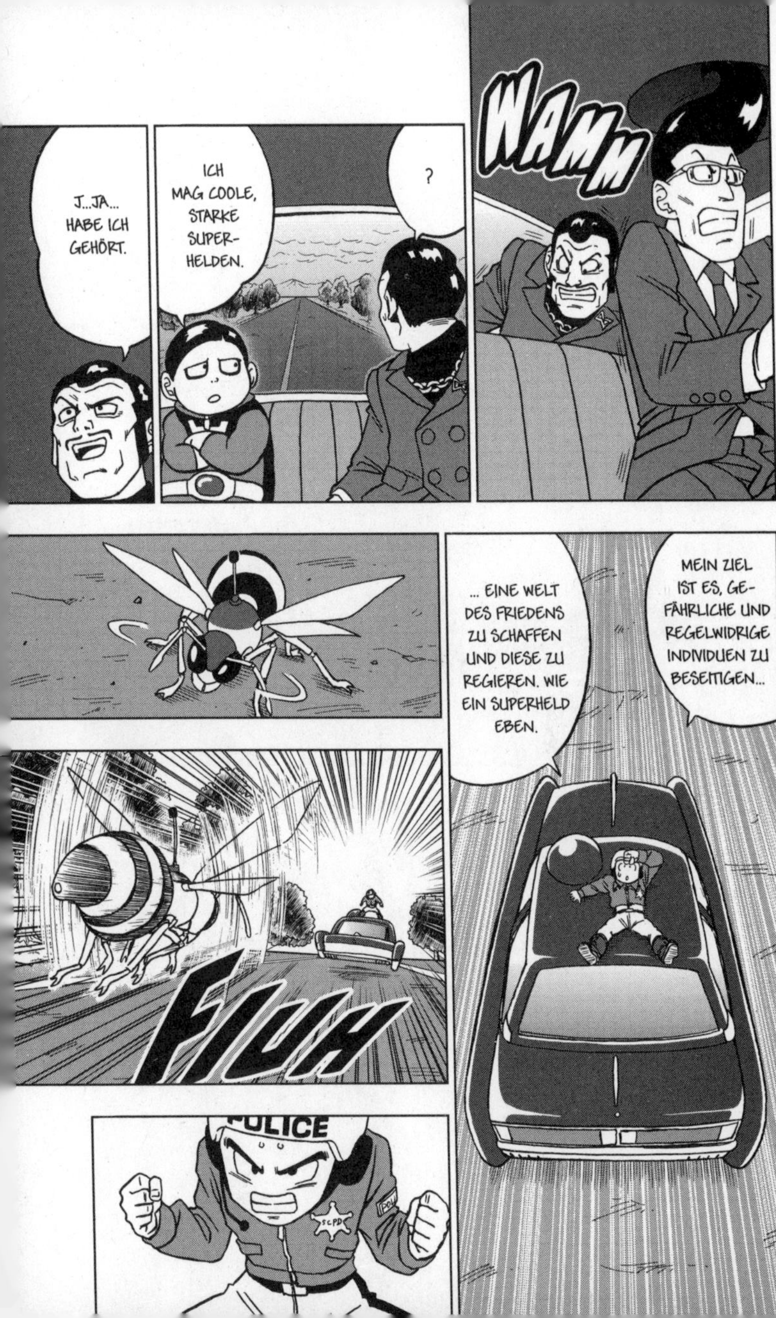
WAMM
?
ICH MAG COOLE, STARKE SUPER-HELDEN.
J...JA... HABE ICH GEHÖRT.
MEIN ZIEL IST ES, GE-FÄHRLICHE UND REGELWIDRIGE INDIVIDUEN ZU BESEITIGEN...
... EINE WELT DES FRIEDENS ZU SCHAFFEN UND DIESE ZU REGIEREN. WIE EIN SUPERHELD EBEN.
FIUH
POLICE

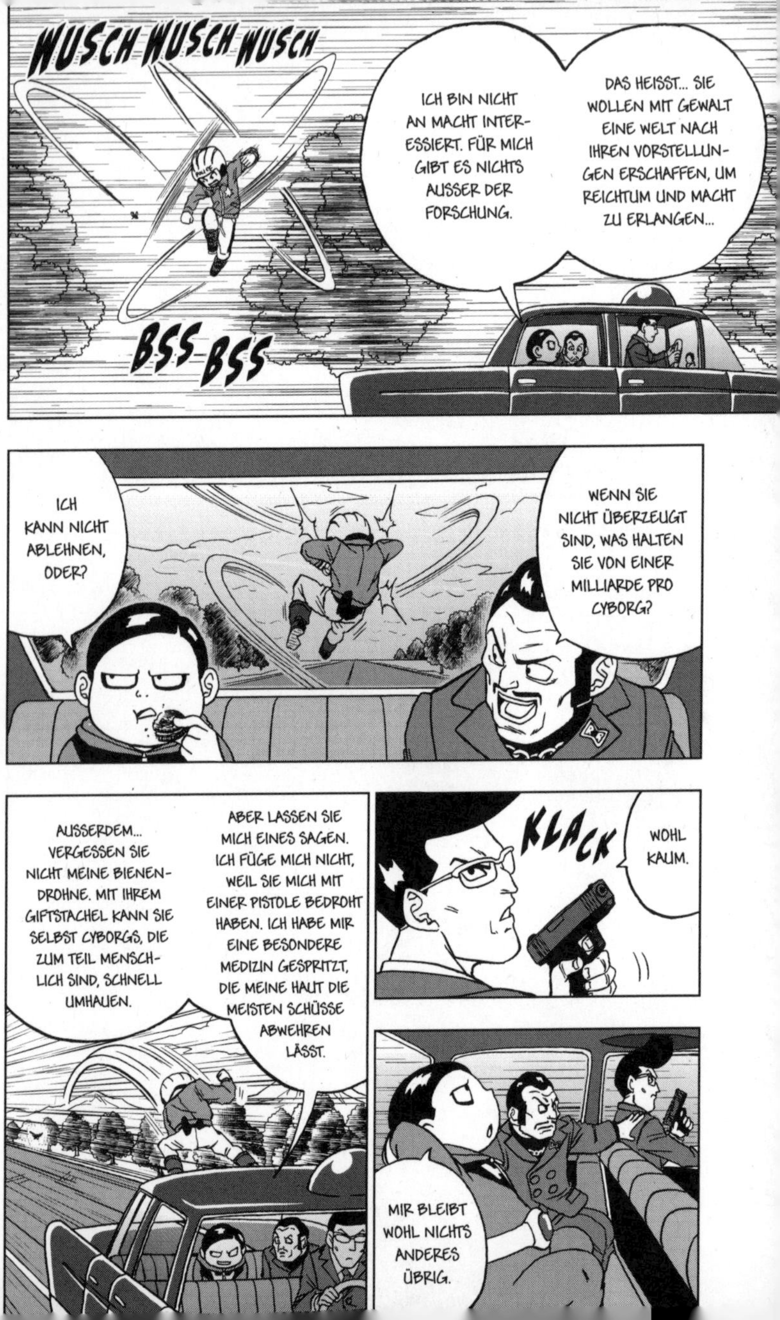
WUSCH WUSCH WUSCH
DAS HEISST... SIE WOLLEN MIT GEWALT EINE WELT NACH IHREN VORSTELLUNGEN ERSCHAFFEN, UM REICHTUM UND MACHT ZU ERLANGEN...
ICH BIN NICHT AN MACHT INTERESSIERT. FÜR MICH GIBT ES NICHTS AUSSER DER FORSCHUNG.
BSS BSS
WENN SIE NICHT ÜBERZEUGT SIND, WAS HALTEN SIE VON EINER MILLIARDE PRO CYBORG?
ICH KANN NICHT ABLEHNEN, ODER?
KLACK
WOHL KAUM.
ABER LASSEN SIE MICH EINES SAGEN. ICH FÜGE MICH NICHT, WEIL SIE MICH MIT EINER PISTOLE BEDROHT HABEN. ICH HABE MIR EINE BESONDERE MEDIZIN GESPRITZT, DIE MEINE HAUT DIE MEISTEN SCHÜSSE ABWEHREN LÄSST.
AUSSERDEM... VERGESSEN SIE NICHT MEINE BIENENDROHNE. MIT IHREM GIFTSTACHEL KANN SIE SELBST CYBORGS, DIE ZUM TEIL MENSCHLICH SIND, SCHNELL UMHAUEN.
MIR BLEIBT WOHL NICHTS ANDERES ÜBRIG.

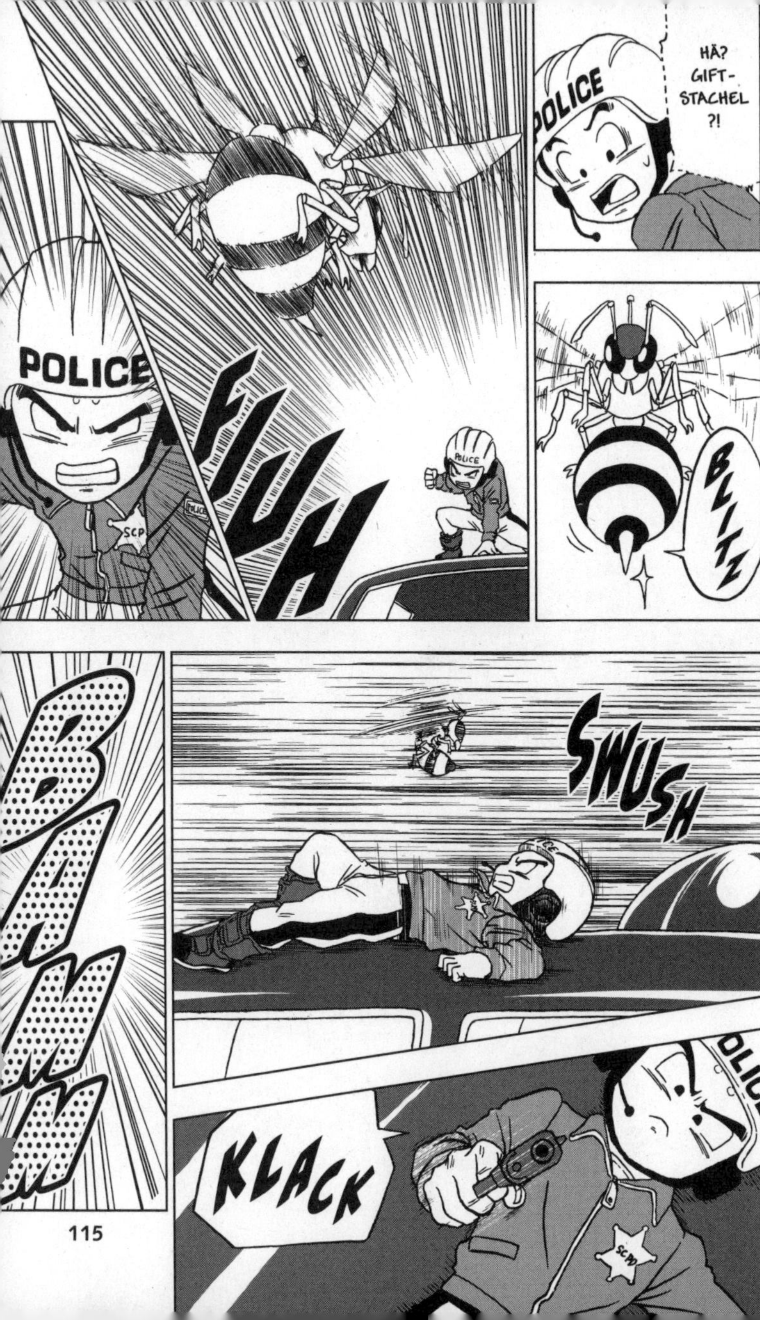
HÄ? GIFT-STACHEL ?!
BLITZ
FLUH
SWUSH
BAMM
KLACK

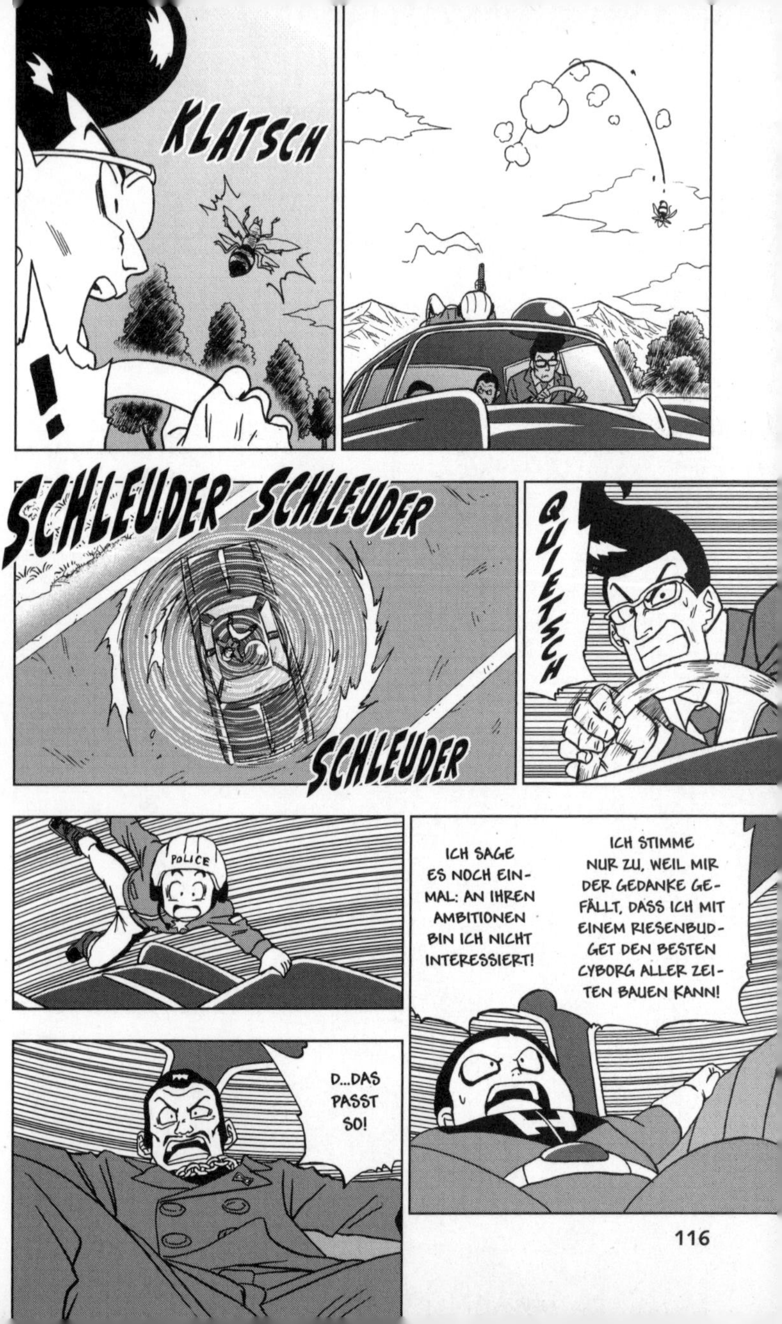
KLATSCH
QUIETSCH
SCHLEUDER SCHLEUDER
SCHLEUDER
POLICE
ICH STIMME NUR ZU, WEIL MIR DER GEDANKE GE-FÄLLT, DASS ICH MIT EINEM RIESENBUD-GET DEN BESTEN CYBORG ALLER ZEI-TEN BAUEN KANN!
ICH SAGE ES NOCH EIN-MAL: AN IHREN AMBITIONEN BIN ICH NICHT INTERESSIERT!
D...DAS PASST SO!

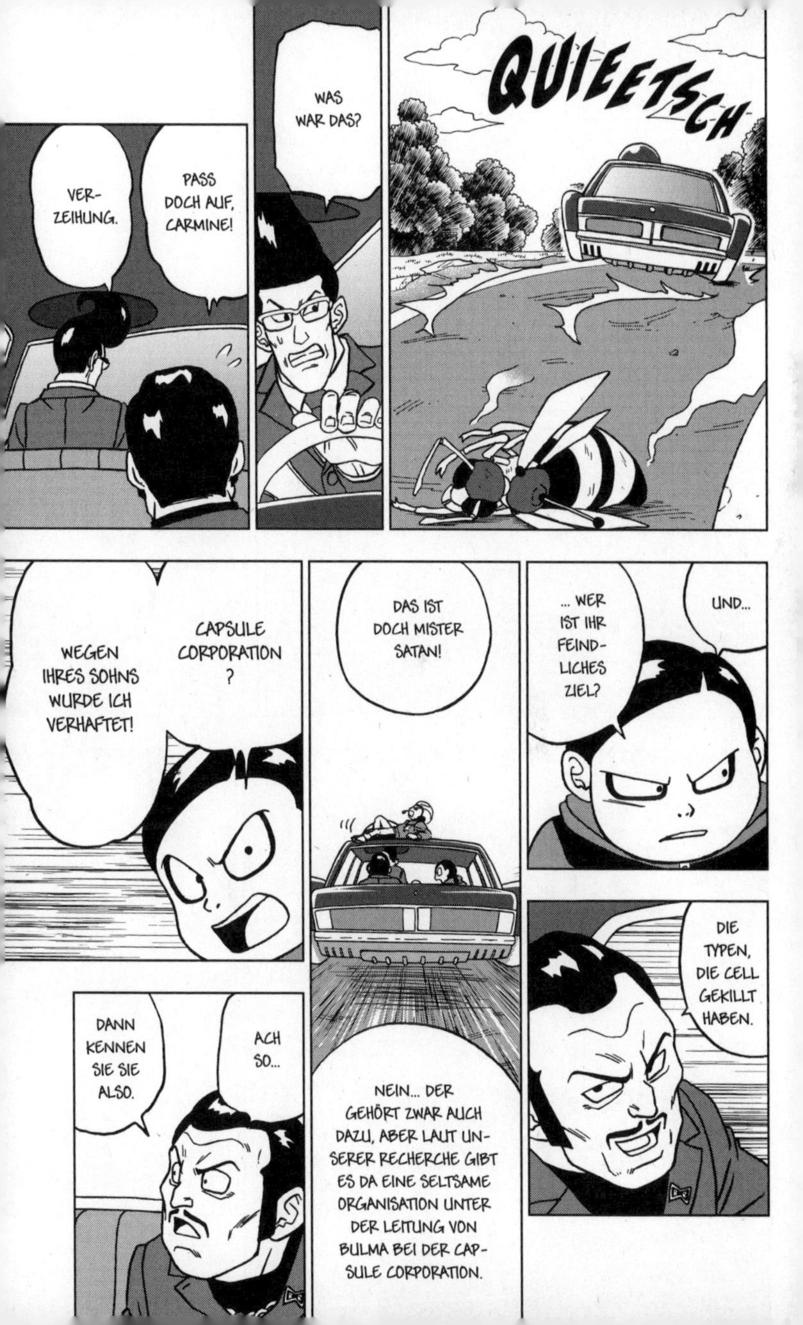
QUIEETSCH
WAS WAR DAS?
PASS DOCH AUF, CARMINE!
VER-ZEIHUNG.
UND...
... WER IST IHR FEIND-LICHES ZIEL?
DIE TYPEN, DIE CELL GEKILLT HABEN.
DAS IST DOCH MISTER SATAN!
NEIN... DER GEHÖRT ZWAR AUCH DAZU, ABER LAUT UN-SERER RECHERCHE GIBT ES DA EINE SELTSAME ORGANISATION UNTER DER LEITUNG VON BULMA BEI DER CAP-SULE CORPORATION.
CAPSULE CORPORATION ?
WEGEN IHRES SOHNS WURDE ICH VERHAFTET!
ACH SO...
DANN KENNEN SIE SIE ALSO.

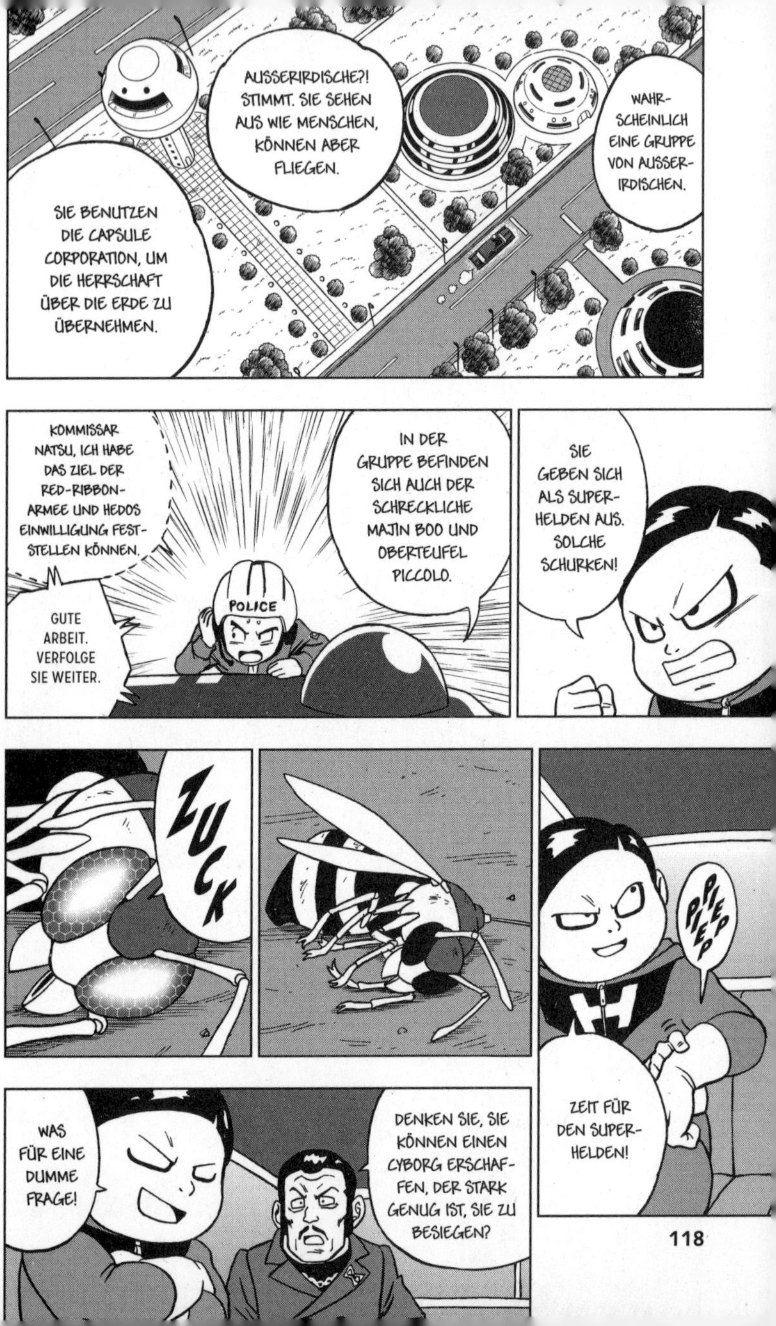
WAHR-SCHEINLICH EINE GRUPPE VON AUSSER-IRDISCHEN.
AUSSERIRDISCHE?! STIMMT. SIE SEHEN AUS WIE MENSCHEN, KÖNNEN ABER FLIEGEN.
SIE BENUTZEN DIE CAPSULE CORPORATION, UM DIE HERRSCHAFT ÜBER DIE ERDE ZU ÜBERNEHMEN.
SIE GEBEN SICH ALS SUPER-HELDEN AUS. SOLCHE SCHURKEN!
IN DER GRUPPE BEFINDEN SICH AUCH DER SCHRECKLICHE MAJIN BOO UND OBERTEUFEL PICCOLO.
KOMMISSAR NATSU, ICH HABE DAS ZIEL DER RED-RIBBON-ARMEE UND HEDOS EINWILLIGUNG FEST-STELLEN KÖNNEN.
GUTE ARBEIT. VERFOLGE SIE WEITER.
POLICE
PIEP PIEP
ZEIT FÜR DEN SUPER-HELDEN!
ZUCK
DENKEN SIE, SIE KÖNNEN EINEN CYBORG ERSCHAF-FEN, DER STARK GENUG IST, SIE ZU BESIEGEN?
WAS FÜR EINE DUMME FRAGE!

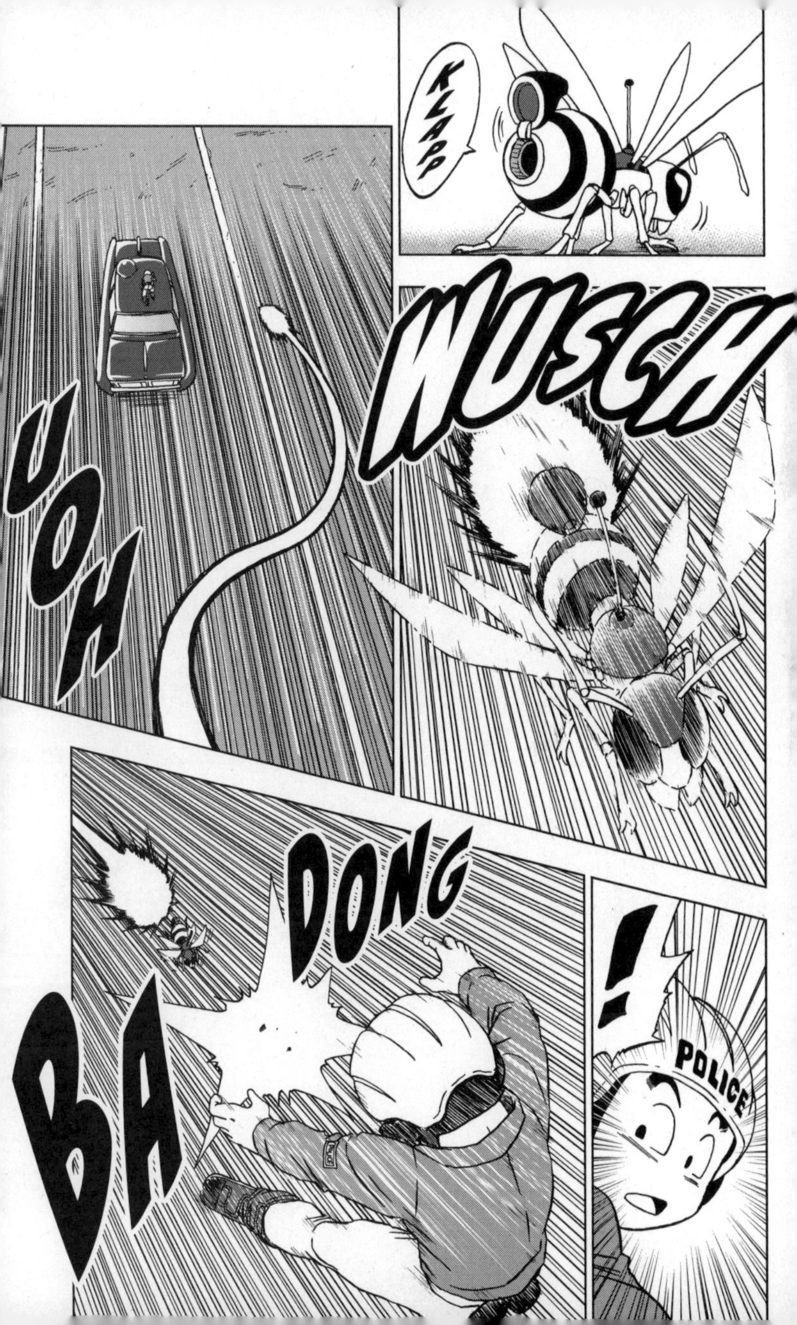
KLAPP
WUSCH
UOOH
DONG
!
POLICE
BA

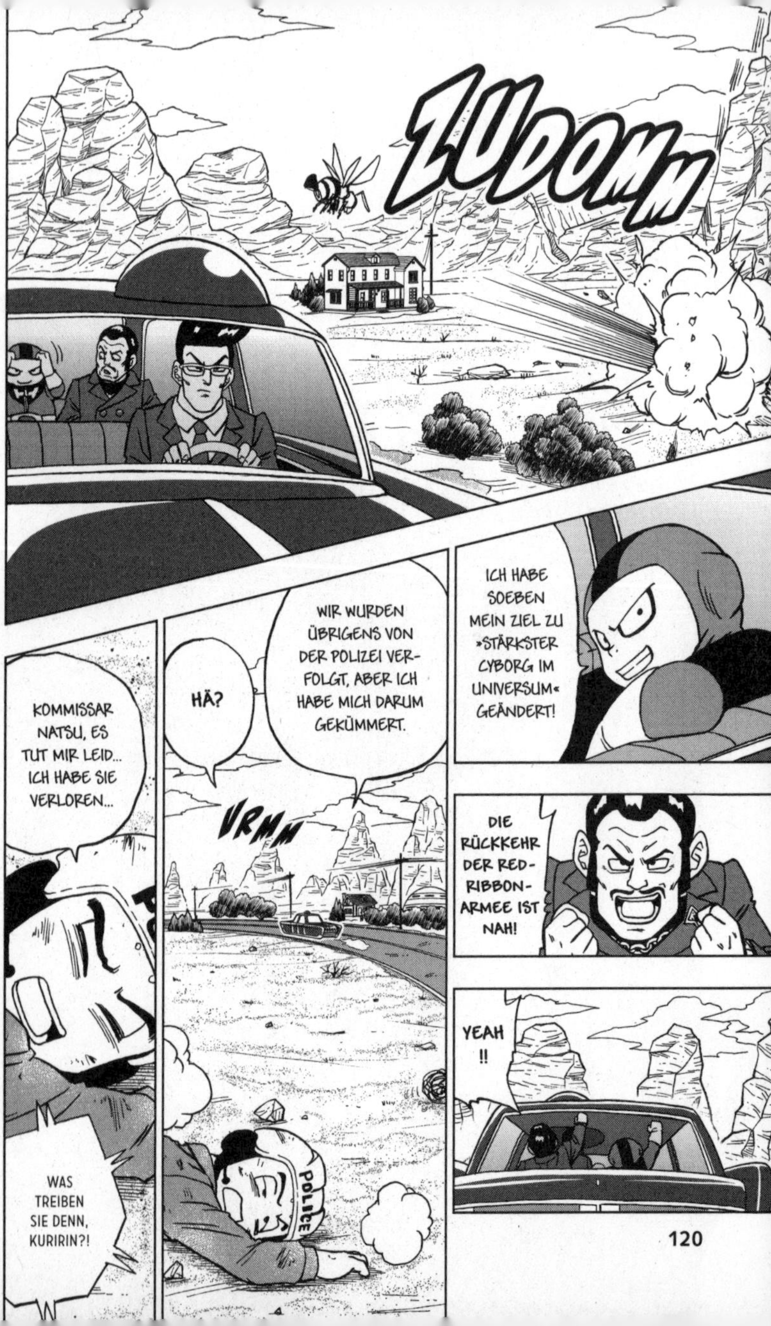
ZUDOMM
ICH HABE SOEBEN MEIN ZIEL ZU »STÄRKSTER CYBORG IM UNIVERSUM« GEÄNDERT!
DIE RÜCKKEHR DER RED-RIBBON-ARMEE IST NAH!
YEAH !!
WIR WURDEN ÜBRIGENS VON DER POLIZEI VERFOLGT, ABER ICH HABE MICH DARUM GEKÜMMERT.
HÄ?
VRMM
KOMMISSAR NATSU, ES TUT MIR LEID… ICH HABE SIE VERLOREN…
WAS TREIBEN SIE DENN, KURIRIN?!
POLICE

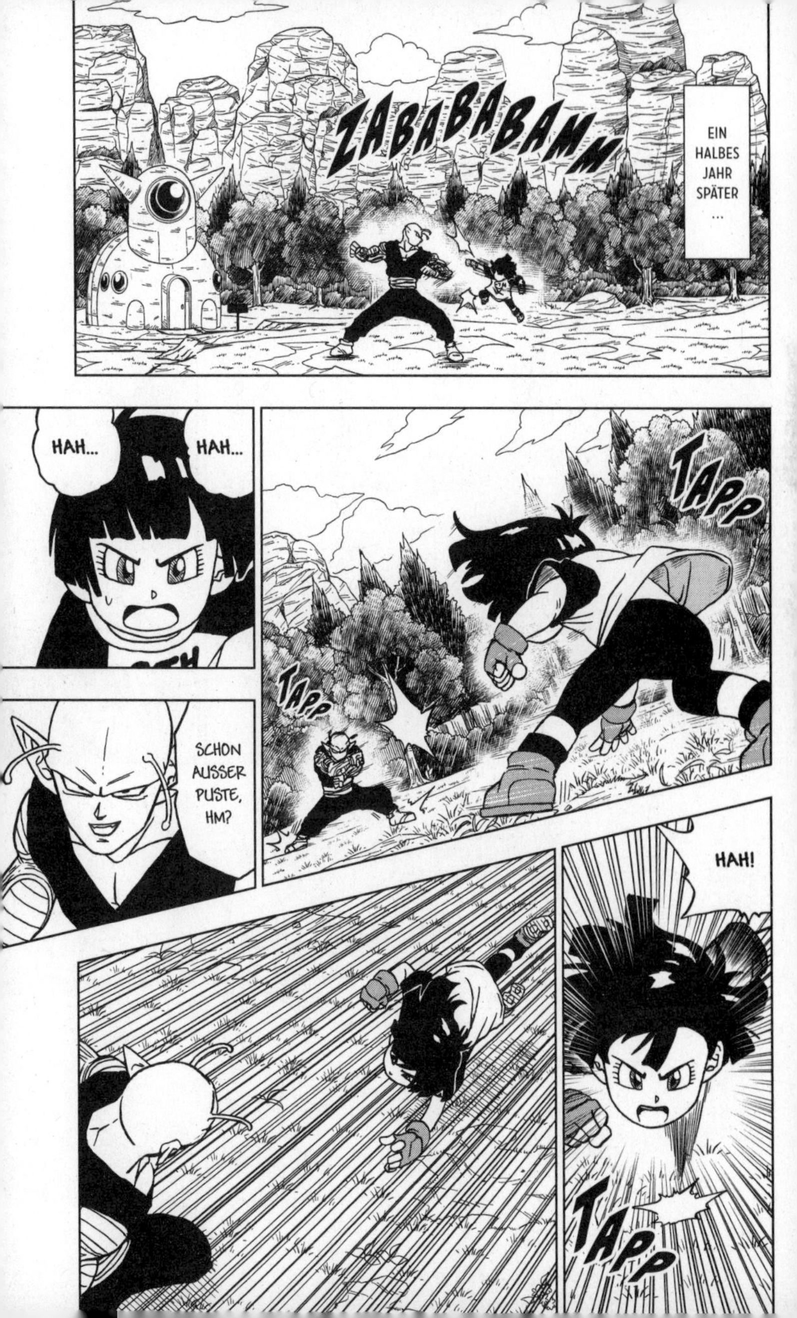
ZABABABAMM
EIN HALBES JAHR SPÄTER ...
TAPP
TAPP
HAH... HAH...
SCHON AUSSER PUSTE, HM?
HAH!
TAPP

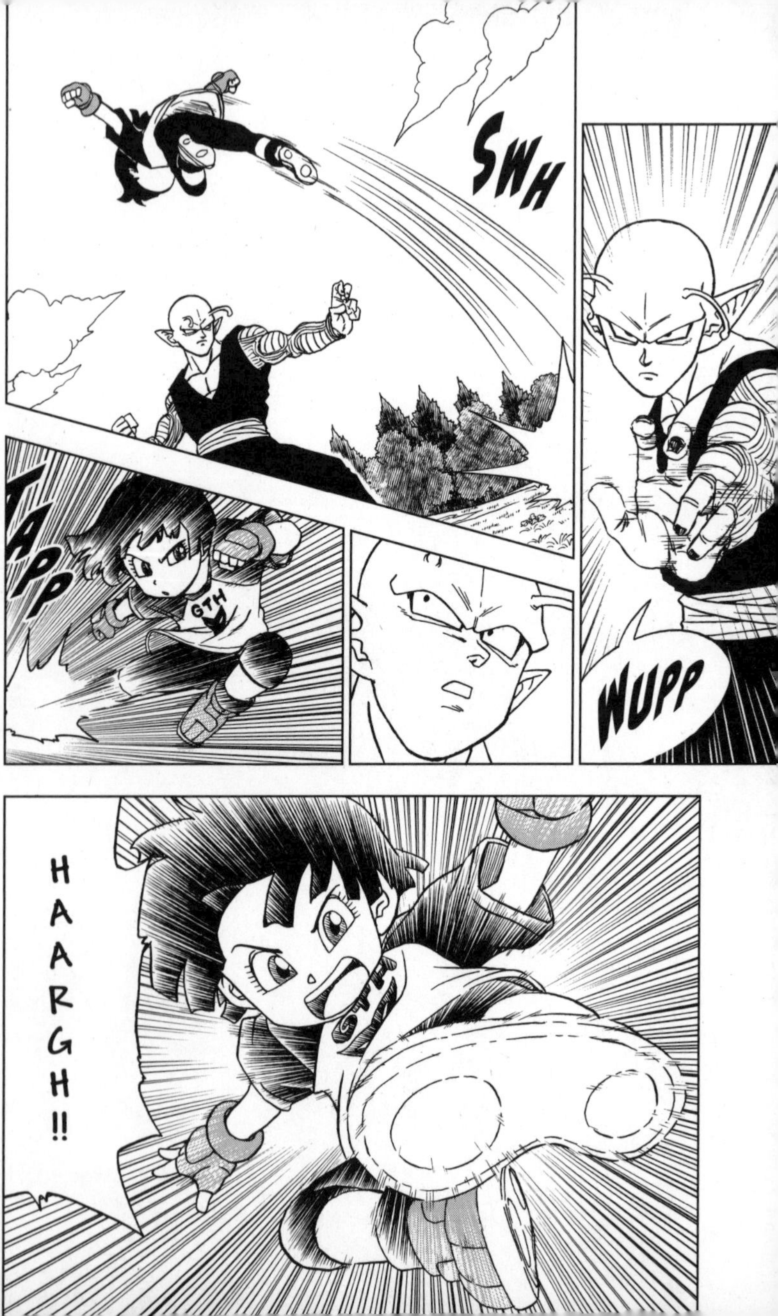
SWH
WUPP
HAARGH!!

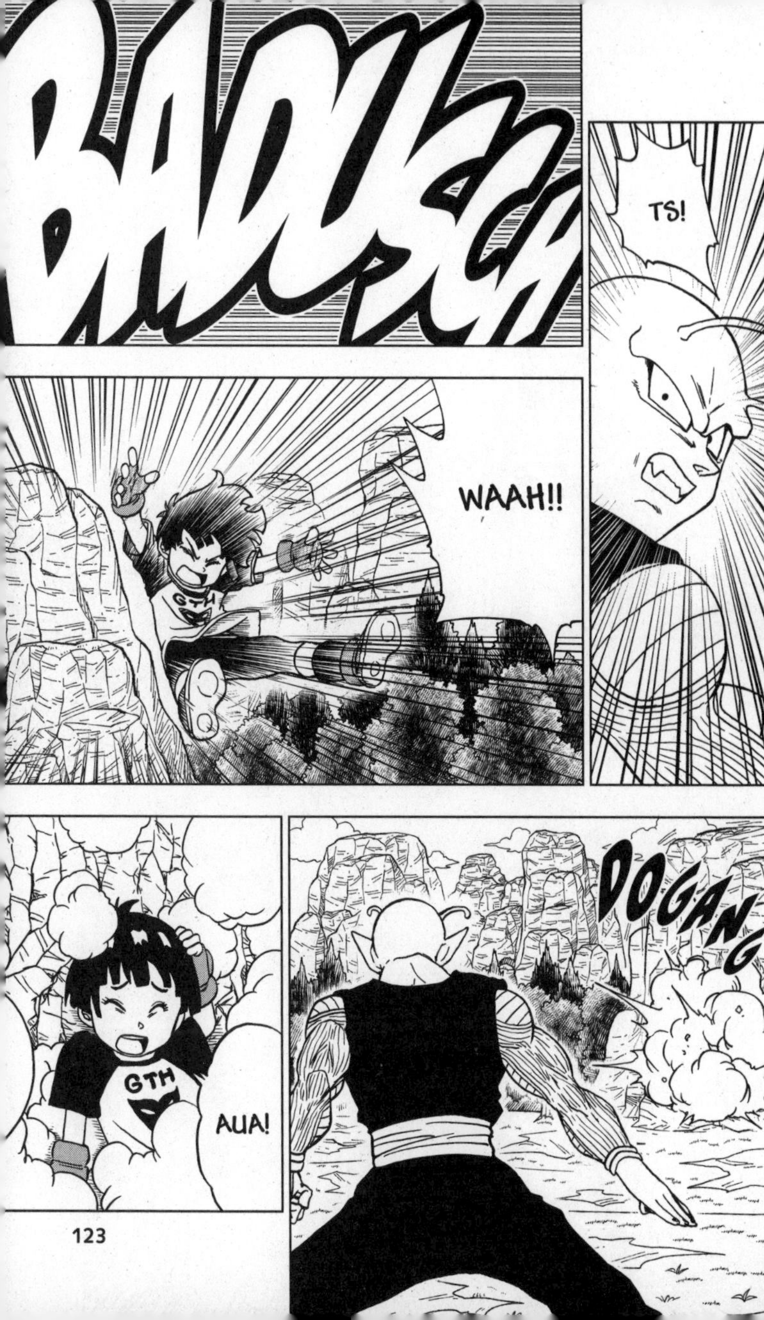
TS!
WAAH!!
DOGANG
AUA!

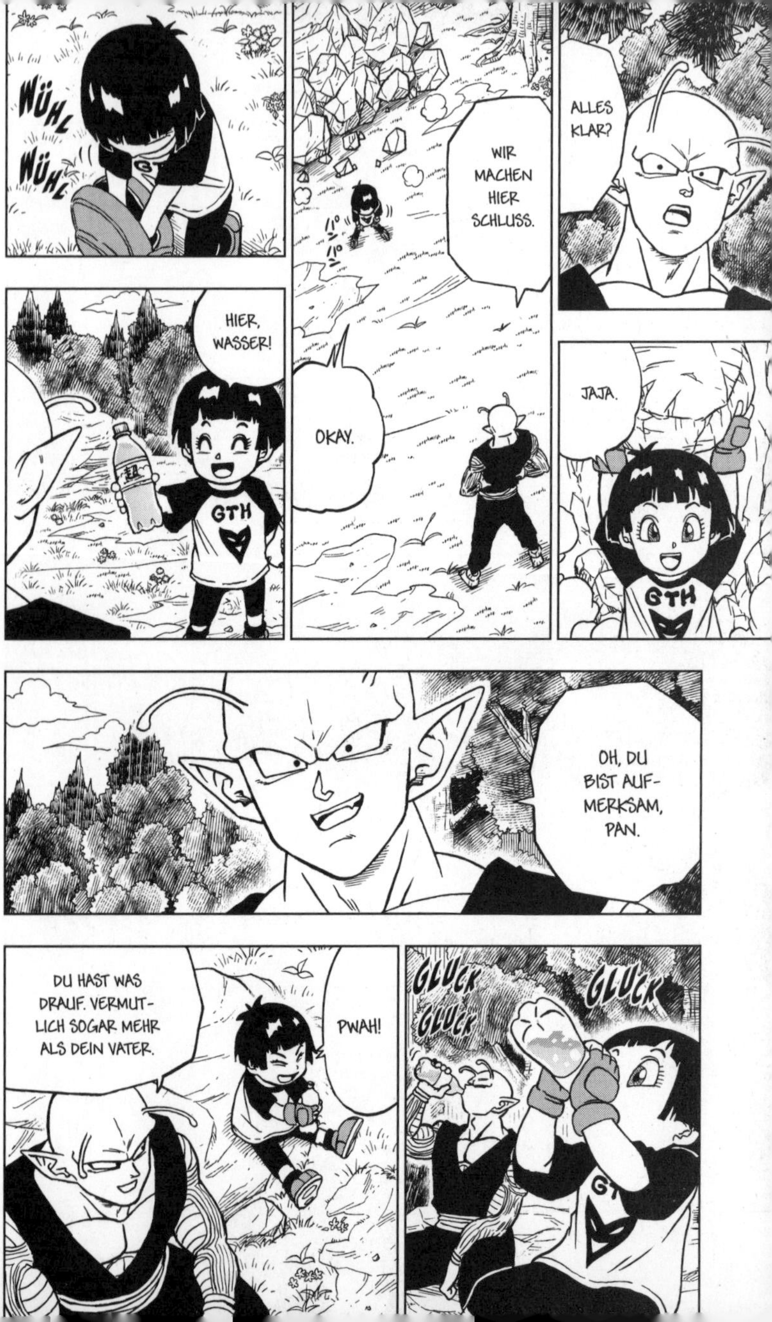
ALLES KLAR?
WIR MACHEN HIER SCHLUSS.
WÜHL
WÜHL
JAJA.
OKAY.
HIER, WASSER!
OH, DU BIST AUF-MERKSAM, PAN.
GLUCK
GLUCK
GLUCK
PWAH!
DU HAST WAS DRAUF. VERMUT-LICH SOGAR MEHR ALS DEIN VATER.

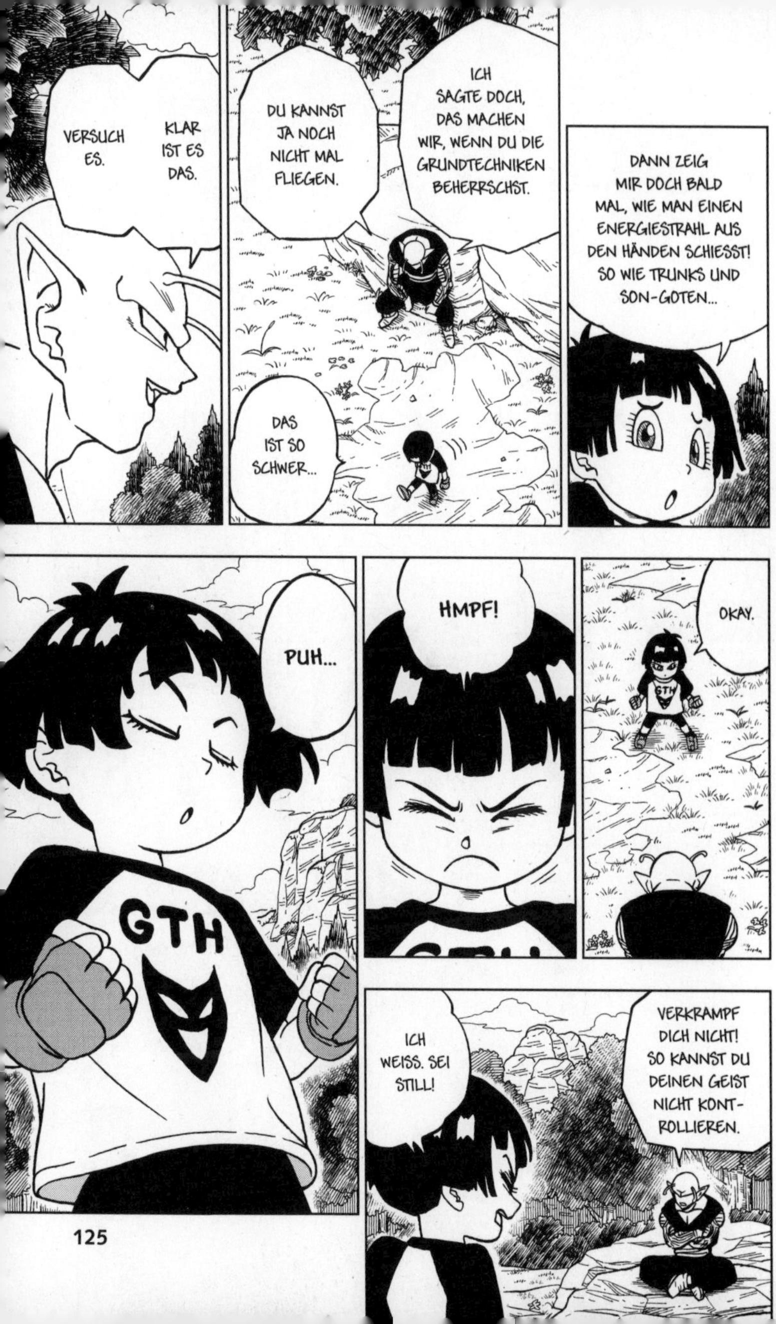
DANN ZEIG MIR DOCH BALD MAL, WIE MAN EINEN ENERGIESTRAHL AUS DEN HÄNDEN SCHIESST! SO WIE TRUNKS UND SON-GOTEN...
ICH SAGTE DOCH, DAS MACHEN WIR, WENN DU DIE GRUNDTECHNIKEN BEHERRSCHST.
DU KANNST JA NOCH NICHT MAL FLIEGEN.
DAS IST SO SCHWER...
KLAR IST ES DAS.
VERSUCH ES.
OKAY.
HMPF!
PUH...
VERKRAMPF DICH NICHT! SO KANNST DU DEINEN GEIST NICHT KONT-ROLLIEREN.
ICH WEISS. SEI STILL!

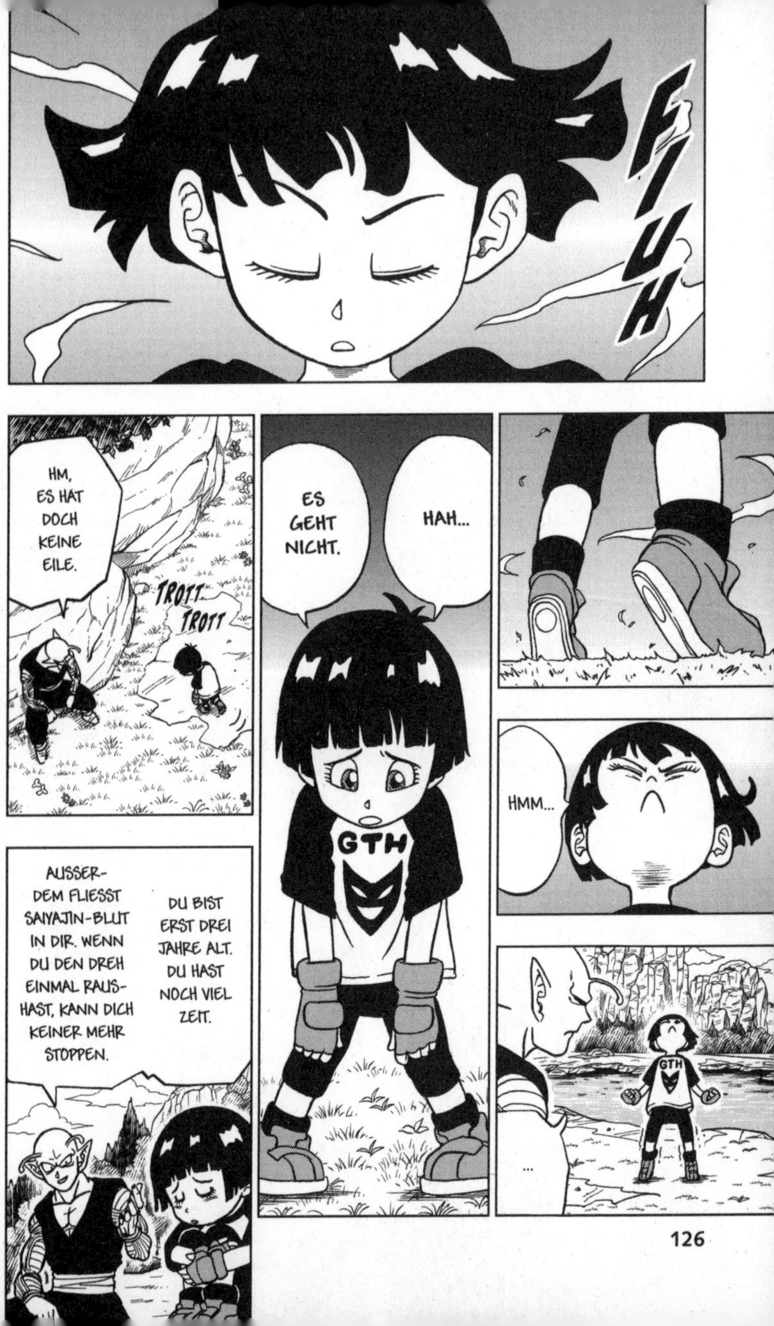
FIUUH
HM, ES HAT DOCH KEINE EILE.
TROTT TROTT
ES GEHT NICHT.
HAH...
HMM...
DU BIST ERST DREI JAHRE ALT. DU HAST NOCH VIEL ZEIT.
AUSSER-DEM FLIESST SAIYAJIN-BLUT IN DIR. WENN DU DEN DREH EINMAL RAUS-HAST, KANN DICH KEINER MEHR STOPPEN.
...

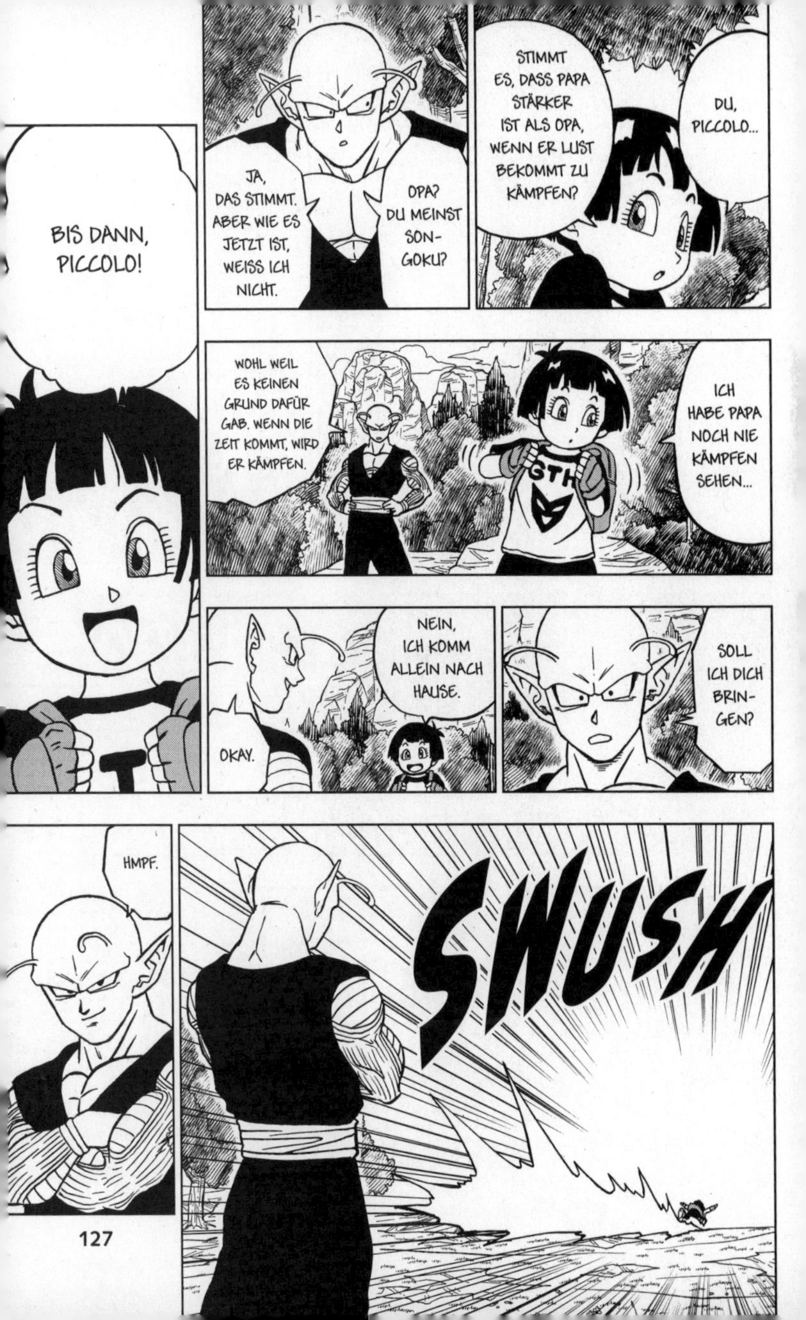
DU, PICCOLO...
STIMMT ES, DASS PAPA STÄRKER IST ALS OPA, WENN ER LUST BEKOMMT ZU KÄMPFEN?
OPA? DU MEINST SON-GOKU?
JA, DAS STIMMT. ABER WIE ES JETZT IST, WEISS ICH NICHT.
ICH HABE PAPA NOCH NIE KÄMPFEN SEHEN...
WOHL WEIL ES KEINEN GRUND DAFÜR GAB. WENN DIE ZEIT KOMMT, WIRD ER KÄMPFEN.
SOLL ICH DICH BRIN-GEN?
NEIN, ICH KOMM ALLEIN NACH HAUSE.
OKAY.
BIS DANN, PICCOLO!
SWUSH
HMPF.

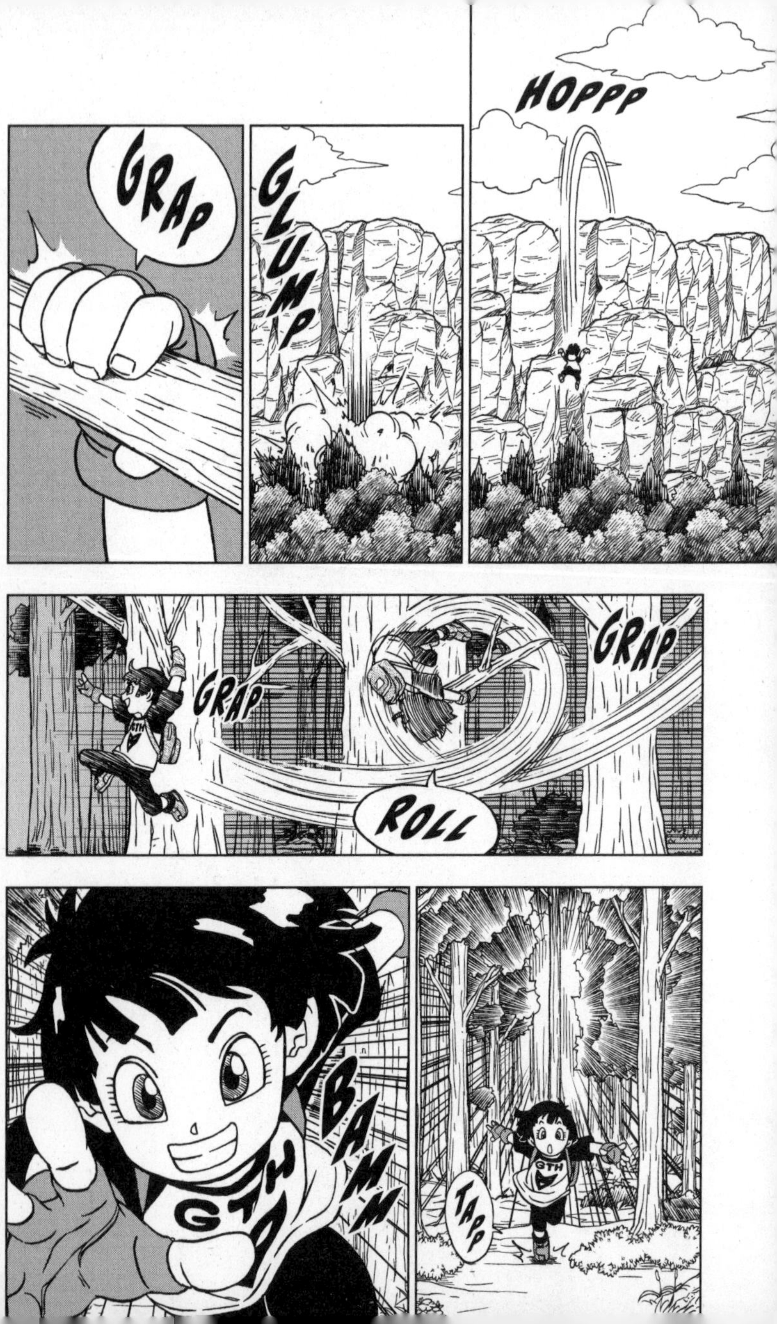
HOPPP
GLUMP
GRAP
GRAP
ROLL
GRAP
TAPP
BAMM

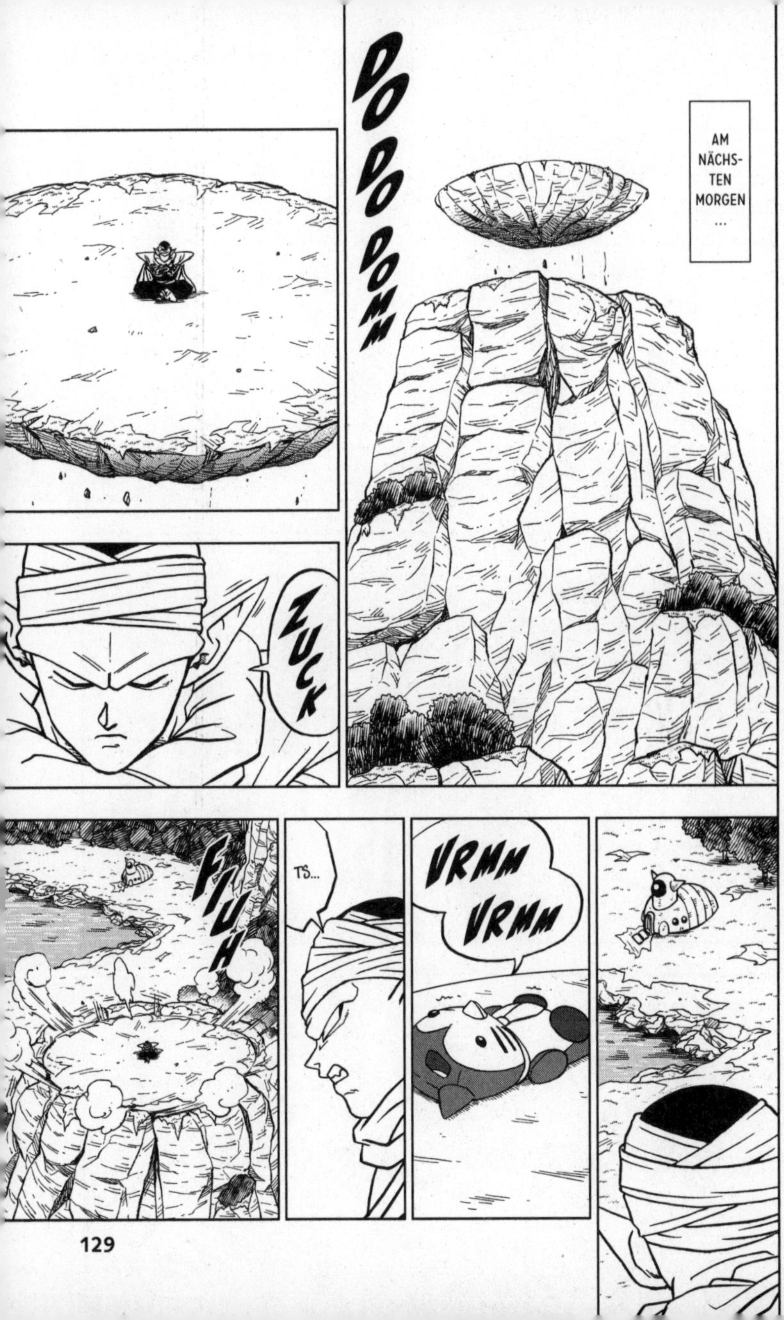
AM NÄCHS-
TEN
MORGEN
...
DO DO DOMM
ZUCK
VRMM
VRMM
TS...
FIUH

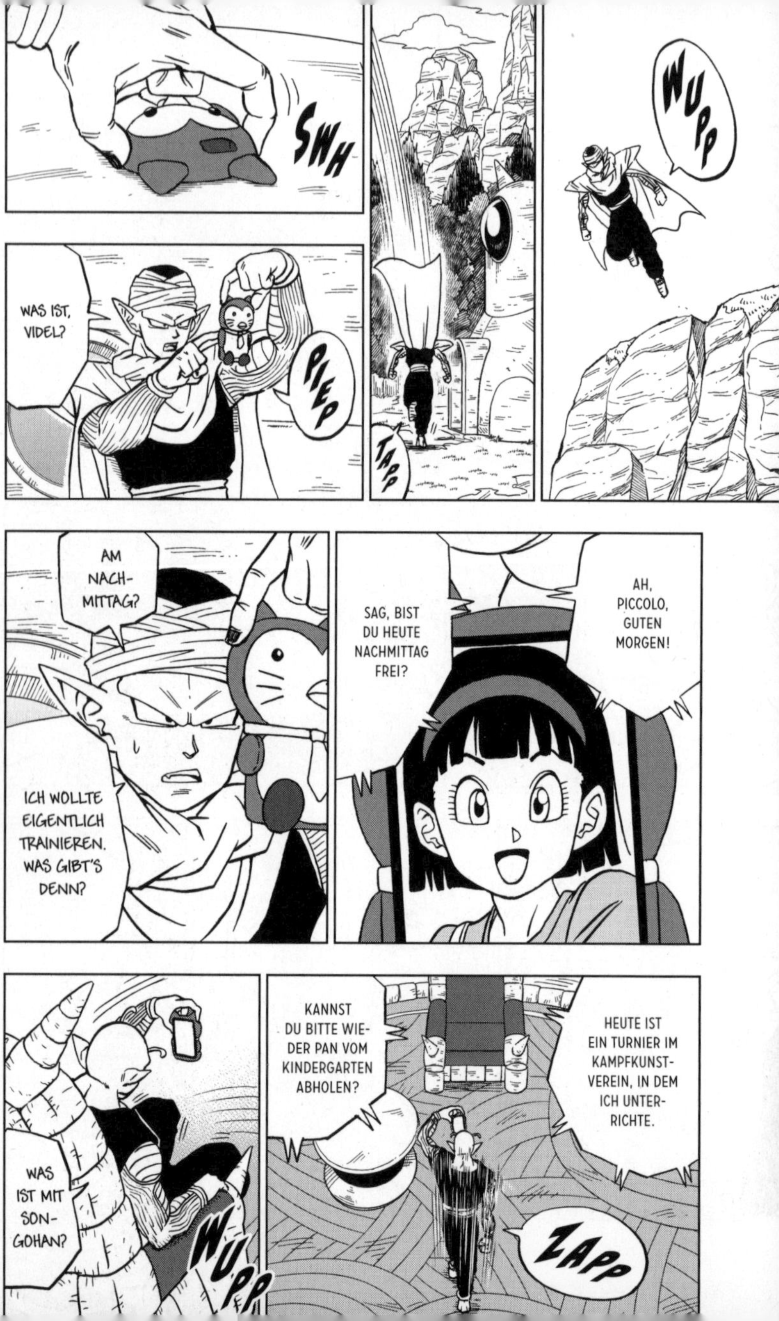
WUPP
TAPP
SWH
PIEP
WAS IST, VIDEL?
AH, PICCOLO, GUTEN MORGEN!
SAG, BIST DU HEUTE NACHMITTAG FREI?
AM NACH-MITTAG?
ICH WOLLTE EIGENTLICH TRAINIEREN. WAS GIBT'S DENN?
HEUTE IST EIN TURNIER IM KAMPFKUNST-VEREIN, IN DEM ICH UNTER-RICHTE.
KANNST DU BITTE WIE-DER PAN VOM KINDERGARTEN ABHOLEN?
ZAPP
WAS IST MIT SON-GOHAN?
WUPP

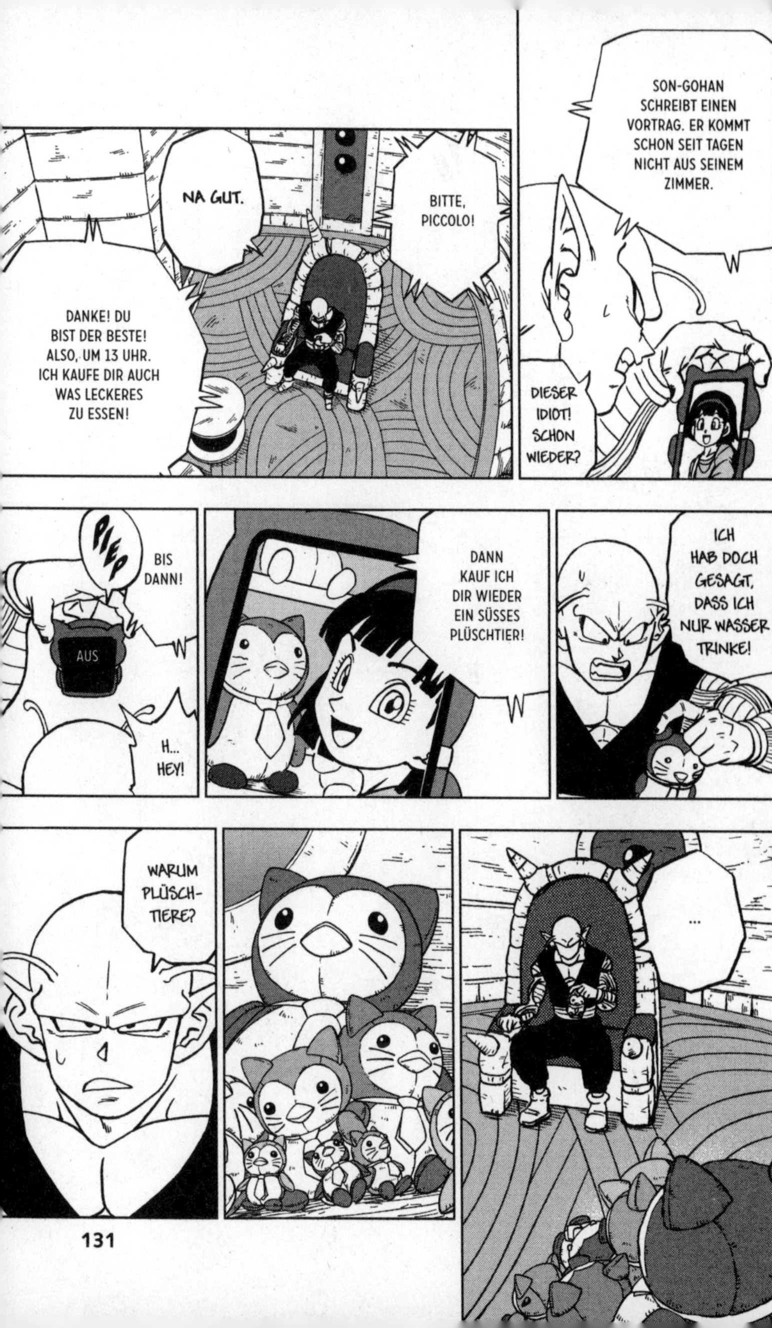
SON-GOHAN SCHREIBT EINEN VORTRAG. ER KOMMT SCHON SEIT TAGEN NICHT AUS SEINEM ZIMMER.
DIESER IDIOT! SCHON WIEDER?
BITTE, PICCOLO!
NA GUT.
DANKE! DU BIST DER BESTE! ALSO, UM 13 UHR. ICH KAUFE DIR AUCH WAS LECKERES ZU ESSEN!
ICH HAB DOCH GESAGT, DASS ICH NUR WASSER TRINKE!
DANN KAUF ICH DIR WIEDER EIN SÜSSES PLÜSCHTIER!
BIS DANN!
PIEP
AUS
H... HEY!
...
WARUM PLÜSCH-TIERE?

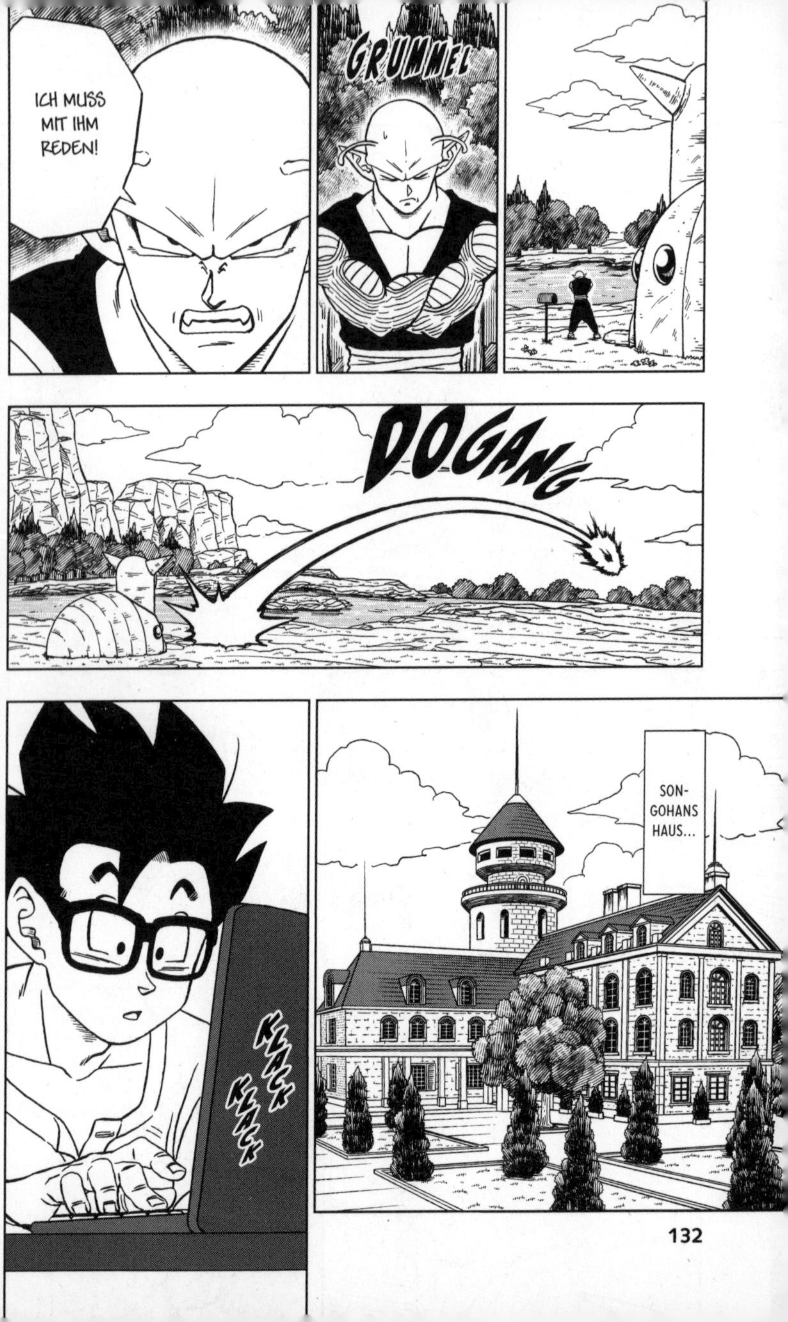
ICH MUSS MIT IHM REDEN!
GRUMMEL
DOGANG
SON-GOHANS HAUS...
KLACK KLACK

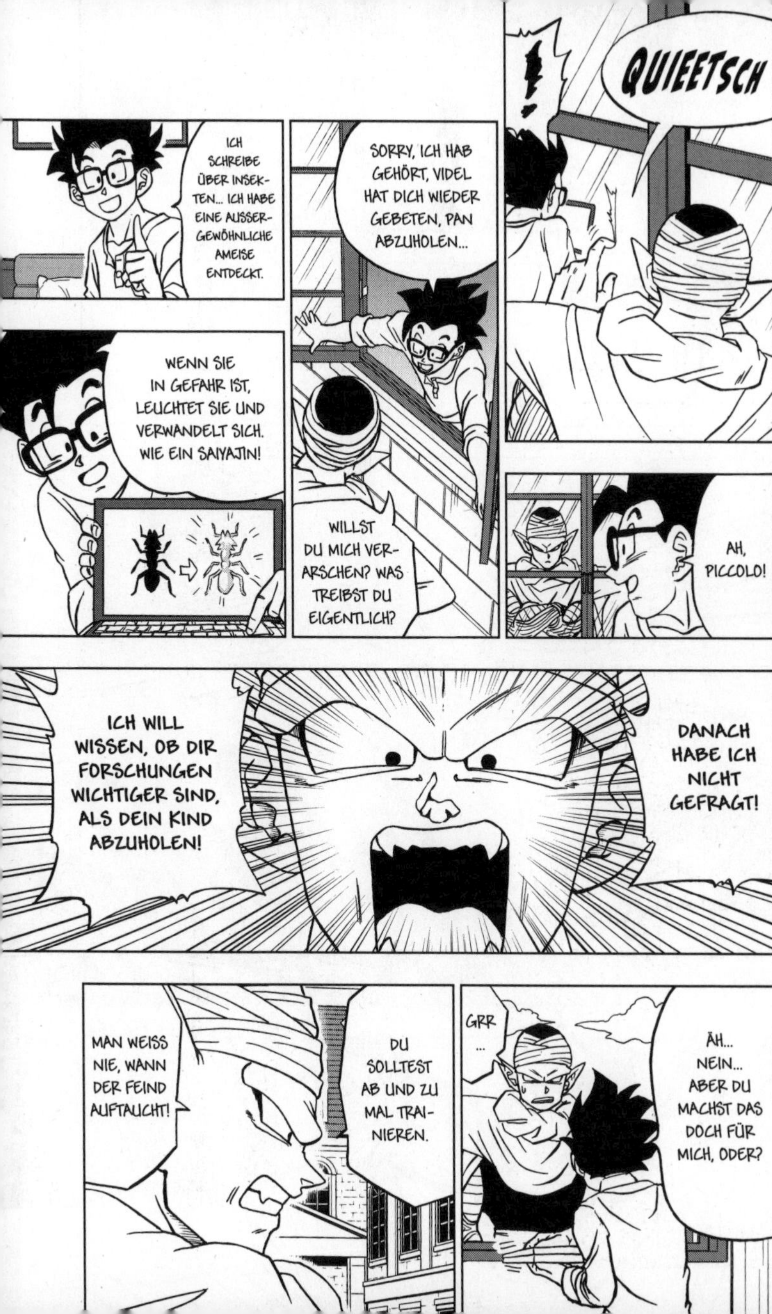
!
QUIEEETSCH
AH, PICCOLO!
SORRY, ICH HAB GEHÖRT, VIDEL HAT DICH WIEDER GEBETEN, PAN ABZUHOLEN...
WILLST DU MICH VER-ARSCHEN? WAS TREIBST DU EIGENTLICH?
ICH SCHREIBE ÜBER INSEK-TEN... ICH HABE EINE AUSSER-GEWÖHNLICHE AMEISE ENTDECKT.
WENN SIE IN GEFAHR IST, LEUCHTET SIE UND VERWANDELT SICH. WIE EIN SAIYAJIN!
DANACH HABE ICH NICHT GEFRAGT!
ICH WILL WISSEN, OB DIR FORSCHUNGEN WICHTIGER SIND, ALS DEIN KIND ABZUHOLEN!
ÄH... NEIN... ABER DU MACHST DAS DOCH FÜR MICH, ODER?
GRR ...
DU SOLLTEST AB UND ZU MAL TRAI-NIEREN.
MAN WEISS NIE, WANN DER FEIND AUFTAUCHT!

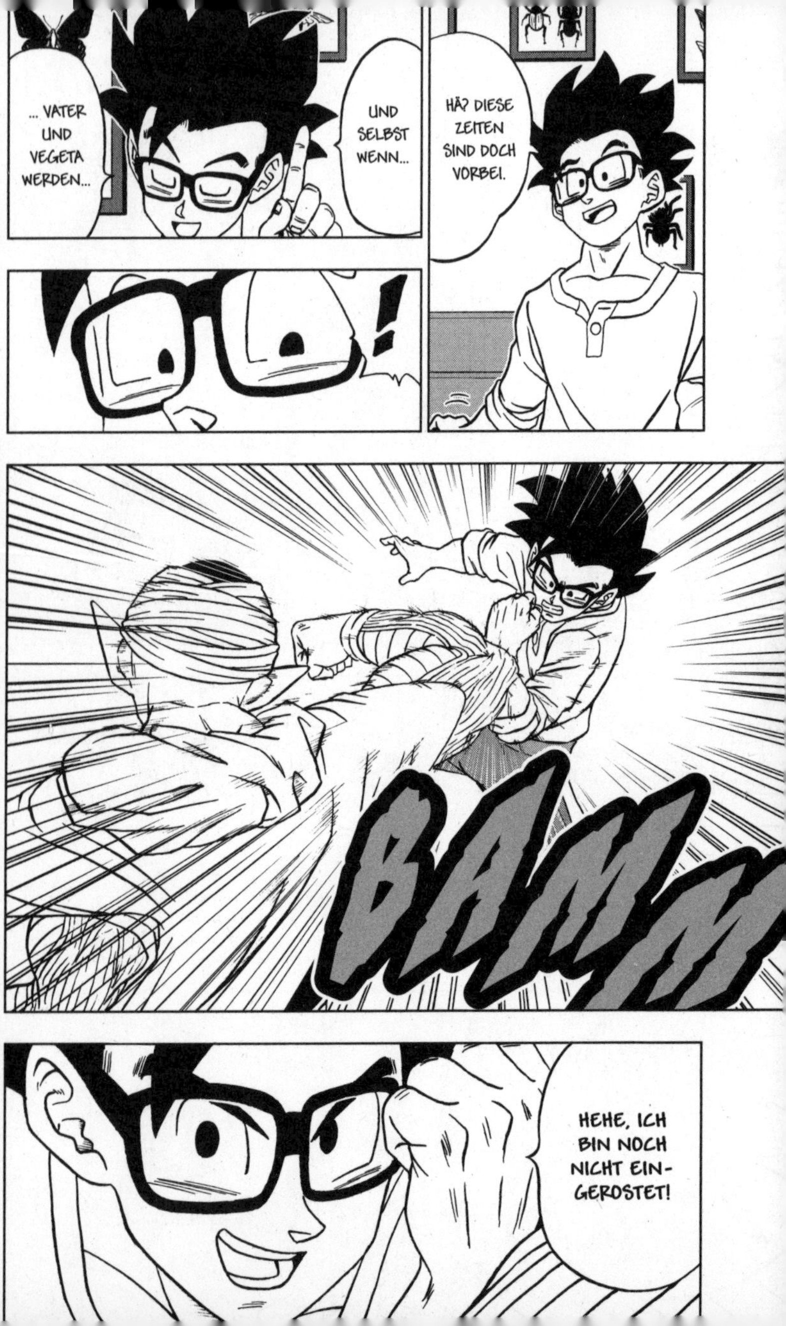
HÄ? DIESE ZEITEN SIND DOCH VORBEI.
UND SELBST WENN...
... VATER UND VEGETA WERDEN...
!
BAMM
HEHE, ICH BIN NOCH NICHT EIN-GEROSTET!

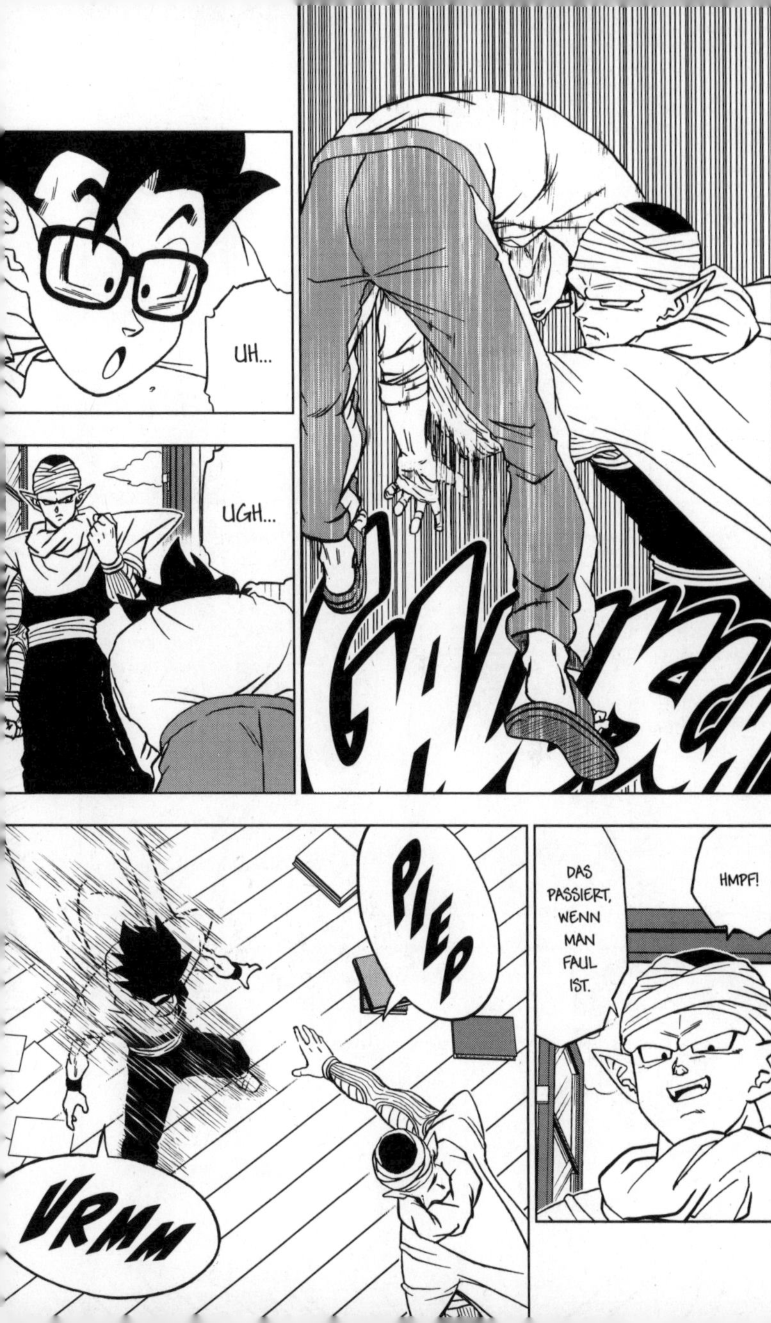
UH...
UGH...
HMPF!
DAS PASSIERT, WENN MAN FAUL IST.
PIEP
VRMM

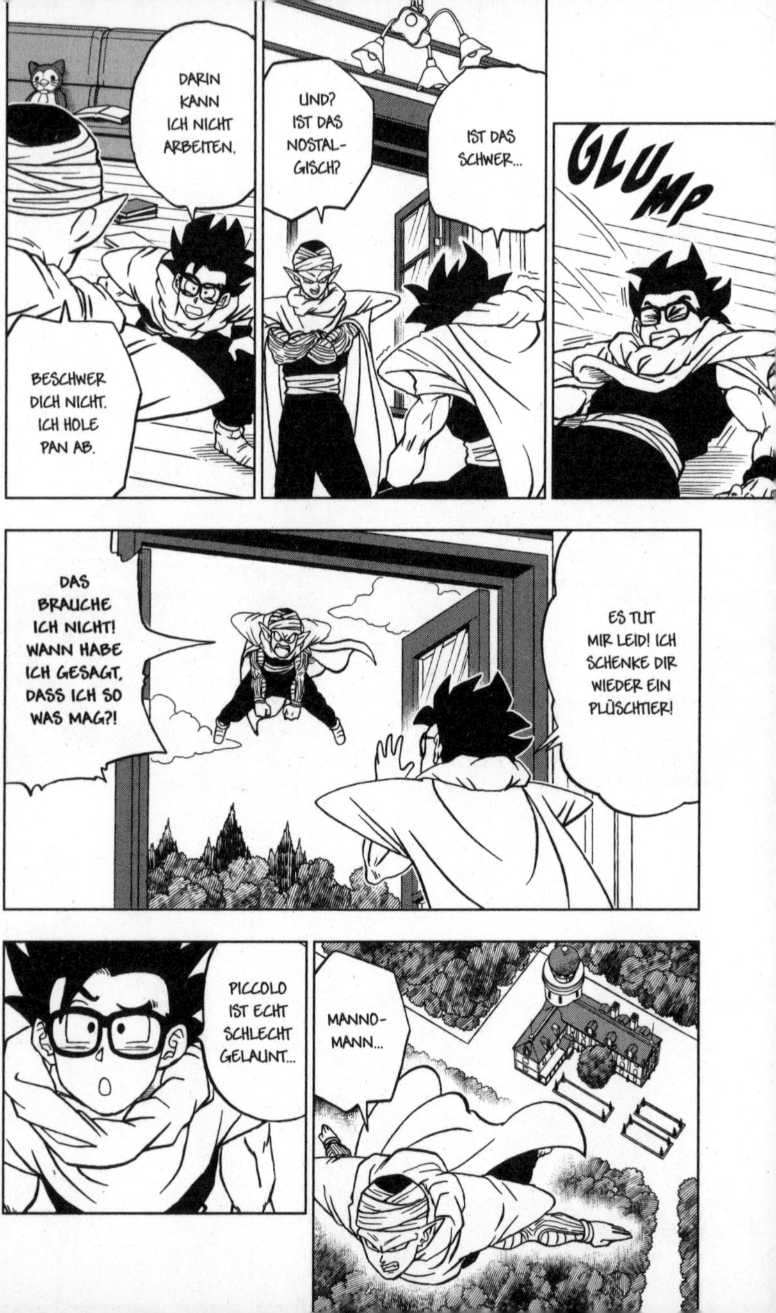
GLUMP
IST DAS SCHWER...
UND? IST DAS NOSTALGISCH?
DARIN KANN ICH NICHT ARBEITEN.
BESCHWER DICH NICHT. ICH HOLE PAN AB.
ES TUT MIR LEID! ICH SCHENKE DIR WIEDER EIN PLÜSCHTIER!
DAS BRAUCHE ICH NICHT! WANN HABE ICH GESAGT, DASS ICH SO WAS MAG?!
MANNO-MANN...
PICCOLO IST ECHT SCHLECHT GELAUNT...

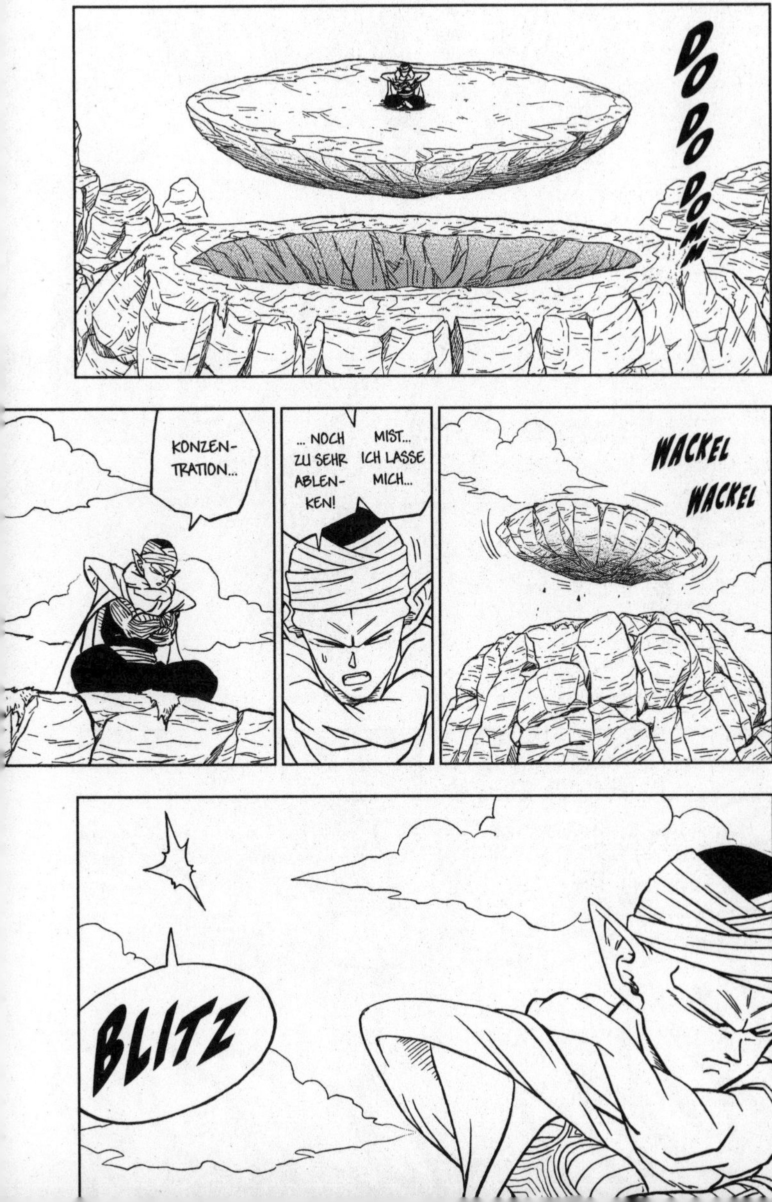
DO DO DOMM
WACKEL WACKEL
MIST... ICH LASSE MICH... ... NOCH ZU SEHR ABLEN-KEN!
KONZEN-TRATION...
BLITZ

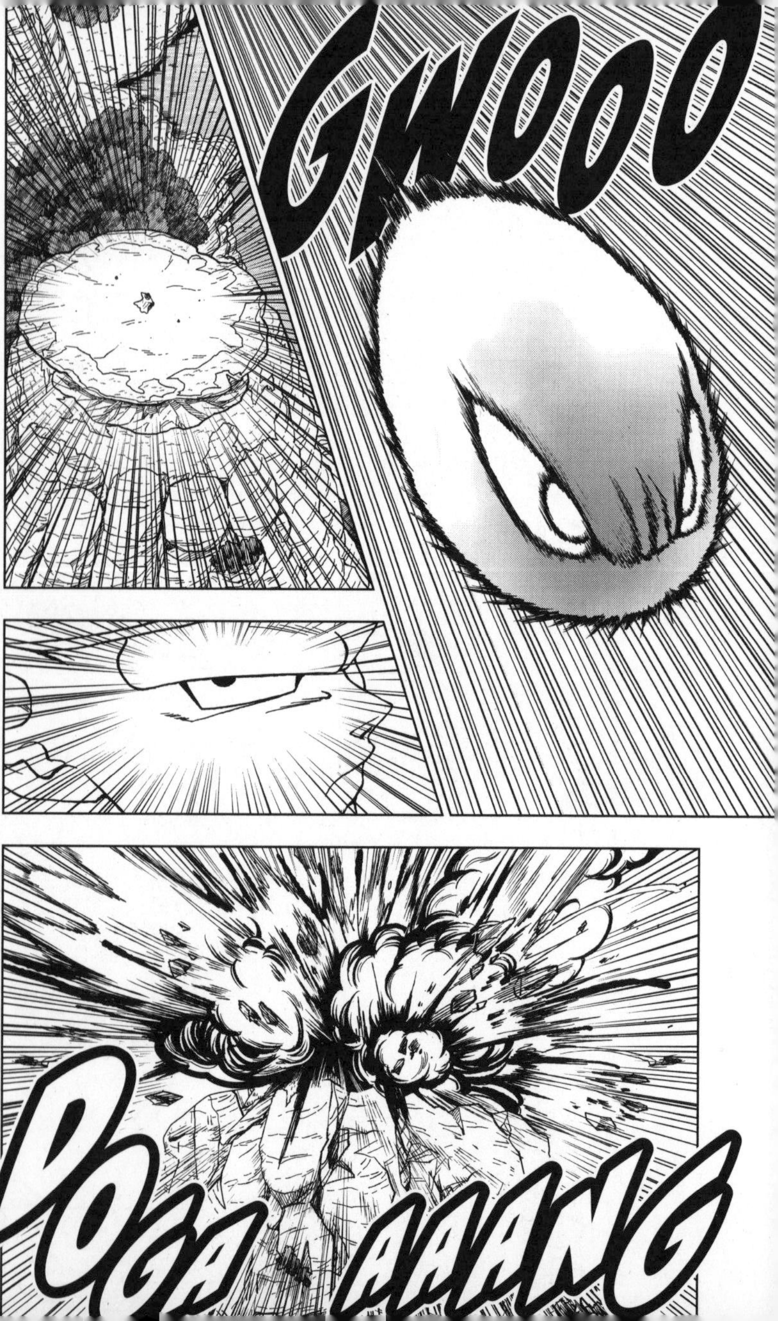
GWOOO
DOGA AAANG

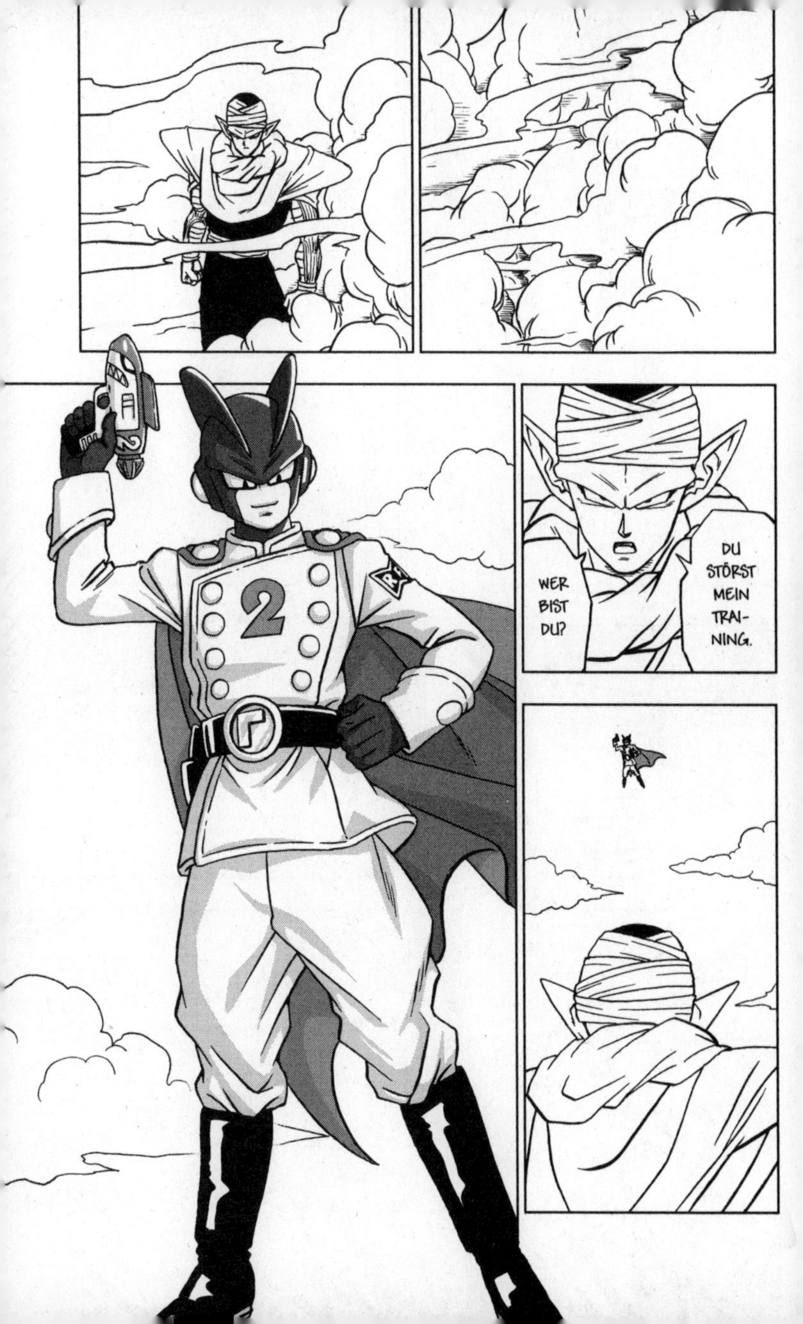
DU STÖRST MEIN TRAI- NING.
WER BIST DU?

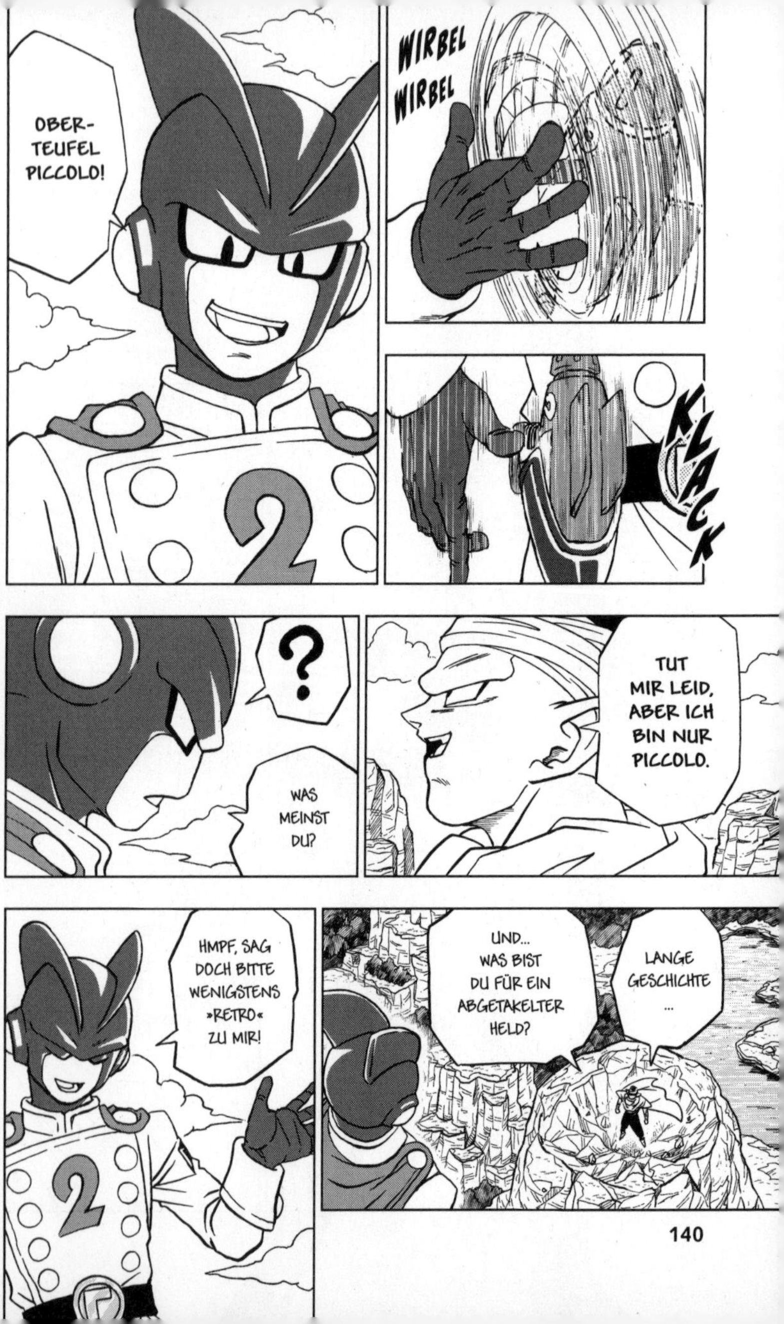
WIRBEL
WIRBEL
KLACK
OBER-TEUFEL PICCOLO!
TUT MIR LEID, ABER ICH BIN NUR PICCOLO.
?
WAS MEINST DU?
LANGE GESCHICHTE ...
UND... WAS BIST DU FÜR EIN ABGETAKELTER HELD?
HMPF, SAG DOCH BITTE WENIGSTENS »RETRO« ZU MIR!

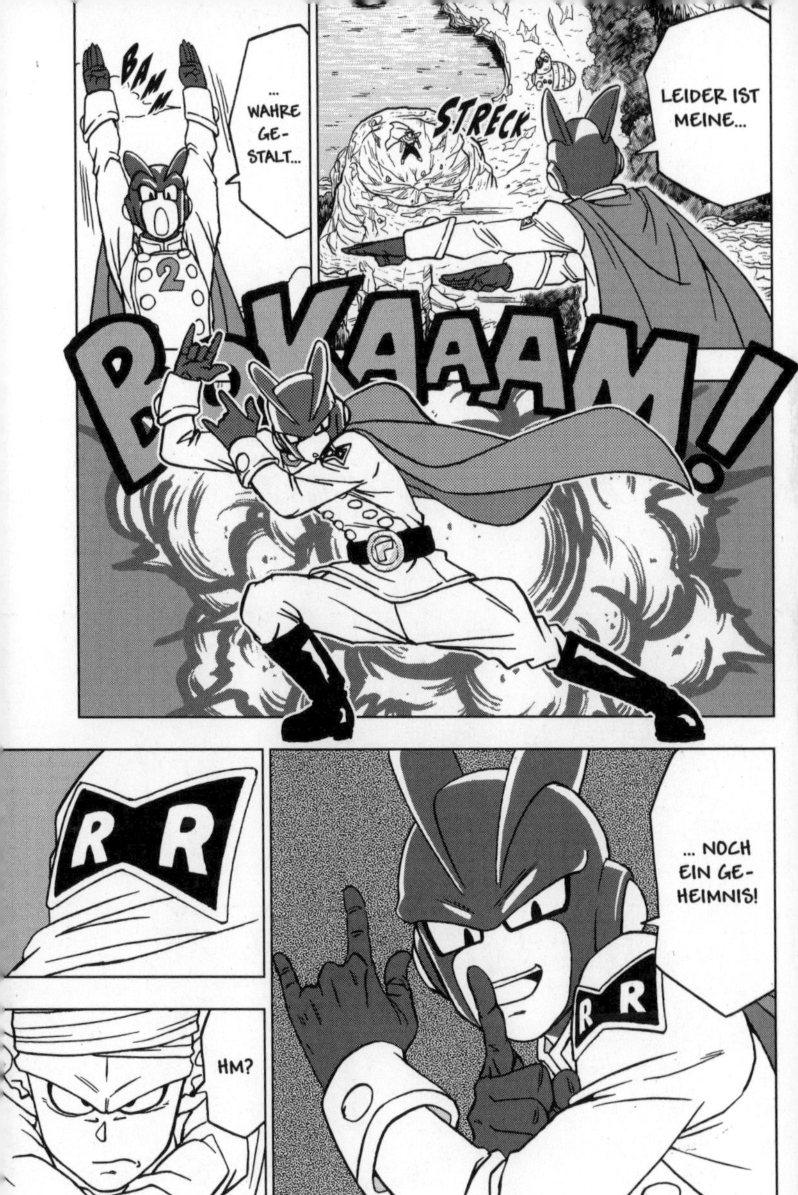
LEIDER IST MEINE...
STRECK
... WAHRE GE-STALT...
BAMM
BOOAAAM!
... NOCH EIN GE-HEIMNIS!
HM?

SCHÜLER DER BLUE HAL HIGHSCHOOL

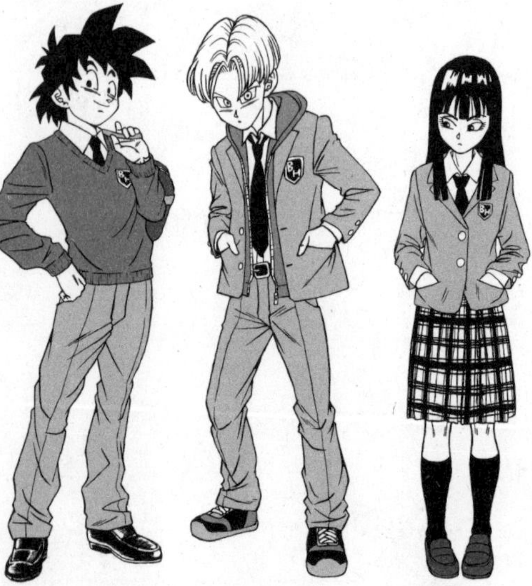

SON-GOTEN TRUNKS MAI

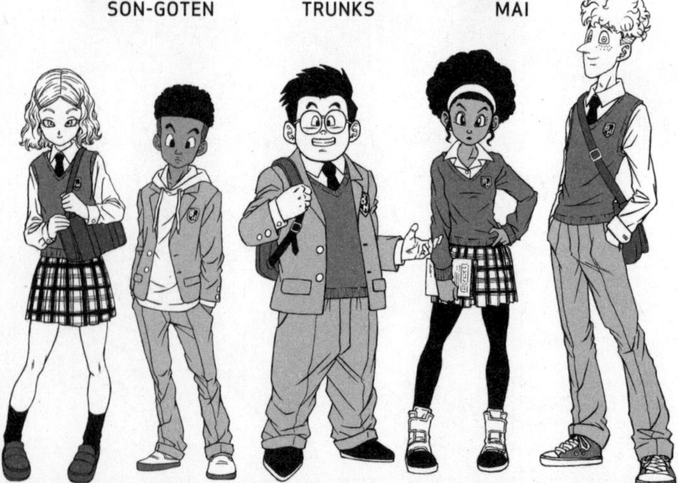

FAYRA CHOK SKALE RULAH KOMPAS

DRAGON BALL SUPER

KAPITEL 92: DER NEUE CYBORG

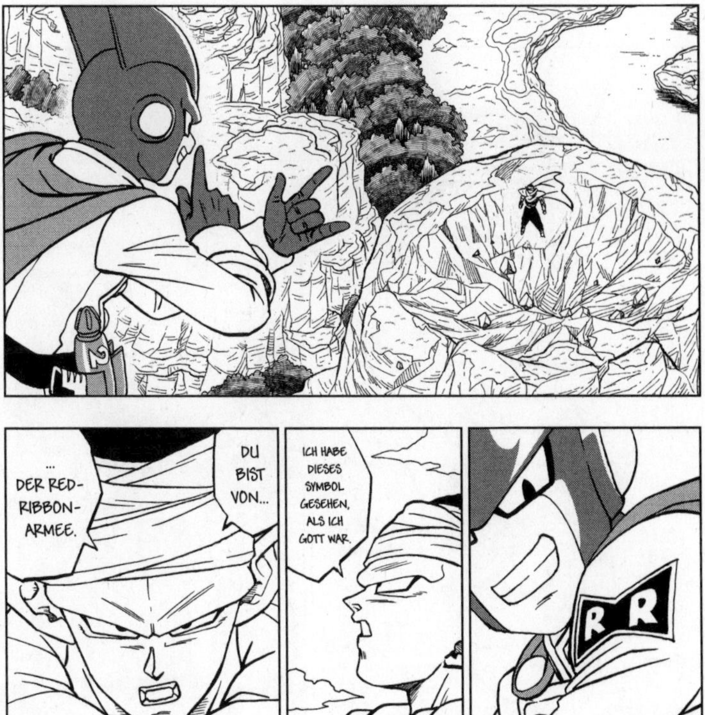

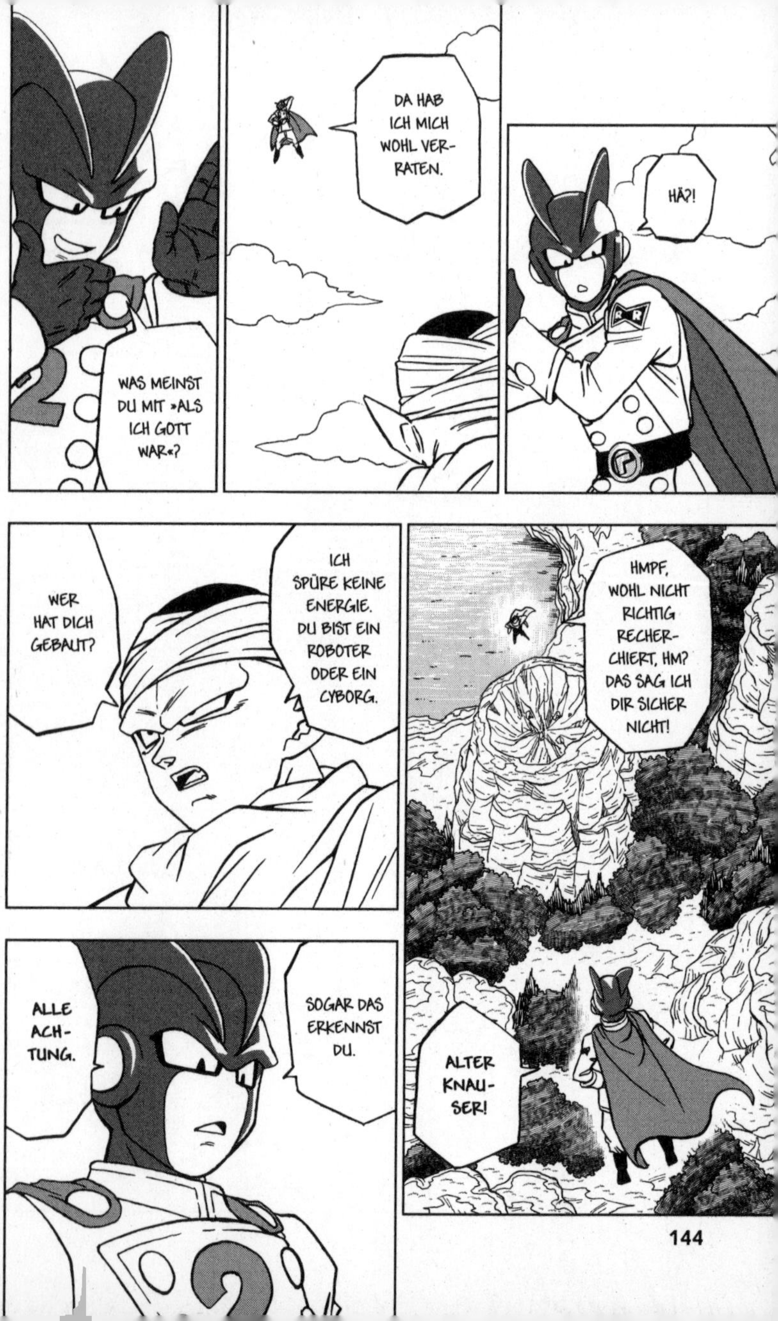
WAS MEINST DU MIT »ALS ICH GOTT WAR«?
DA HAB ICH MICH WOHL VERRATEN.
HÄ?!
ICH SPÜRE KEINE ENERGIE. DU BIST EIN ROBOTER ODER EIN CYBORG.
WER HAT DICH GEBAUT?
SOGAR DAS ERKENNST DU.
ALLE ACHTUNG.
HMPF, WOHL NICHT RICHTIG RECHERCHIERT, HM? DAS SAG ICH DIR SICHER NICHT!
ALTER KNAUSER!

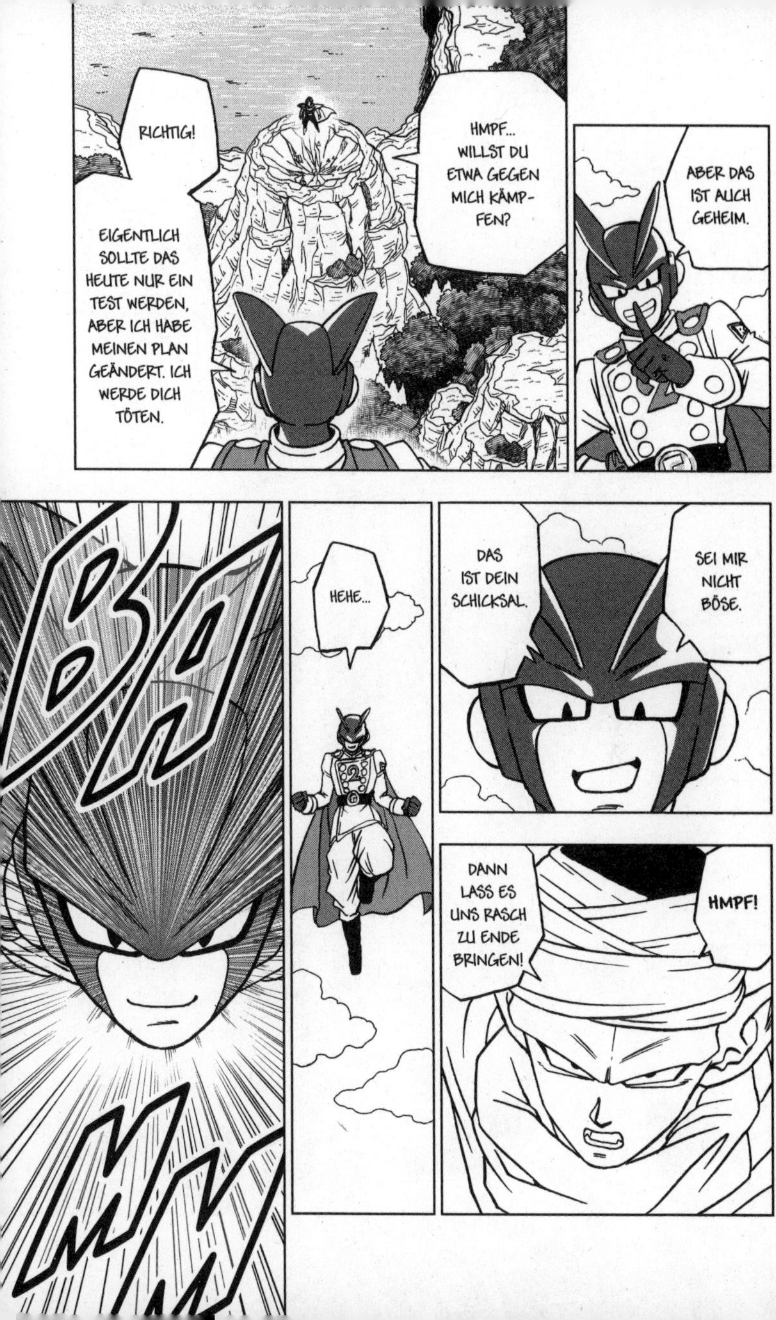

HMPF... WILLST DU ETWA GEGEN MICH KÄMPFEN?
RICHTIG!
EIGENTLICH SOLLTE DAS HEUTE NUR EIN TEST WERDEN, ABER ICH HABE MEINEN PLAN GEÄNDERT. ICH WERDE DICH TÖTEN.
ABER DAS IST AUCH GEHEIM.
SEI MIR NICHT BÖSE.
DAS IST DEIN SCHICKSAL.
HMPF!
DANN LASS ES UNS RASCH ZU ENDE BRINGEN!
HEHE...
BAMM

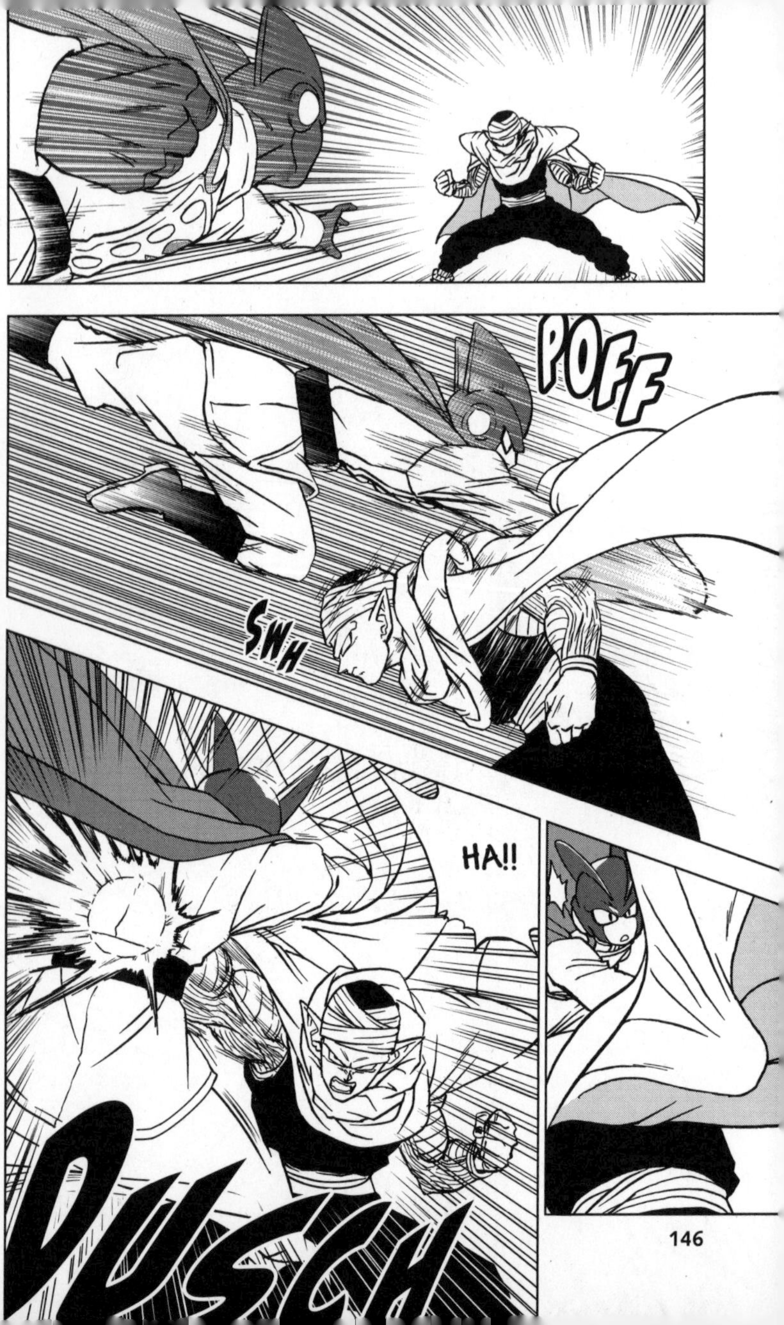
POFF
SWH
HA!!
DUSCH

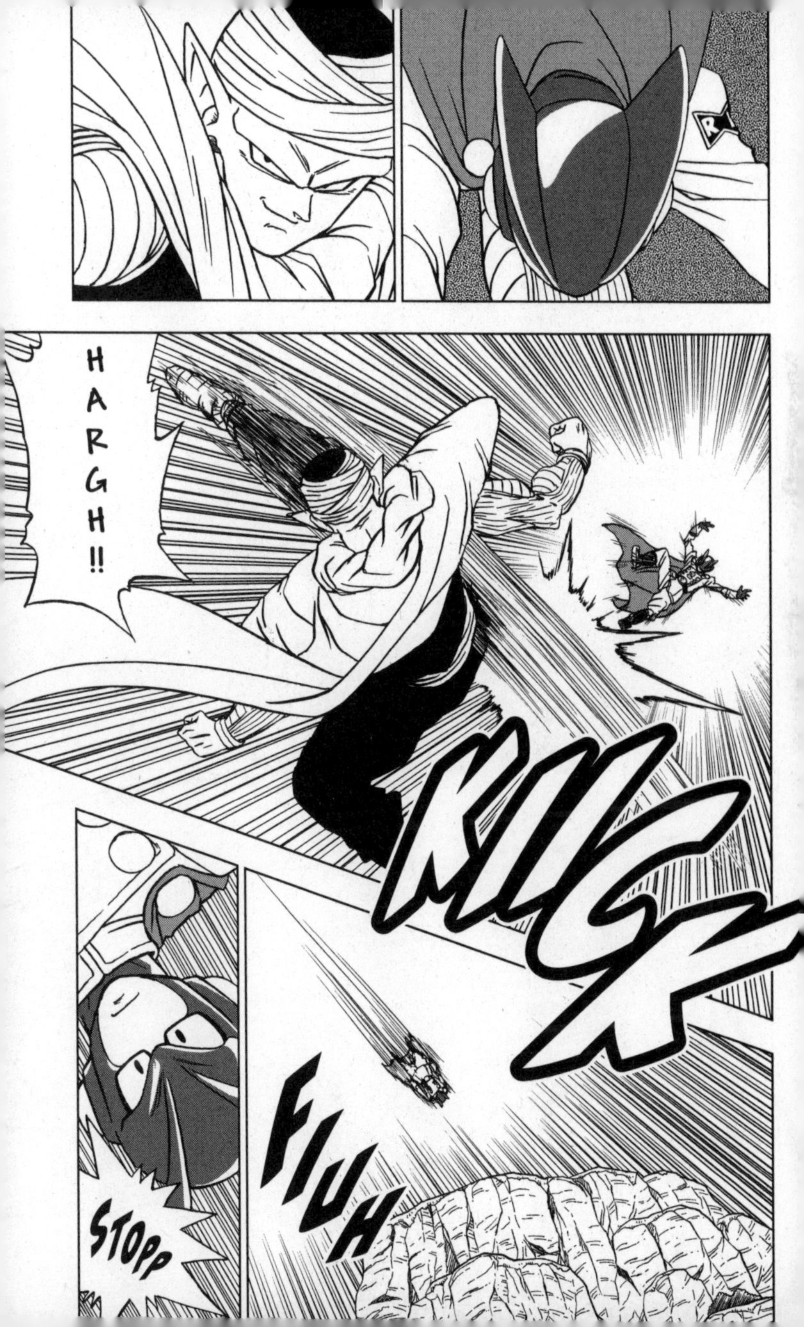
HARGH!!
STOPP

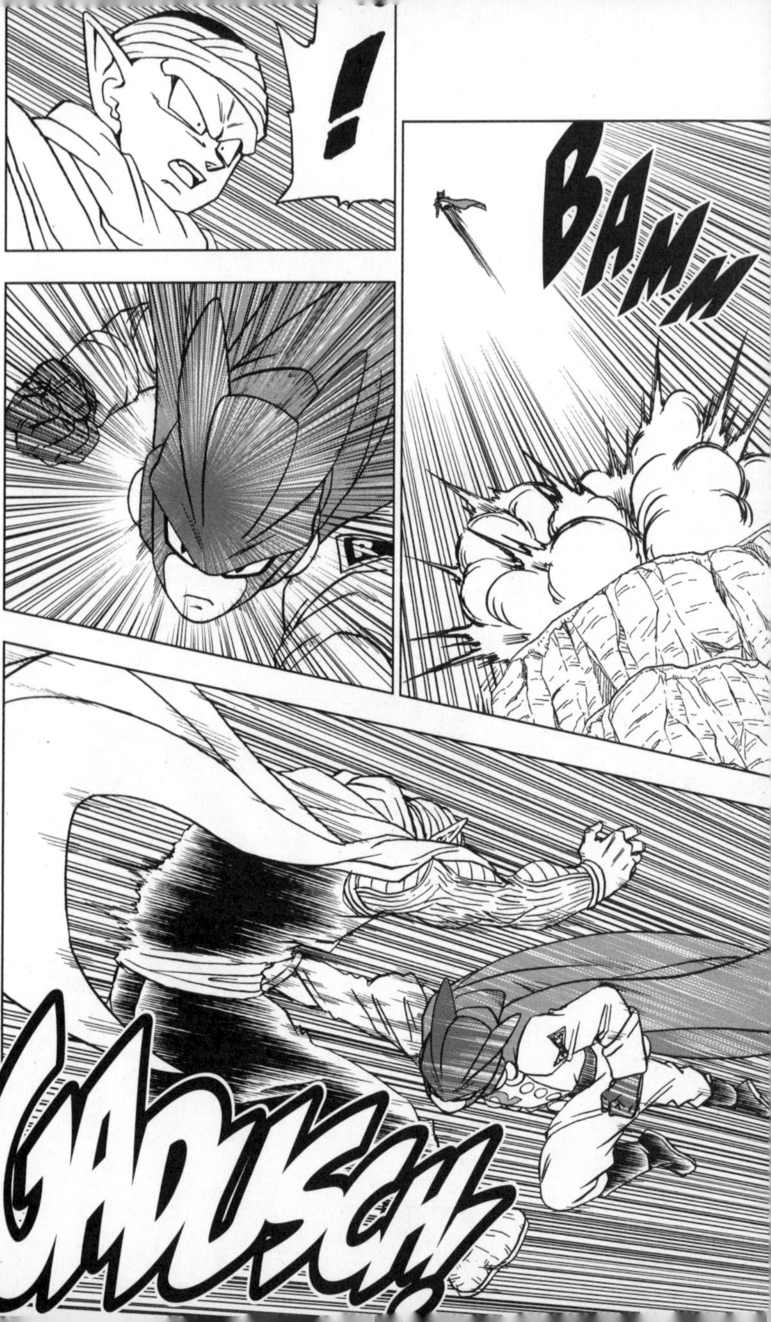
!
BAMM
CRUNCH

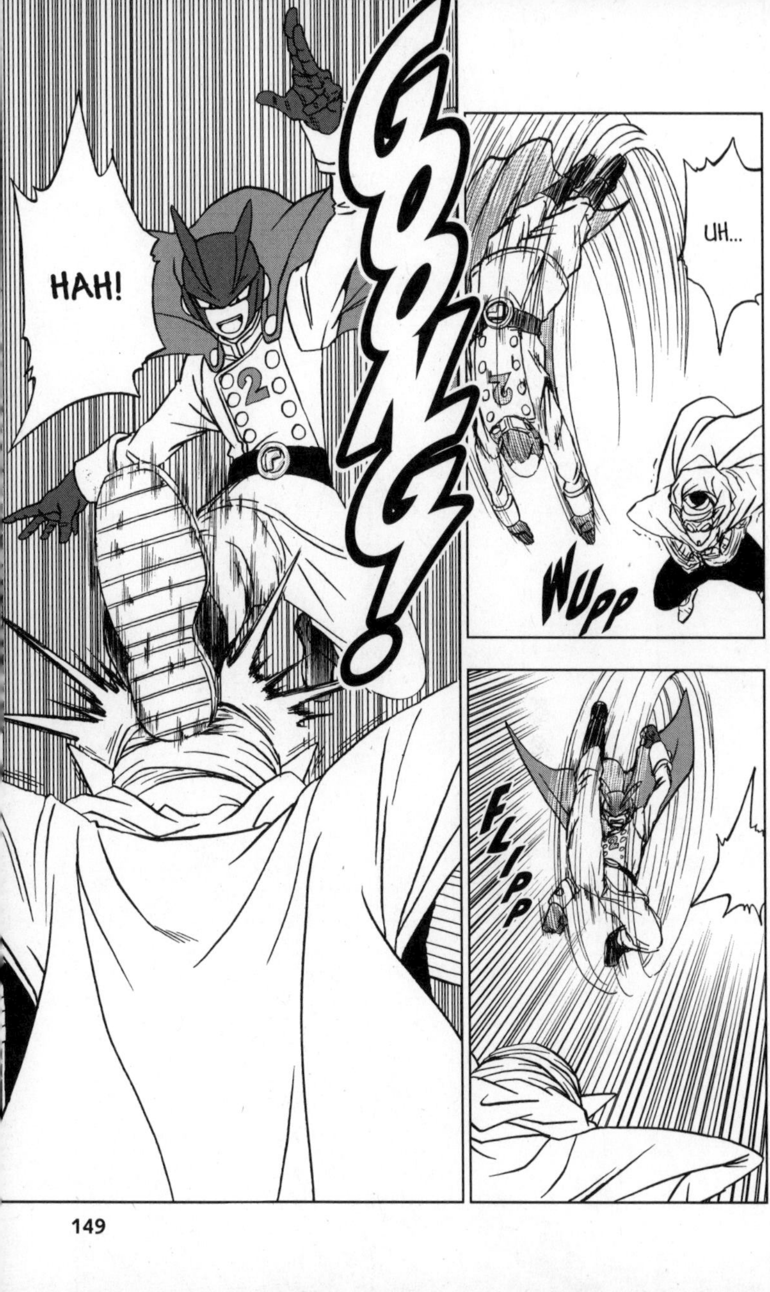
HAH!
GOOONG!
UH...
WUPP
FLIPP

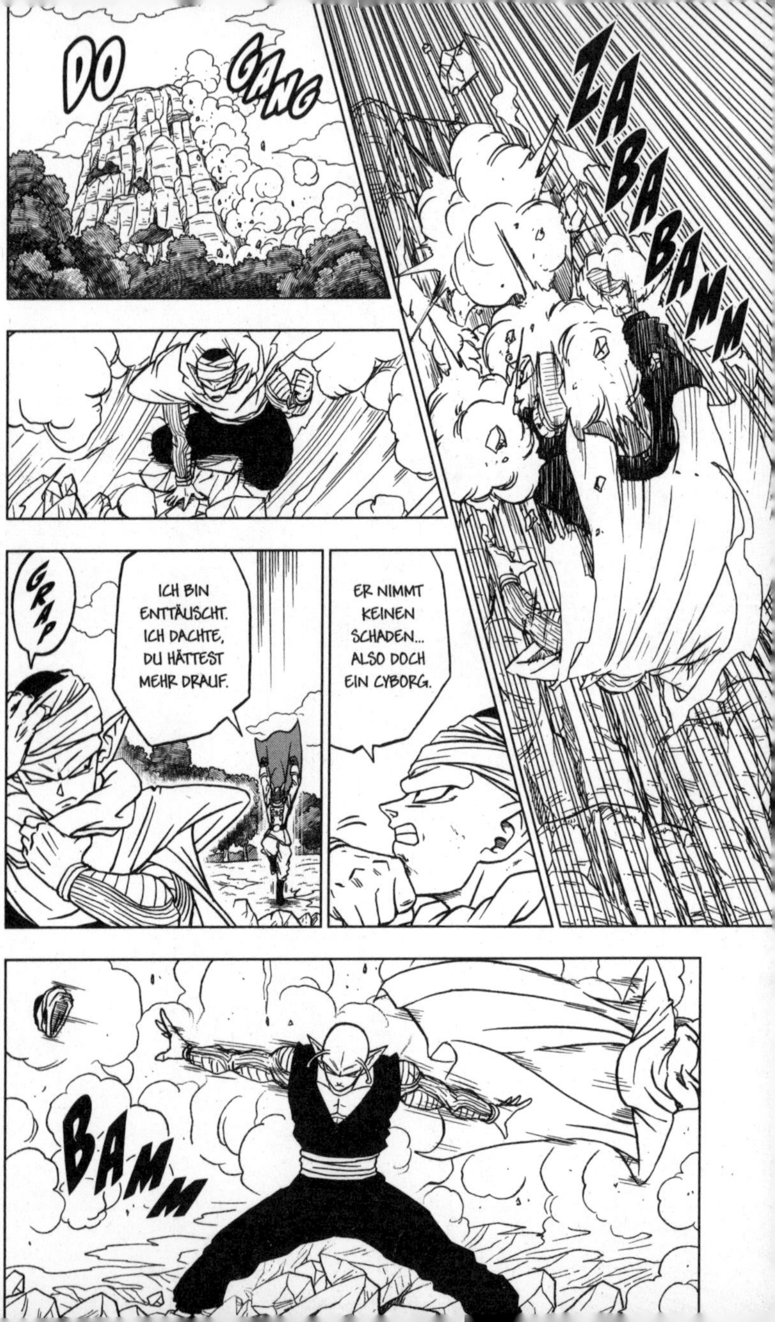
DO GAANG
ZABABAMM
ER NIMMT KEINEN SCHADEN... ALSO DOCH EIN CYBORG.
ICH BIN ENTTÄUSCHT. ICH DACHTE, DU HÄTTEST MEHR DRAUF.
GRAP
BAMM

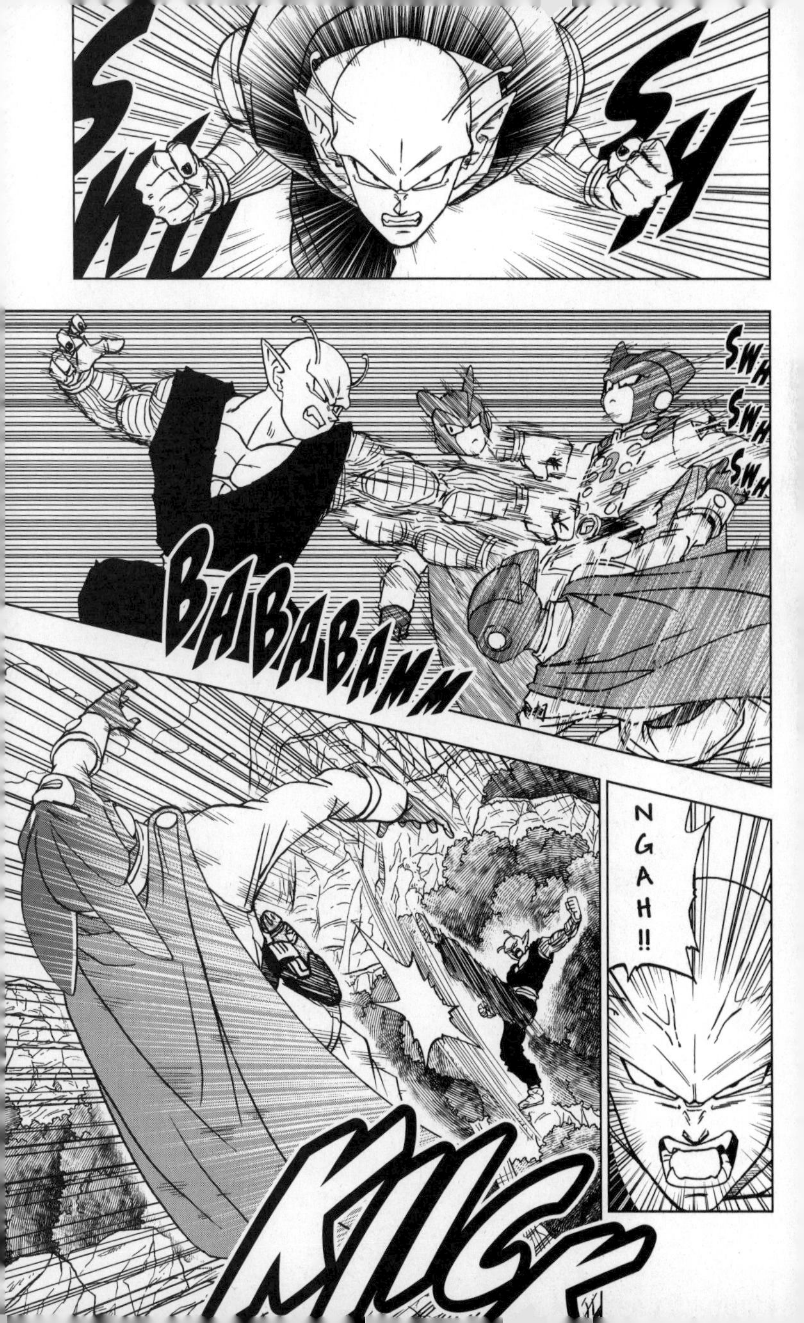
SWUSH
SWH SWH SWH
BABABABAMM
NGAH!!

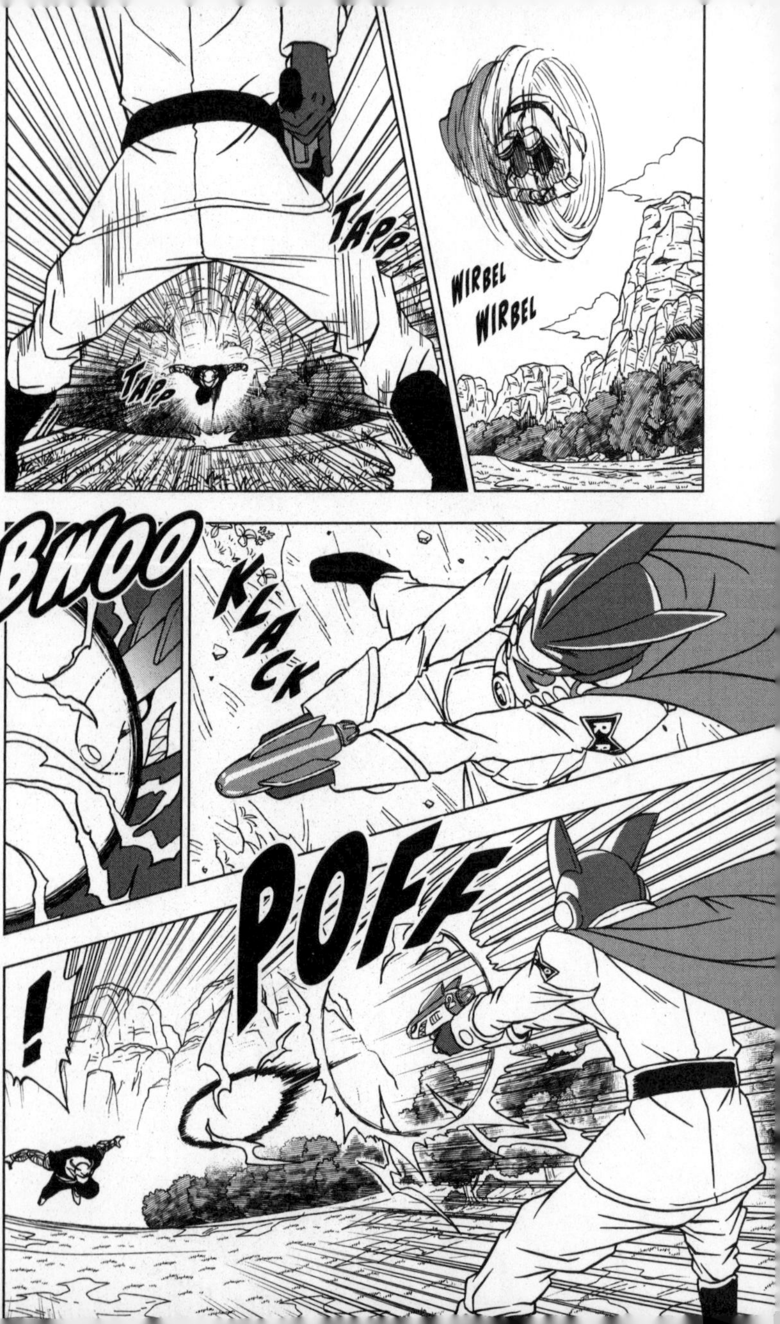
TAPP
TAPP
WIRBEL
WIRBEL
BWOO
KLACK
POFF
!

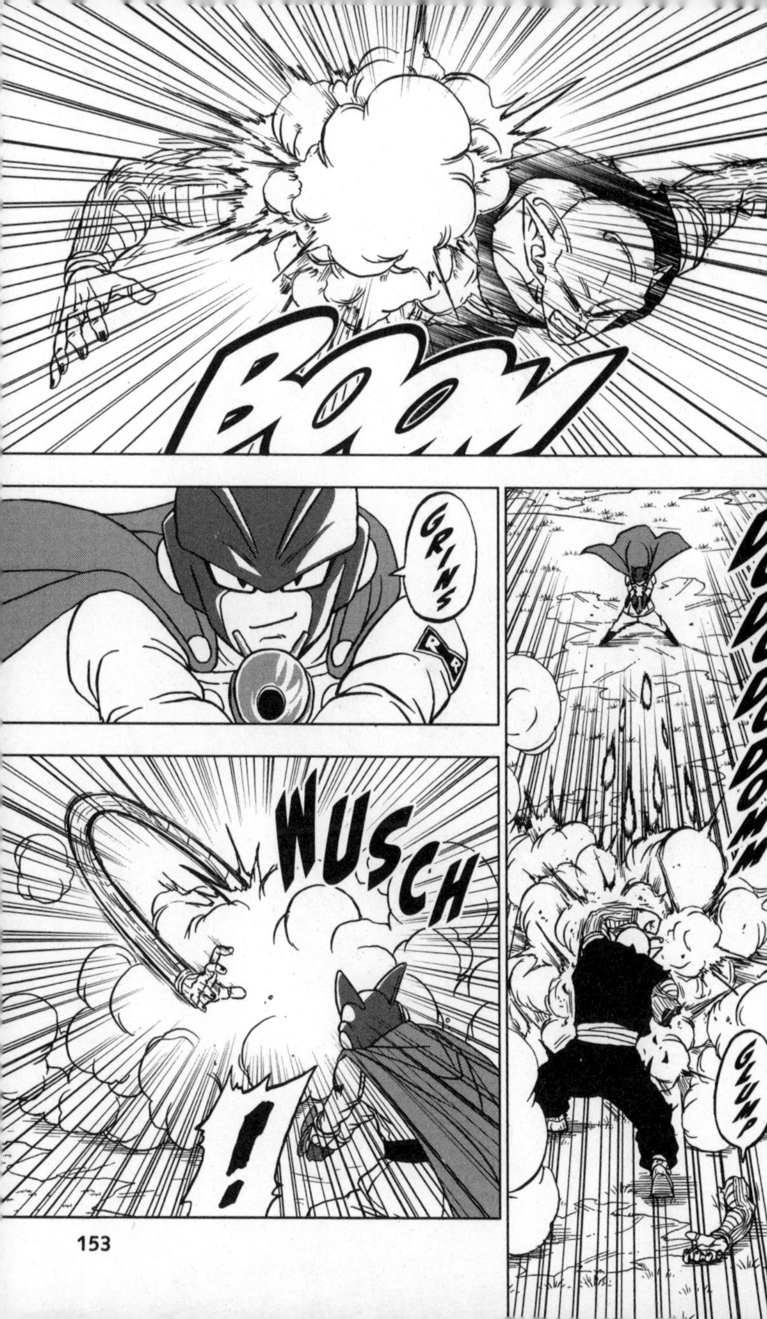
BOOM
GRINS
WUSCH
!
DODODODOMM
GLUMP

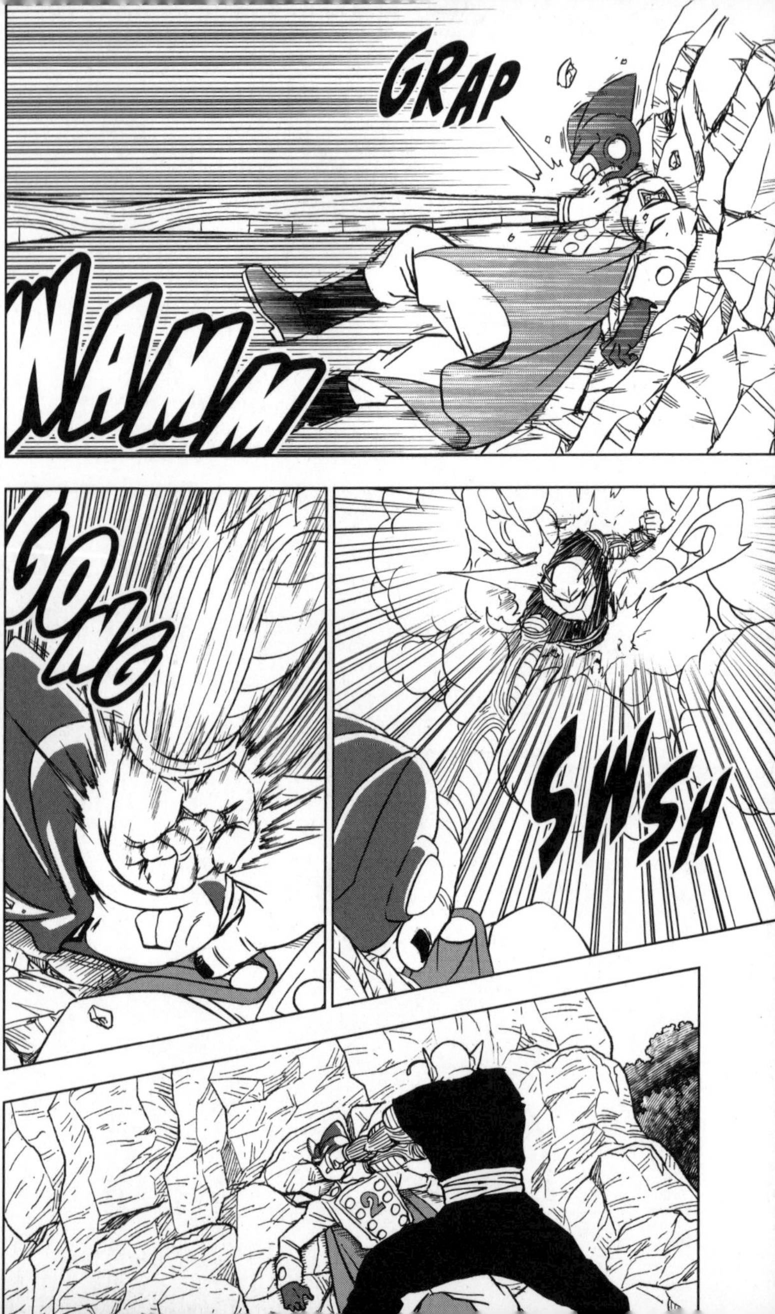
GRAP
WAMM
GONG
SWSH

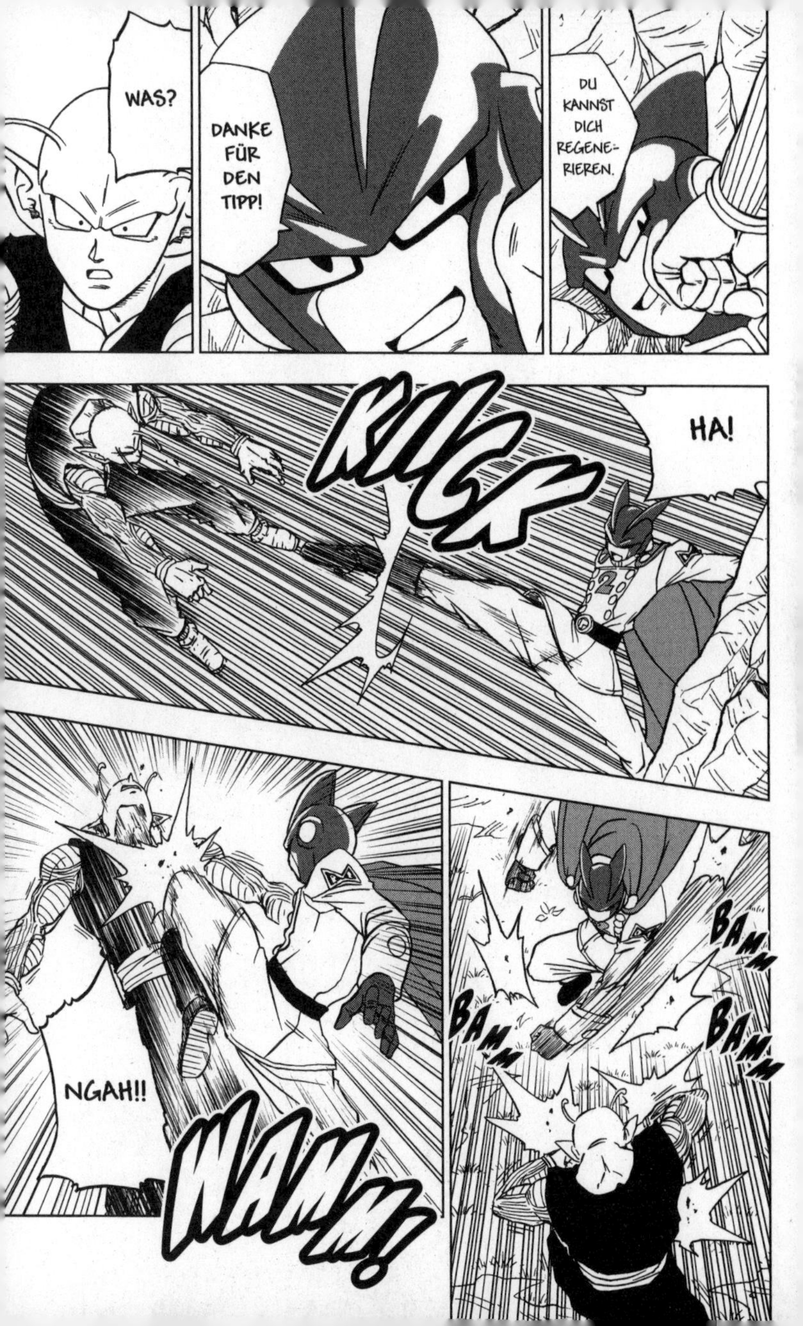
DU KANNST DICH REGENE-RIEREN.
DANKE FÜR DEN TIPP!
WAS?
HA!
KICK
BAMM
BAMM
BAMM
NGAH!!
WAMM!

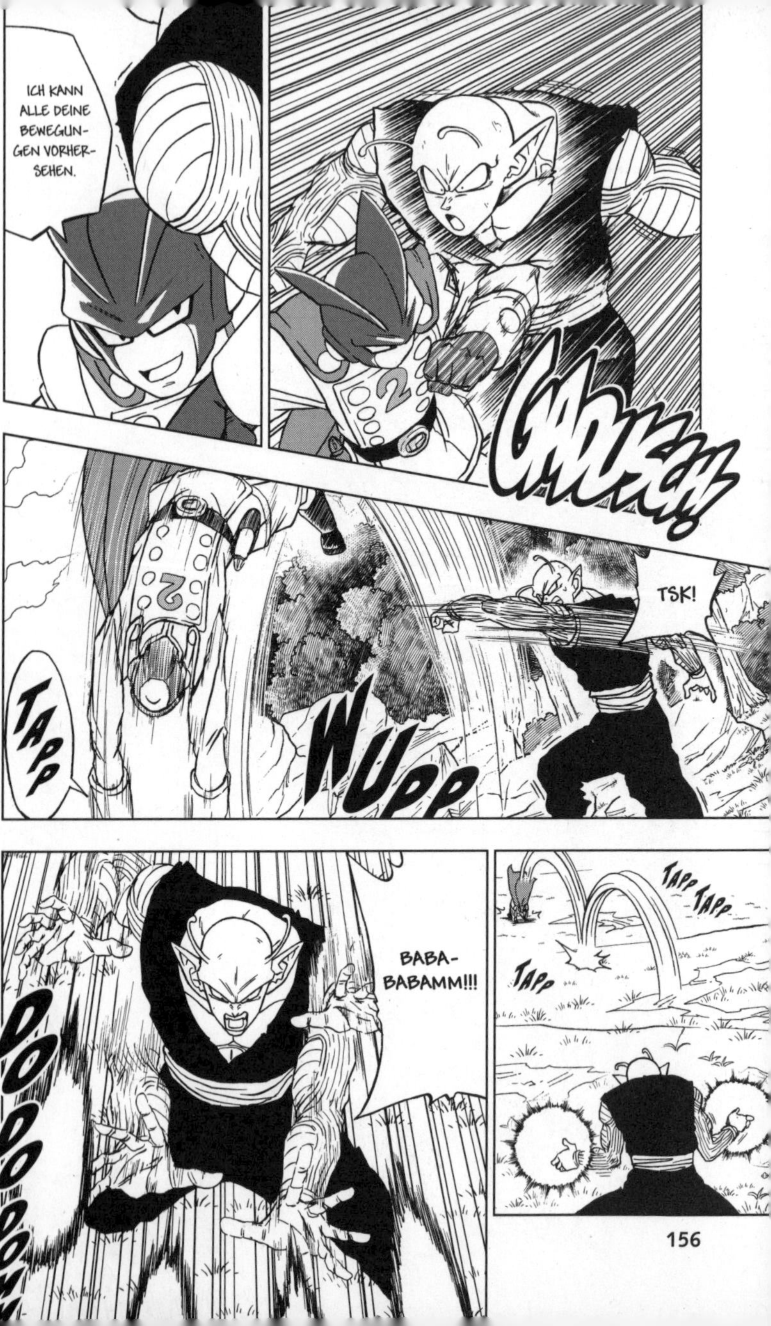
ICH KANN ALLE DEINE BEWEGUNGEN VORHERSEHEN.
GWUSCH!
TSK!
TAPP
WUPP
BABA-BABAMM!!!
TAPP TAPP
TAPP
DODODOMM

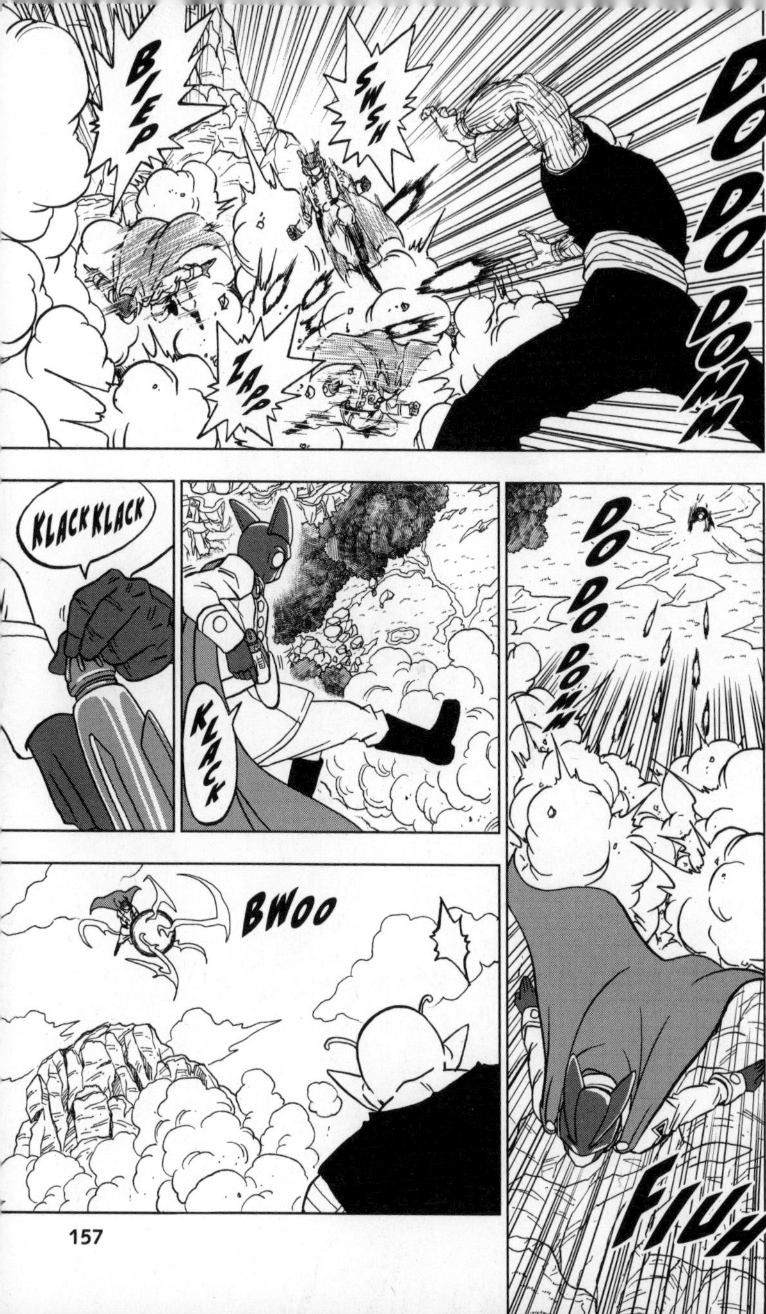
DODODOMM
SWSH
BIEP
ZAPP
DODODOMM
KLACKKLACK
KLACK
BWOO
FIUH

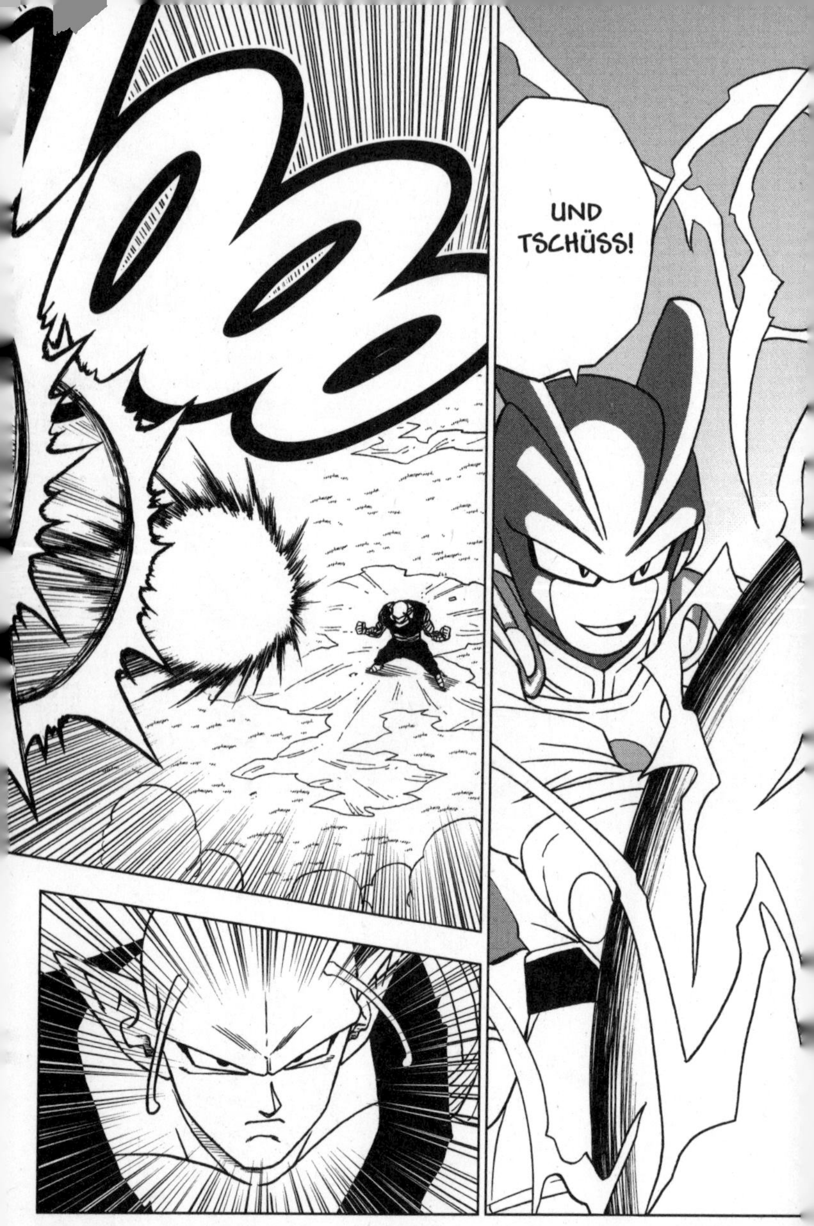
UND
TSCHÜSS!

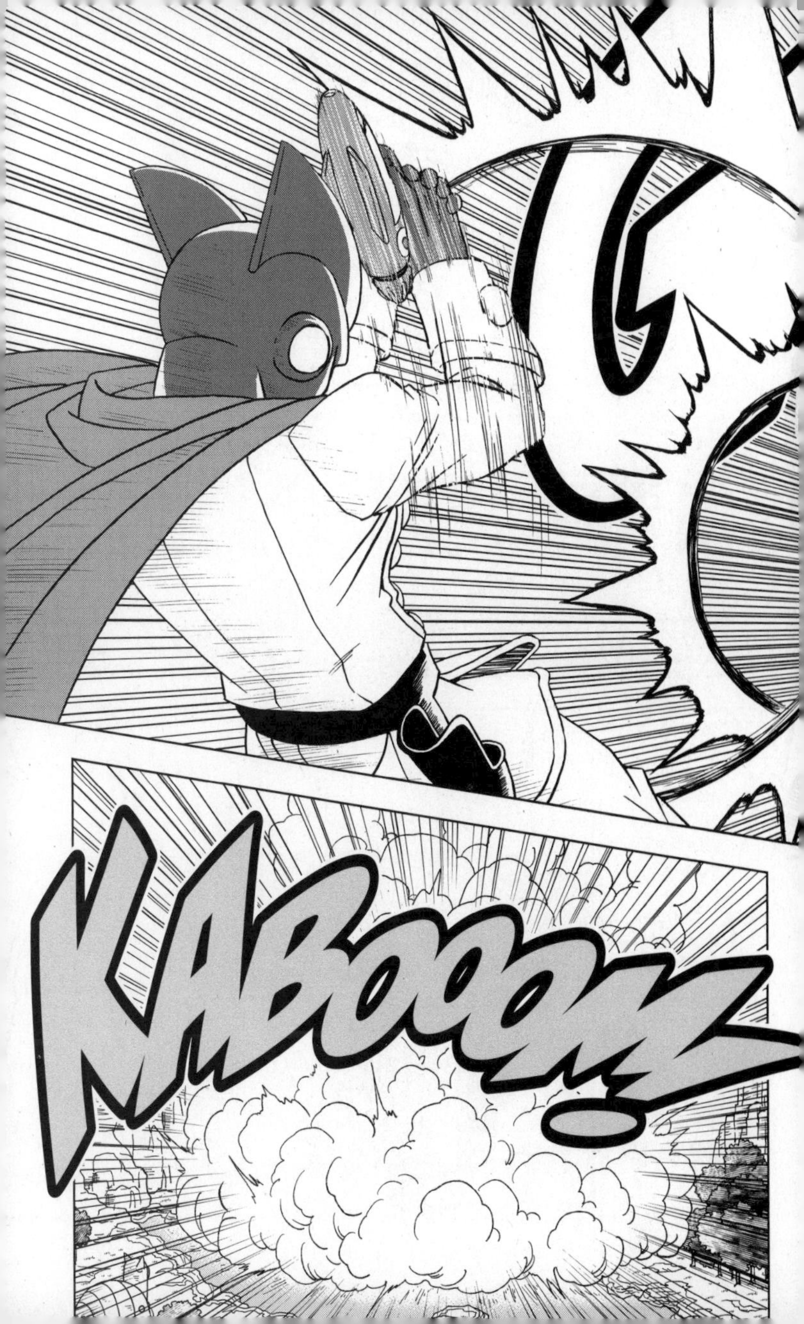
KABOOOM!

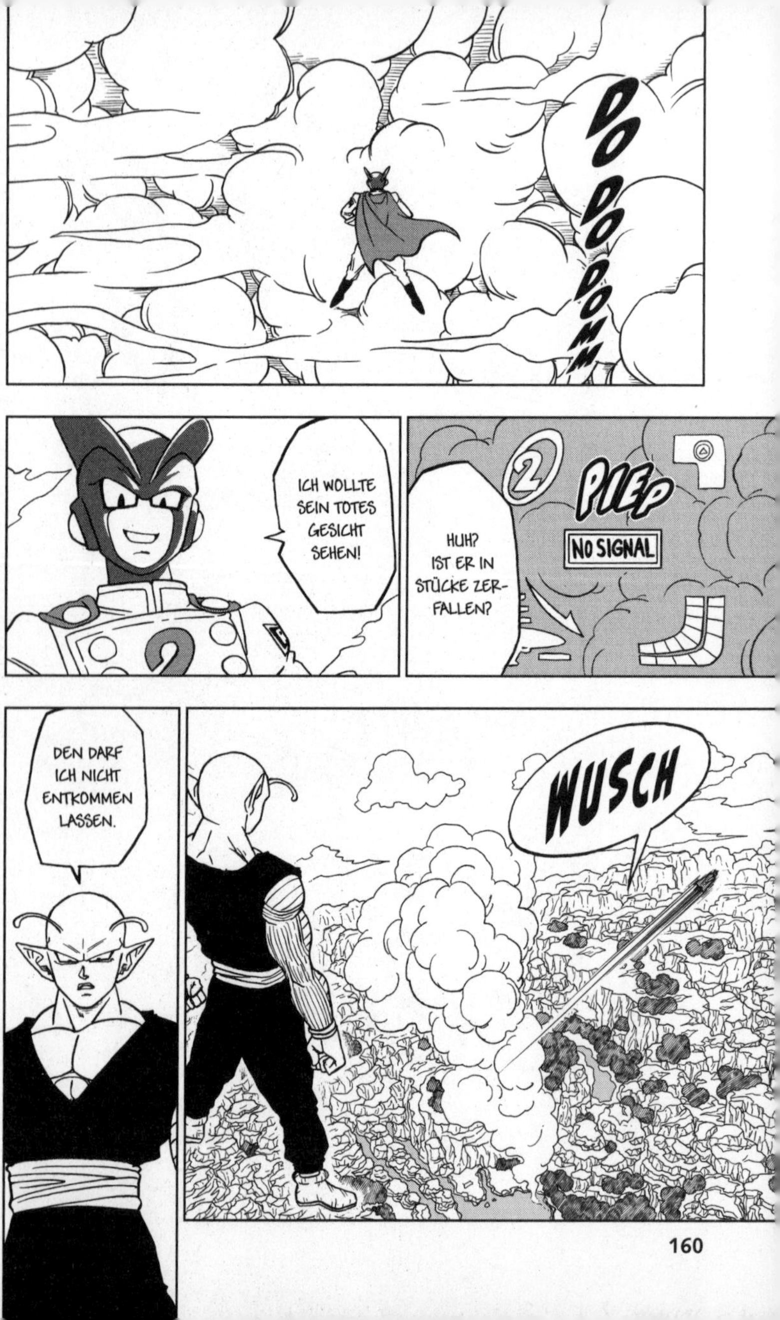
DODODOMM
ICH WOLLTE SEIN TOTES GESICHT SEHEN!
PIEP
NO SIGNAL
HUH? IST ER IN STÜCKE ZERFALLEN?
WUSCH
DEN DARF ICH NICHT ENTKOMMEN LASSEN.

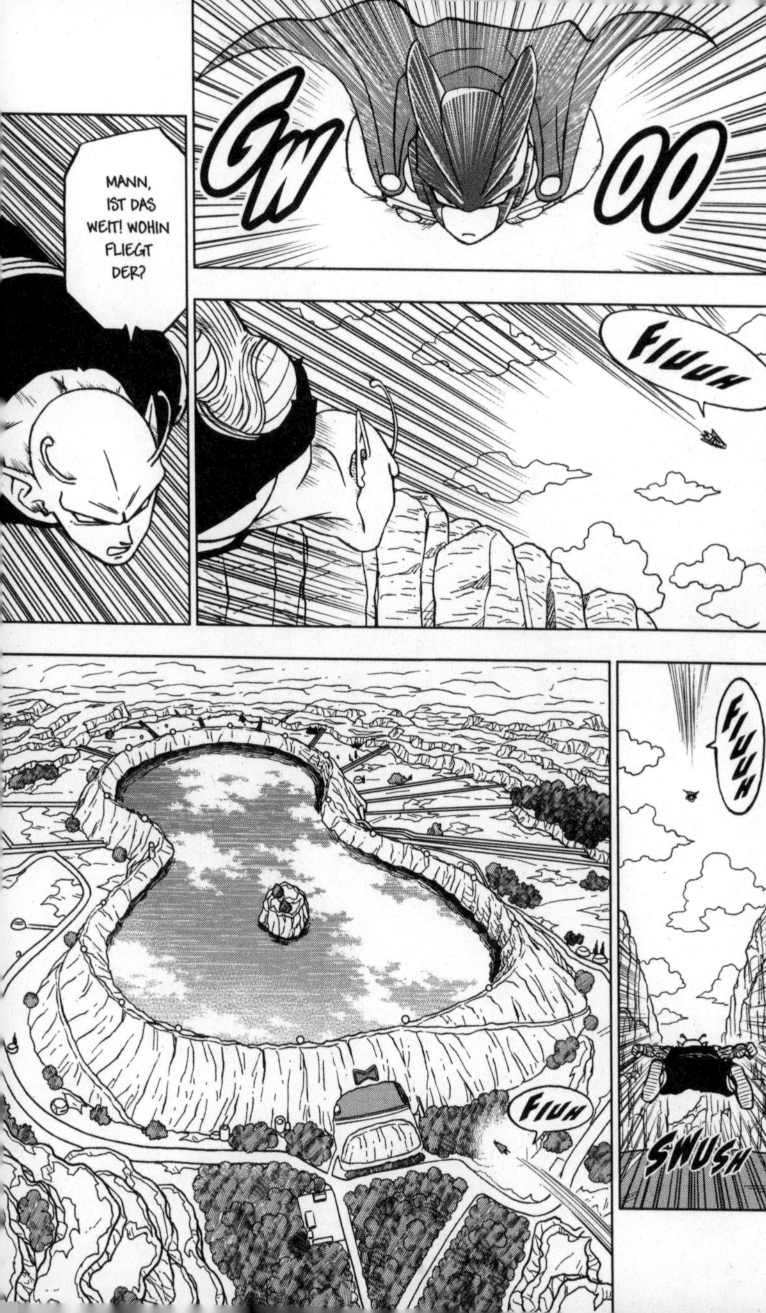
GWOO
MANN, IST DAS WEIT! WOHIN FLIEGT DER?
FIUUH
FIUUH
SWUSH
FIUH

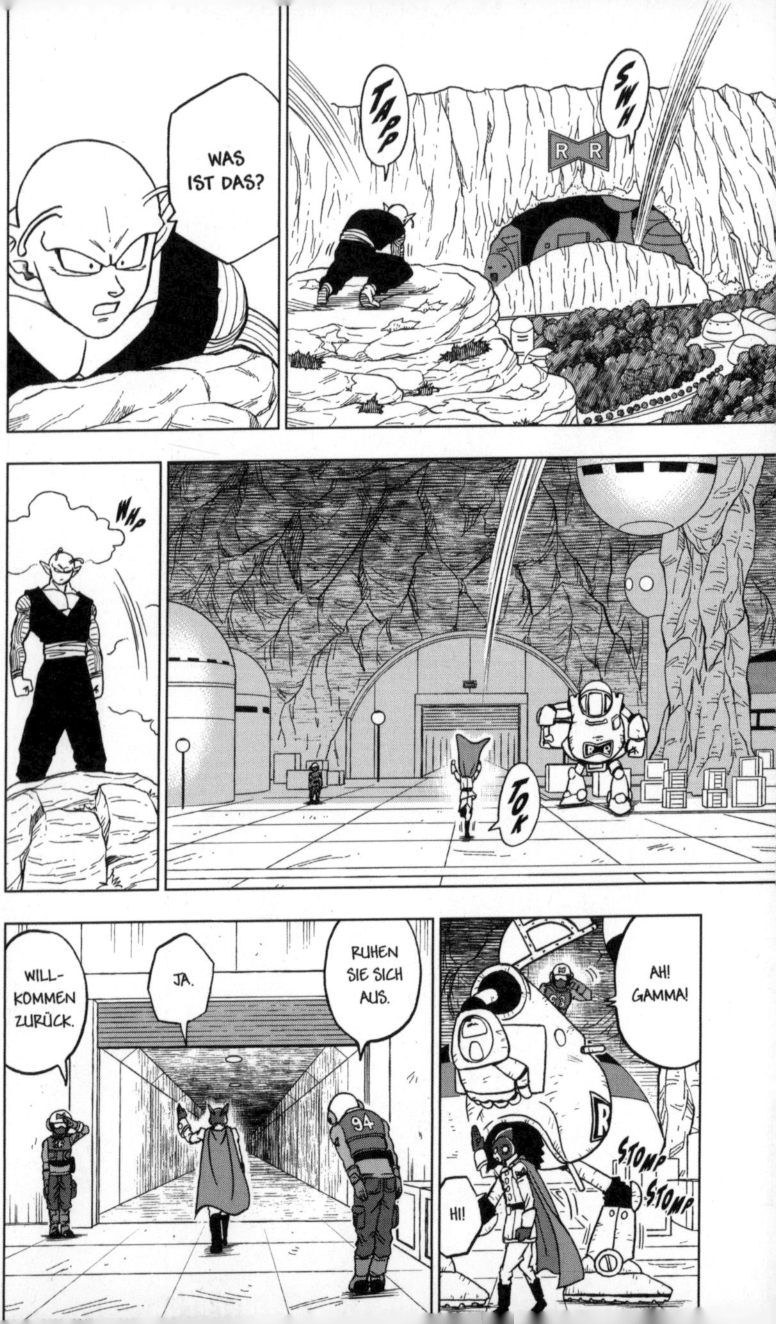
SWH
TAPP
WAS IST DAS?
TOK
WHP
AH! GAMMA!
STOMP
STOMP
HI!
RUHEN SIE SICH AUS.
JA.
WILL-KOMMEN ZURÜCK.

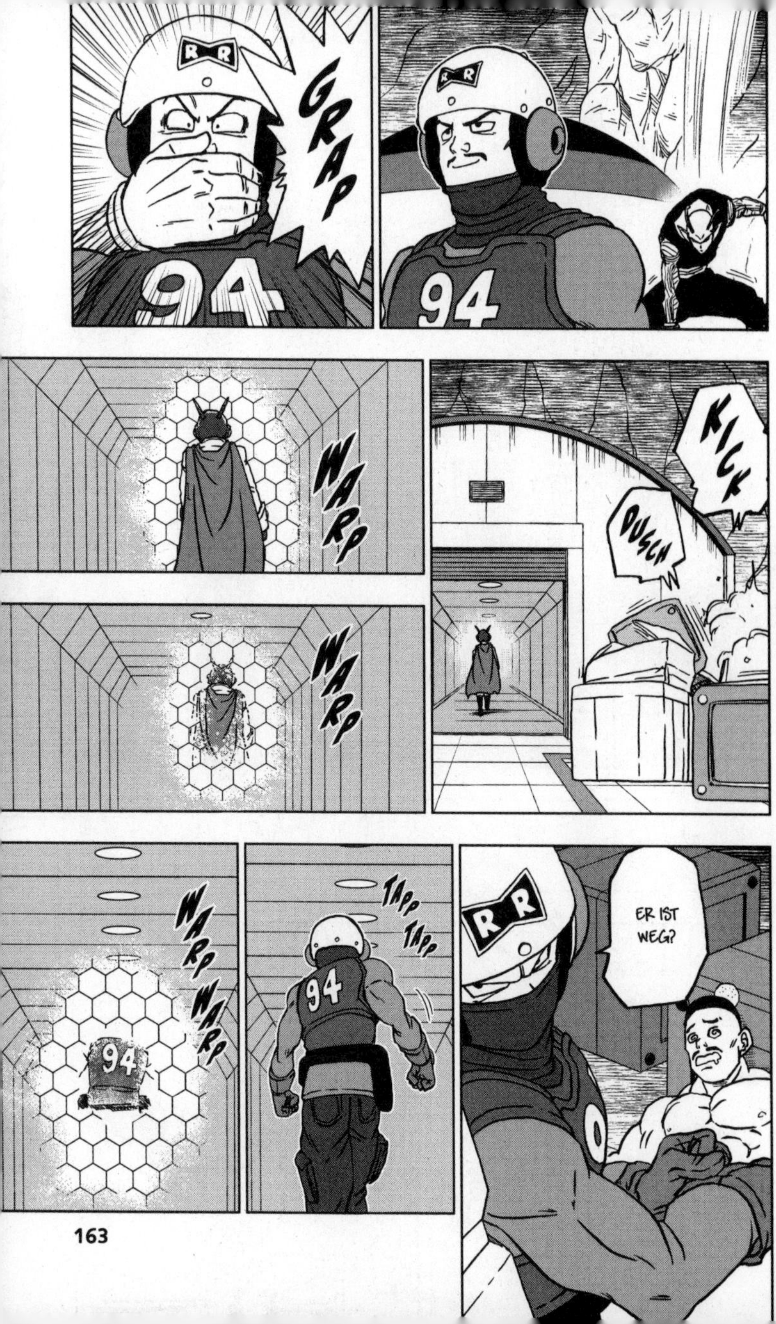

GRAP
KICK
DUSCH
WARP
WARP
ER IST WEG?
TAPP TAPP
WARP WARP WARP

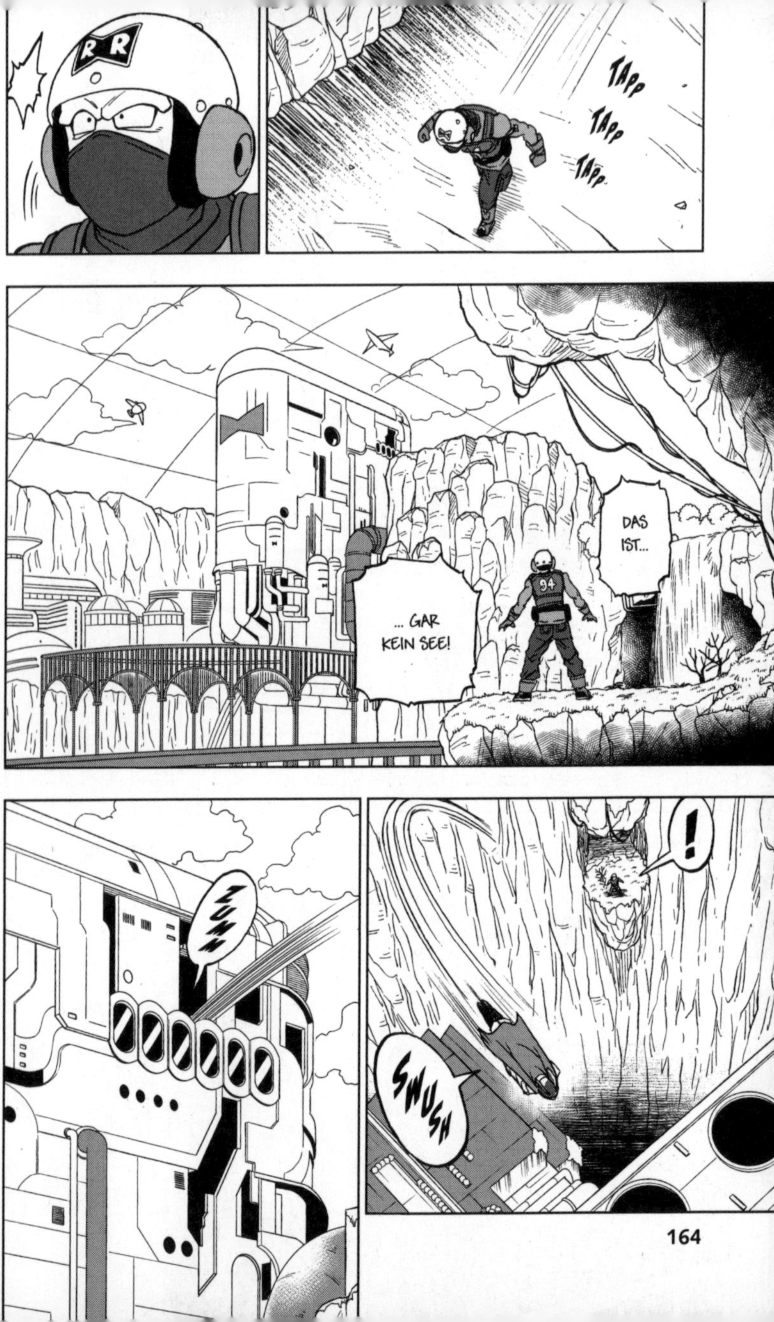
TAPP
TAPP
TAPP
DAS IST...
... GAR KEIN SEE!
!
SWUSH
ZUMM

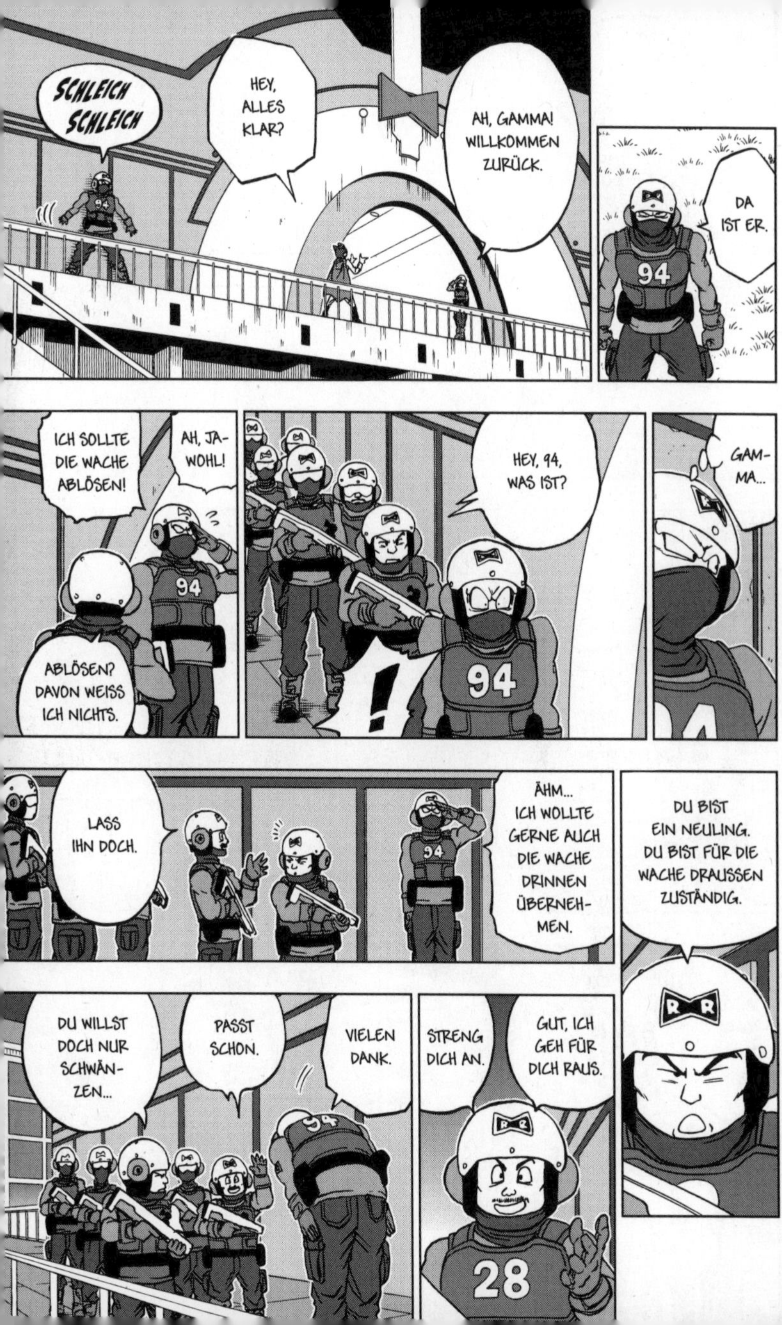
DA IST ER.
AH, GAMMA! WILLKOMMEN ZURÜCK.
HEY, ALLES KLAR?
SCHLEICH SCHLEICH
GAM-MA...
HEY, 94, WAS IST?
!
AH, JA-WOHL!
ICH SOLLTE DIE WACHE ABLÖSEN!
ABLÖSEN? DAVON WEISS ICH NICHTS.
DU BIST EIN NEULING. DU BIST FÜR DIE WACHE DRAUSSEN ZUSTÄNDIG.
ÄHM... ICH WOLLTE GERNE AUCH DIE WACHE DRINNEN ÜBERNEH-MEN.
LASS IHN DOCH.
GUT, ICH GEH FÜR DICH RAUS.
STRENG DICH AN.
VIELEN DANK.
PASST SCHON.
DU WILLST DOCH NUR SCHWÄN-ZEN...

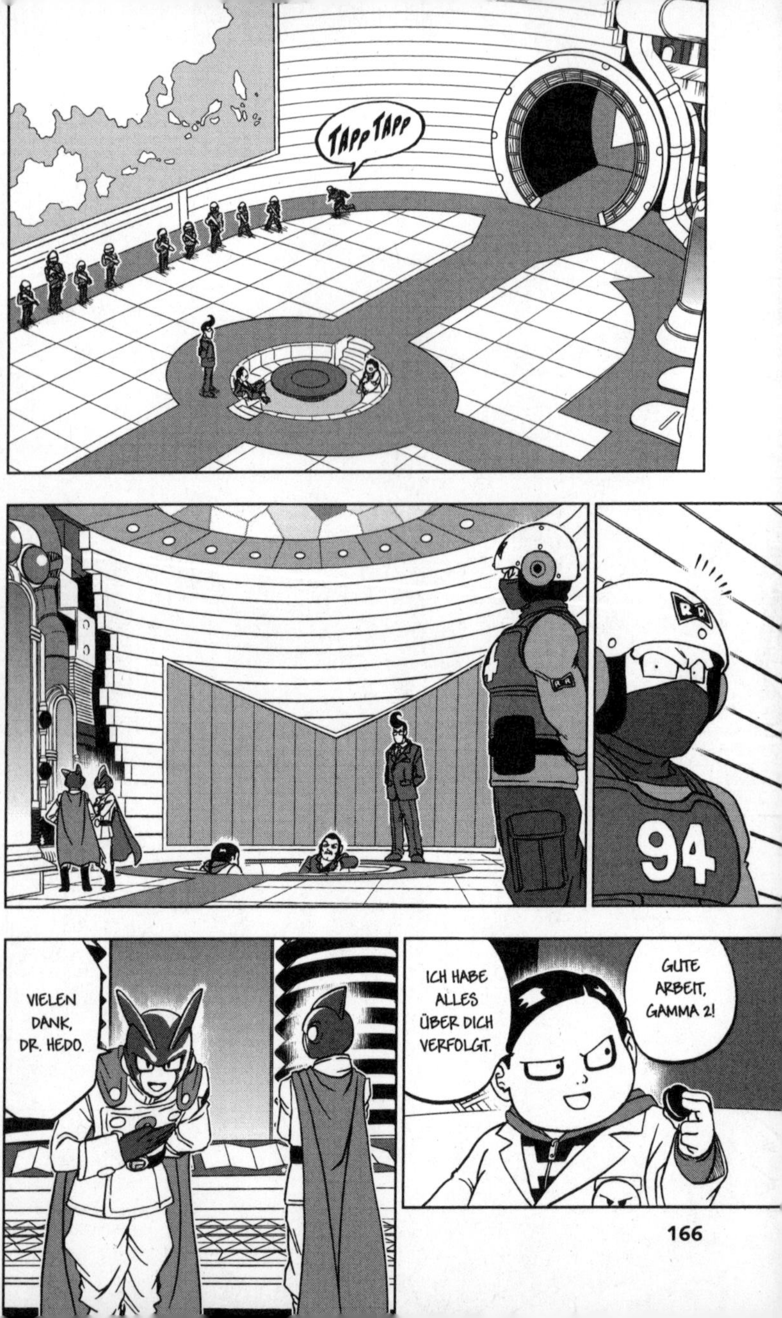
TAPP TAPP
GUTE ARBEIT, GAMMA 2!
ICH HABE ALLES ÜBER DICH VERFOLGT.
VIELEN DANK, DR. HEDO.

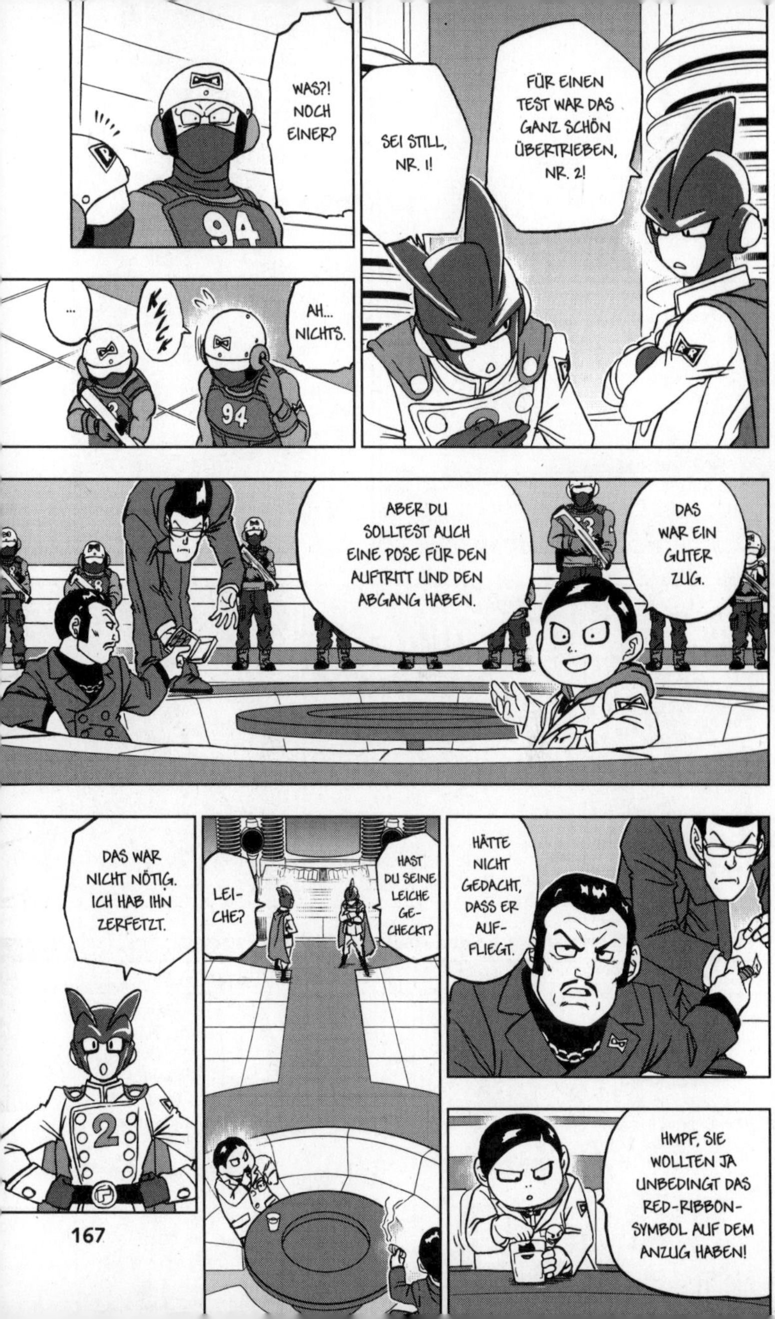
FÜR EINEN TEST WAR DAS GANZ SCHÖN ÜBERTRIEBEN, NR. 2!
SEI STILL, NR. 1!
WAS?! NOCH EINER?
AH... NICHTS.
KLICK
...
DAS WAR EIN GUTER ZUG.
ABER DU SOLLTEST AUCH EINE POSE FÜR DEN AUFTRITT UND DEN ABGANG HABEN.
HÄTTE NICHT GEDACHT, DASS ER AUFFLIEGT.
HAST DU SEINE LEICHE GECHECKT?
LEICHE?
DAS WAR NICHT NÖTIG. ICH HAB IHN ZERFETZT.
HMPF, SIE WOLLTEN JA UNBEDINGT DAS RED-RIBBON-SYMBOL AUF DEM ANZUG HABEN!

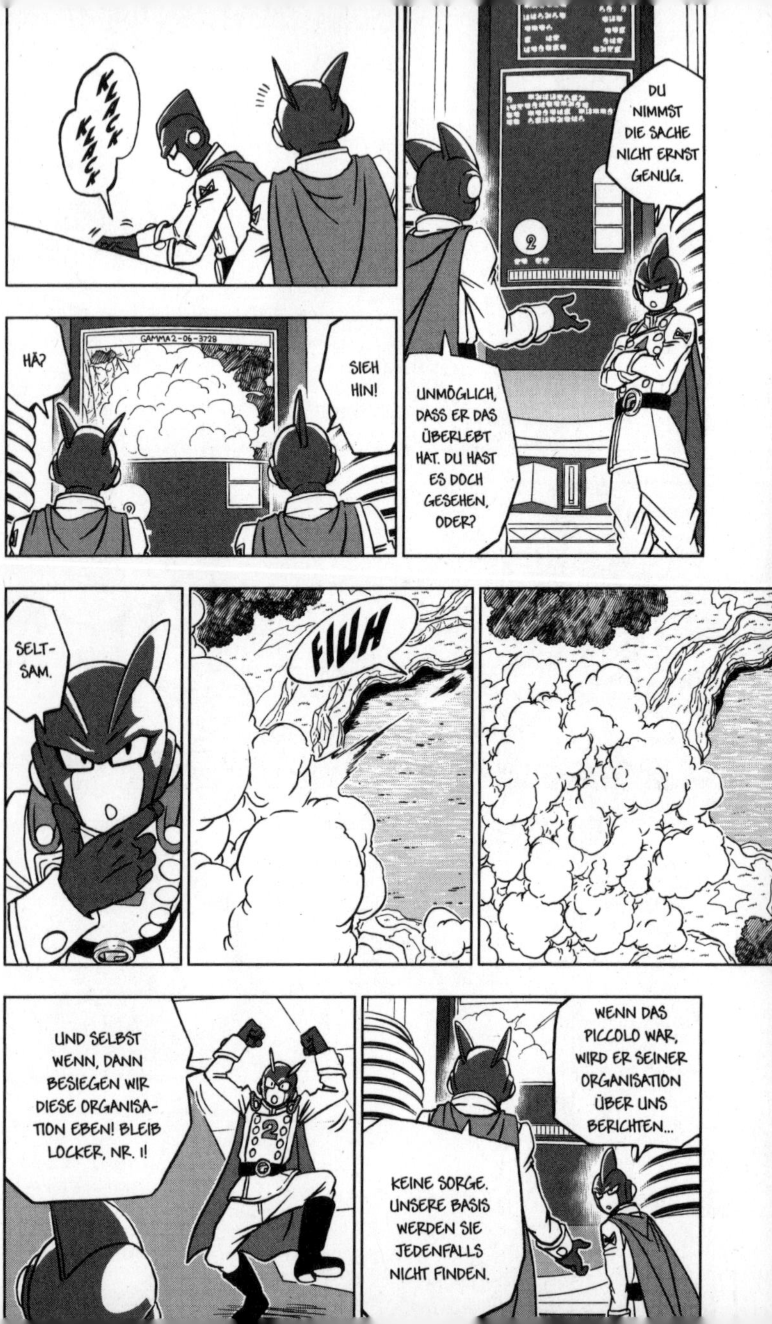
DU NIMMST DIE SACHE NICHT ERNST GENUG.
UNMÖGLICH, DASS ER DAS ÜBERLEBT HAT. DU HAST ES DOCH GESEHEN, ODER?
KLACK KLACK
GAMMA 2-06-3728
SIEH HIN!
HÄ?
FIUH
SELT-SAM.
WENN DAS PICCOLO WAR, WIRD ER SEINER ORGANISATION ÜBER UNS BERICHTEN...
KEINE SORGE. UNSERE BASIS WERDEN SIE JEDENFALLS NICHT FINDEN.
UND SELBST WENN, DANN BESIEGEN WIR DIESE ORGANISA-TION EBEN! BLEIB LOCKER, NR. 1!

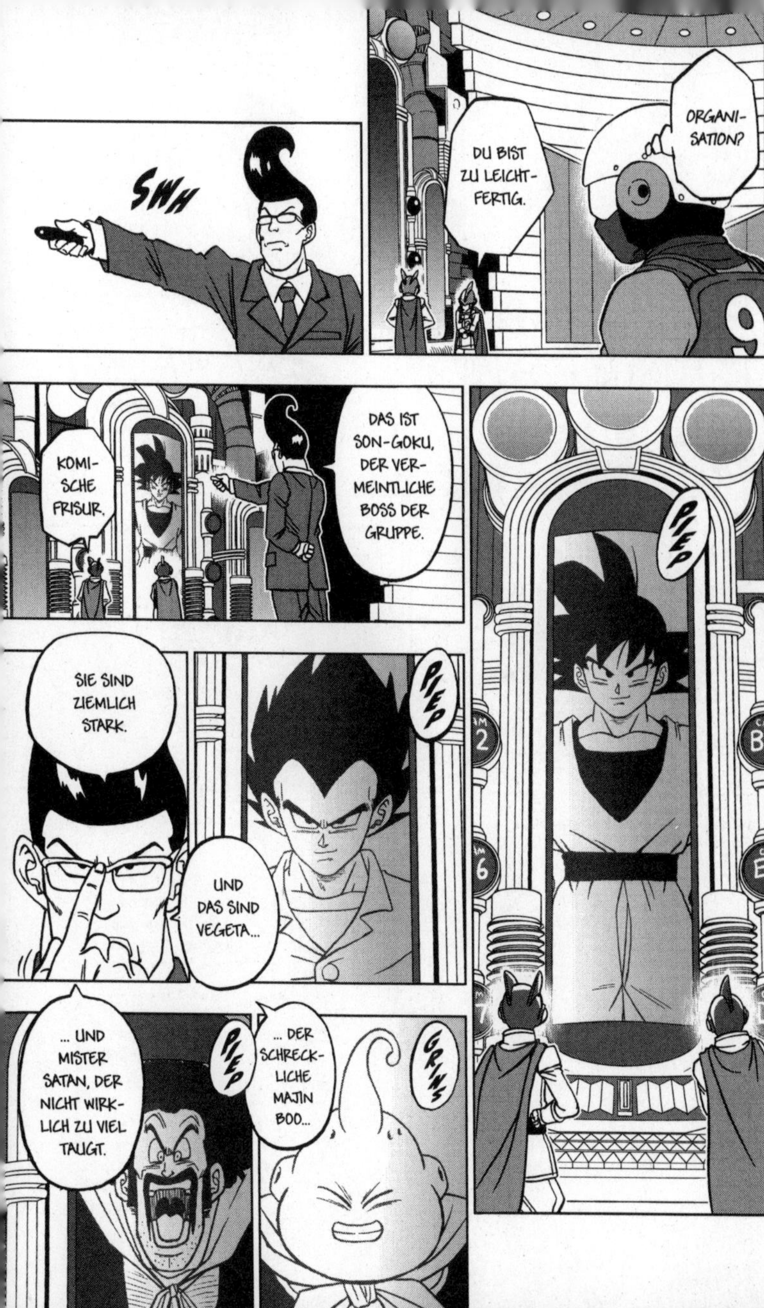
ORGANI-
SATION?
DU BIST
ZU LEICHT-
FERTIG.
SWH
DAS IST
SON-GOKU,
DER VER-
MEINTLICHE
BOSS DER
GRUPPE.
KOMI-
SCHE
FRISUR.
PIEP
PIEP
SIE SIND
ZIEMLICH
STARK.
UND
DAS SIND
VEGETA...
GRINS
... DER
SCHRECK-
LICHE
MAJIN
BOO...
PIEP
... UND
MISTER
SATAN, DER
NICHT WIRK-
LICH ZU VIEL
TAUGT.

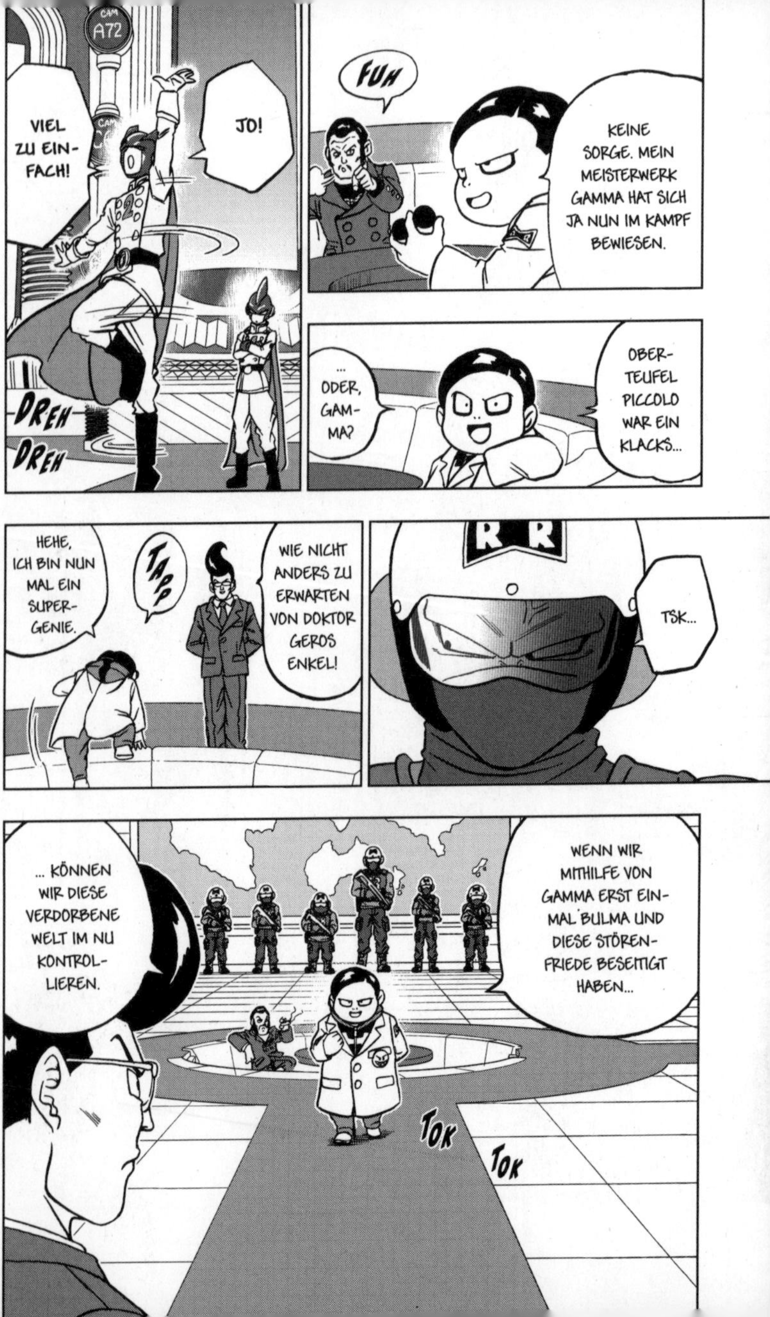
VIEL ZU EIN-FACH!
JO!
DREH
DREH
FUH
KEINE SORGE. MEIN MEISTERWERK GAMMA HAT SICH JA NUN IM KAMPF BEWIESEN.
... ODER, GAM-MA?
OBER-TEUFEL PICCOLO WAR EIN KLACKS...
HEHE, ICH BIN NUN MAL EIN SUPER-GENIE.
TAPP
WIE NICHT ANDERS ZU ERWARTEN VON DOKTOR GEROS ENKEL!
TSK...
WENN WIR MITHILFE VON GAMMA ERST EIN-MAL BULMA UND DIESE STÖREN-FRIEDE BESEITIGT HABEN...
... KÖNNEN WIR DIESE VERDORBENE WELT IM NU KONTROL-LIEREN.
TOK
TOK

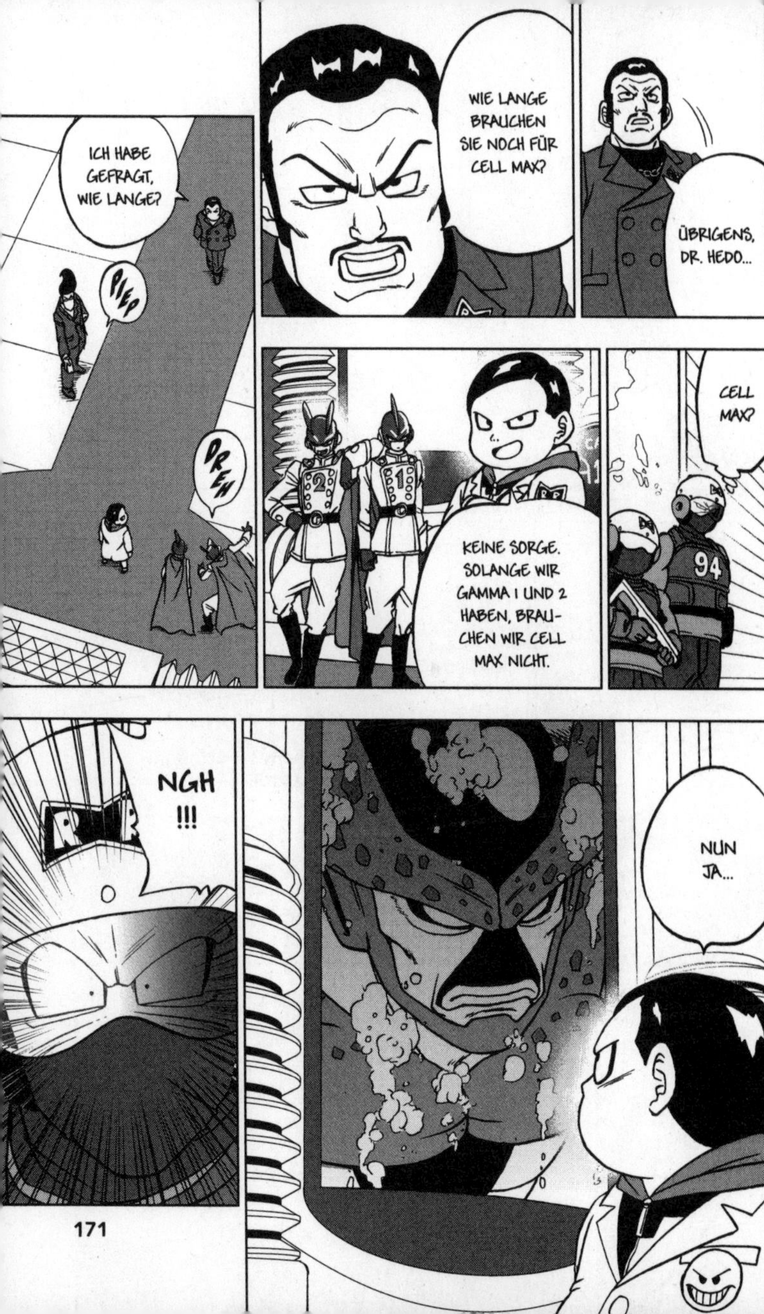
ÜBRIGENS, DR. HEDO...
WIE LANGE BRAUCHEN SIE NOCH FÜR CELL MAX?
ICH HABE GEFRAGT, WIE LANGE?
PIEP
DREH
CELL MAX?
KEINE SORGE. SOLANGE WIR GAMMA 1 UND 2 HABEN, BRAUCHEN WIR CELL MAX NICHT.
94
NUN JA...
NGH !!!

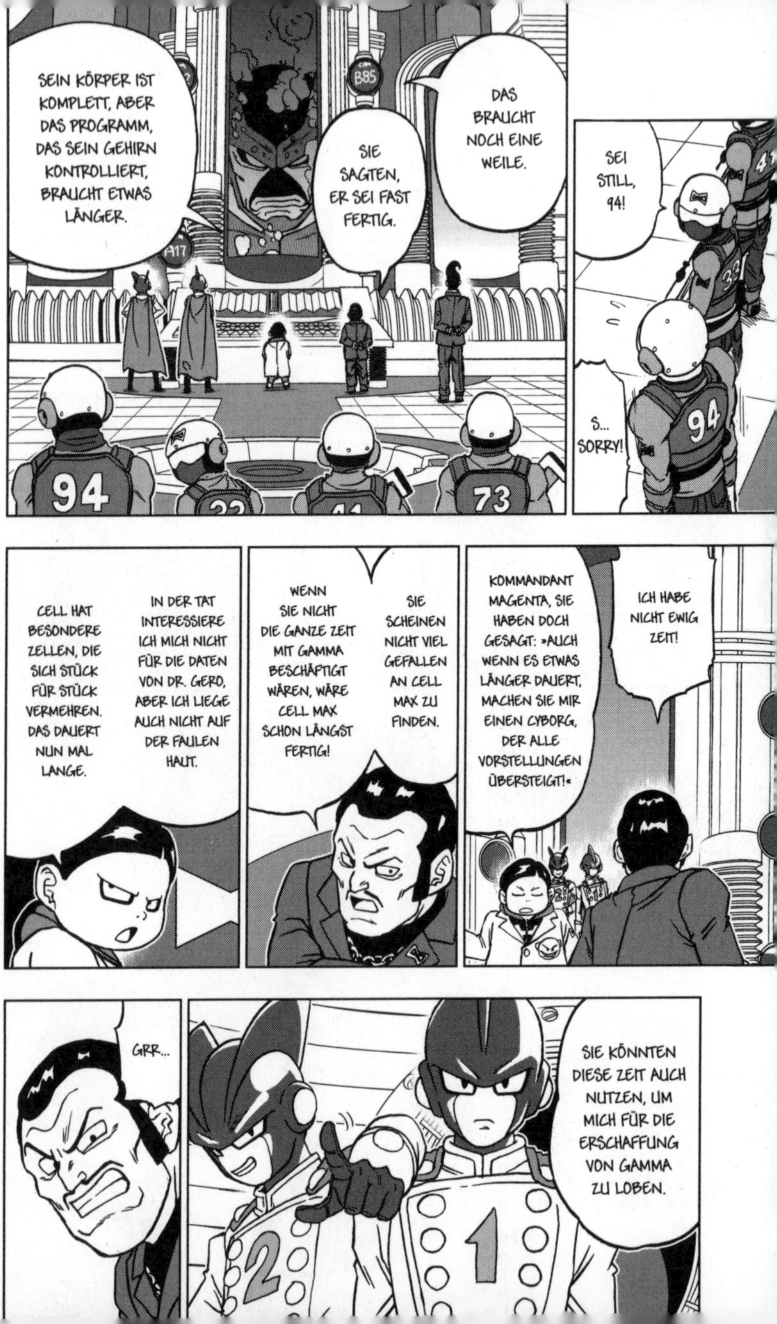
DAS BRAUCHT NOCH EINE WEILE.
SIE SAGTEN, ER SEI FAST FERTIG.
SEIN KÖRPER IST KOMPLETT, ABER DAS PROGRAMM, DAS SEIN GEHIRN KONTROLLIERT, BRAUCHT ETWAS LÄNGER.
B85
A17
94
73
SEI STILL, 94!
S... SORRY!
94
ICH HABE NICHT EWIG ZEIT!
KOMMANDANT MAGENTA, SIE HABEN DOCH GESAGT: »AUCH WENN ES ETWAS LÄNGER DAUERT, MACHEN SIE MIR EINEN CYBORG, DER ALLE VORSTELLUNGEN ÜBERSTEIGT!«
SIE SCHEINEN NICHT VIEL GEFALLEN AN CELL MAX ZU FINDEN.
WENN SIE NICHT DIE GANZE ZEIT MIT GAMMA BESCHÄFTIGT WÄREN, WÄRE CELL MAX SCHON LÄNGST FERTIG!
IN DER TAT INTERESSIERE ICH MICH NICHT FÜR DIE DATEN VON DR. GERO, ABER ICH LIEGE AUCH NICHT AUF DER FAULEN HAUT.
CELL HAT BESONDERE ZELLEN, DIE SICH STÜCK FÜR STÜCK VERMEHREN. DAS DAUERT NUN MAL LANGE.
SIE KÖNNTEN DIESE ZEIT AUCH NUTZEN, UM MICH FÜR DIE ERSCHAFFUNG VON GAMMA ZU LOBEN.
GRR...

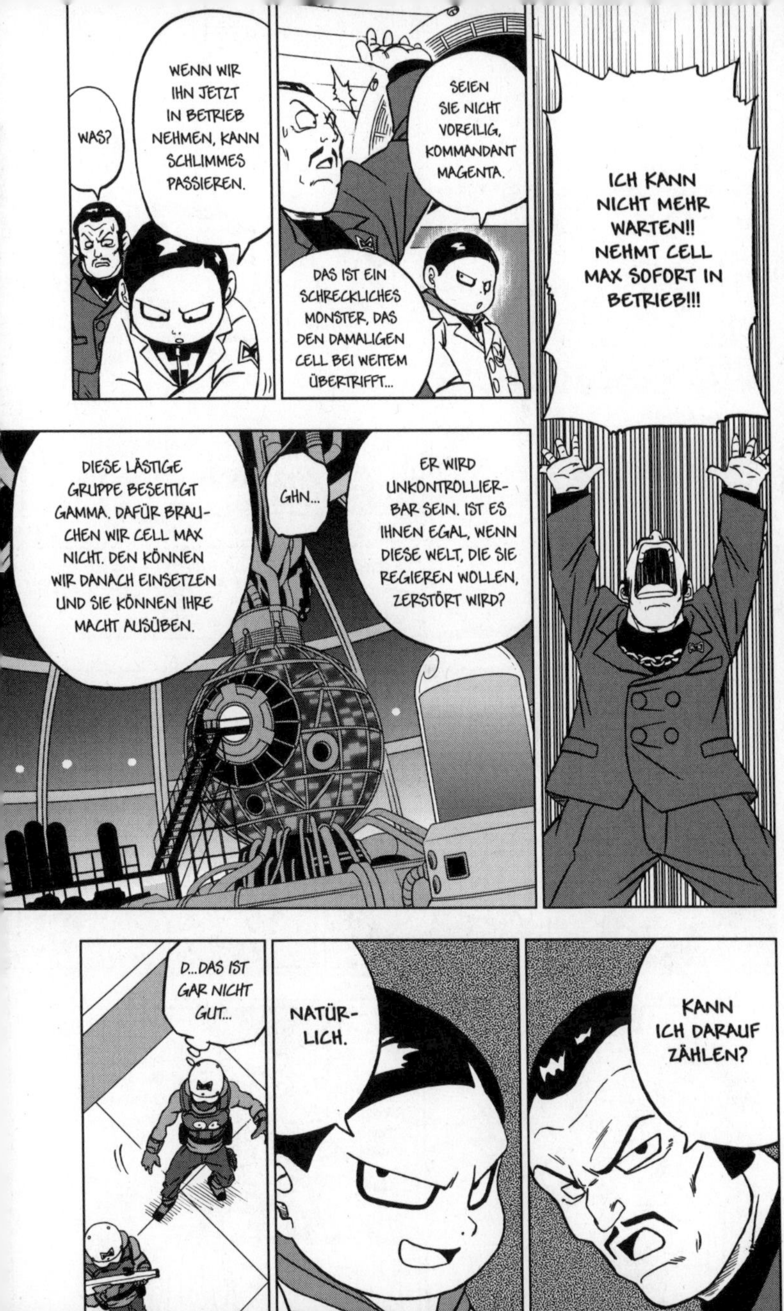
ICH KANN NICHT MEHR WARTEN!! NEHMT CELL MAX SOFORT IN BETRIEB!!!
SEIEN SIE NICHT VOREILIG, KOMMANDANT MAGENTA.
DAS IST EIN SCHRECKLICHES MONSTER, DAS DEN DAMALIGEN CELL BEI WEITEM ÜBERTRIFFT...
WENN WIR IHN JETZT IN BETRIEB NEHMEN, KANN SCHLIMMES PASSIEREN.
WAS?
ER WIRD UNKONTROLLIER-BAR SEIN. IST ES IHNEN EGAL, WENN DIESE WELT, DIE SIE REGIEREN WOLLEN, ZERSTÖRT WIRD?
GHN...
DIESE LÄSTIGE GRUPPE BESEITIGT GAMMA. DAFÜR BRAU-CHEN WIR CELL MAX NICHT. DEN KÖNNEN WIR DANACH EINSETZEN UND SIE KÖNNEN IHRE MACHT AUSÜBEN.
KANN ICH DARAUF ZÄHLEN?
NATÜR-LICH.
D...DAS IST GAR NICHT GUT...

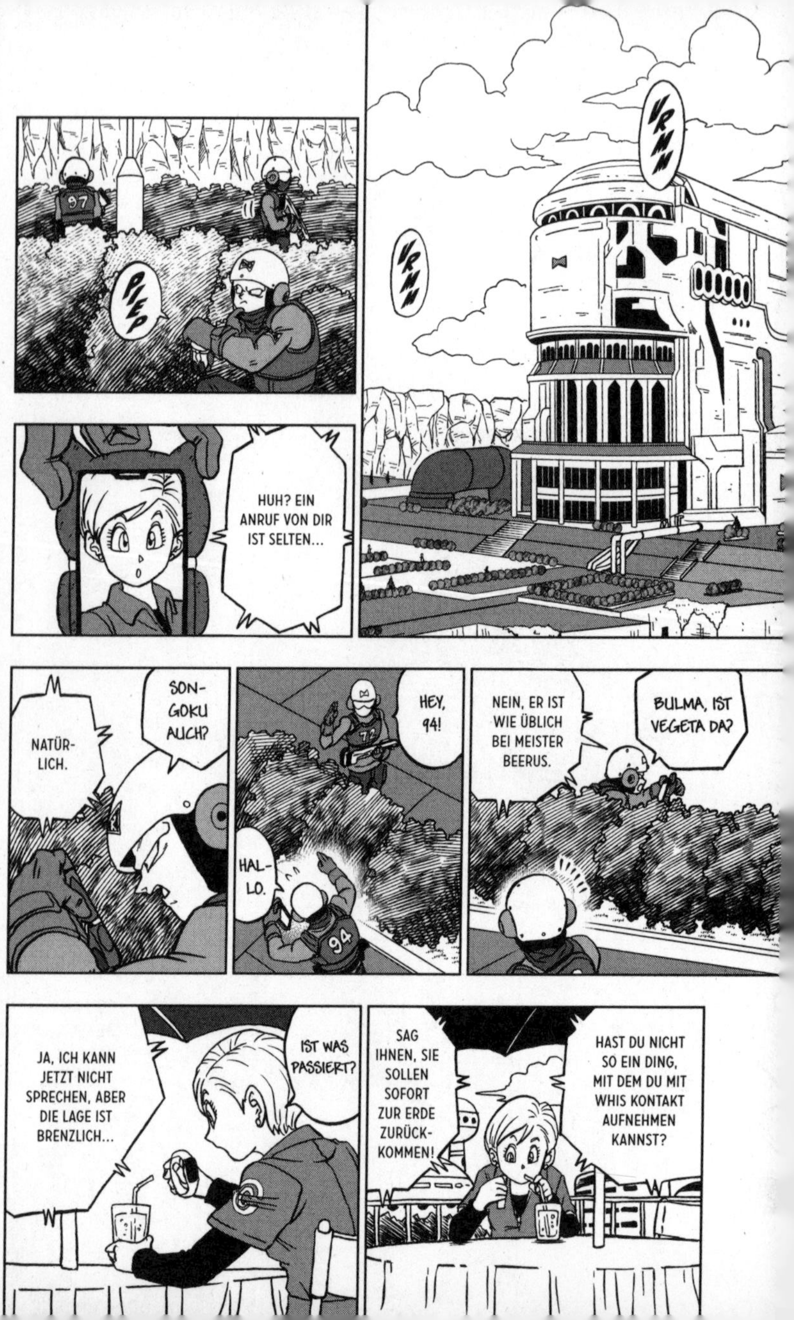
URMM
URMM
PIEP
HUH? EIN ANRUF VON DIR IST SELTEN…
BULMA, IST VEGETA DA?
NEIN, ER IST WIE ÜBLICH BEI MEISTER BEERUS.
HEY, 94!
HAL-LO.
SON-GOKU AUCH?
NATÜR-LICH.
HAST DU NICHT SO EIN DING, MIT DEM DU MIT WHIS KONTAKT AUFNEHMEN KANNST?
SAG IHNEN, SIE SOLLEN SOFORT ZUR ERDE ZURÜCK-KOMMEN!
IST WAS PASSIERT?
JA, ICH KANN JETZT NICHT SPRECHEN, ABER DIE LAGE IST BRENZLICH…

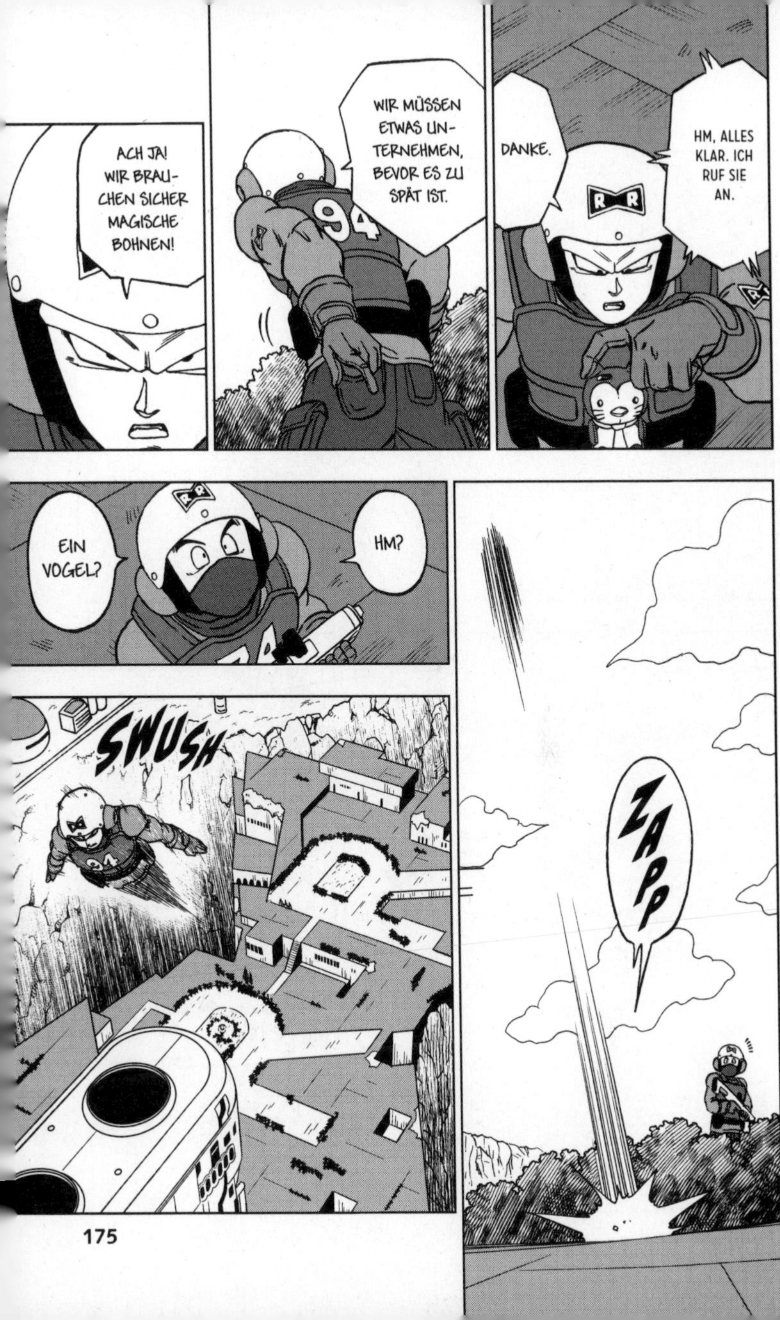

HM, ALLES KLAR. ICH RUF SIE AN.
DANKE.
WIR MÜSSEN ETWAS UNTERNEHMEN, BEVOR ES ZU SPÄT IST.
ACH JA! WIR BRAUCHEN SICHER MAGISCHE BOHNEN!
ZAPP
HM?
EIN VOGEL?
SWUSH

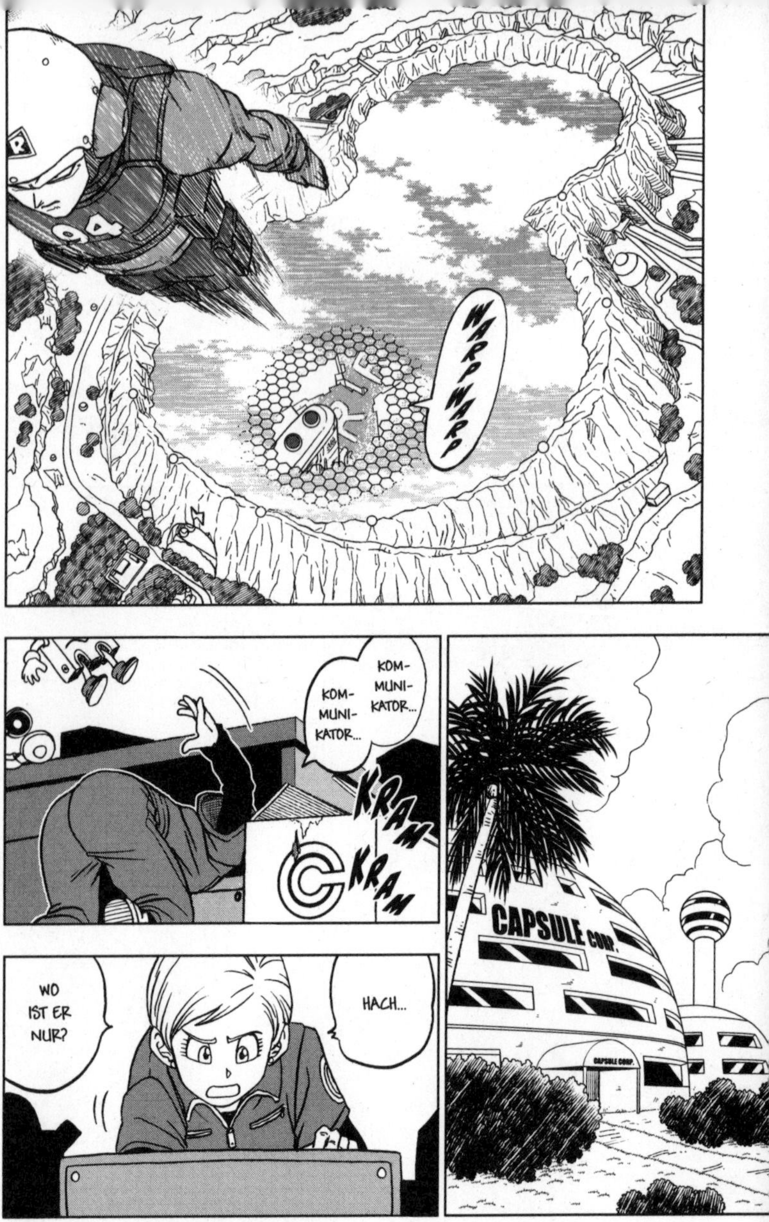
WARPWARP
CAPSULE CORP.
CAPSULE CORP.
KOM-MUNI-KATOR...
KOM-MUNI-KATOR...
KRAM KRAM
KRAM
HACH...
WO IST ER NUR?

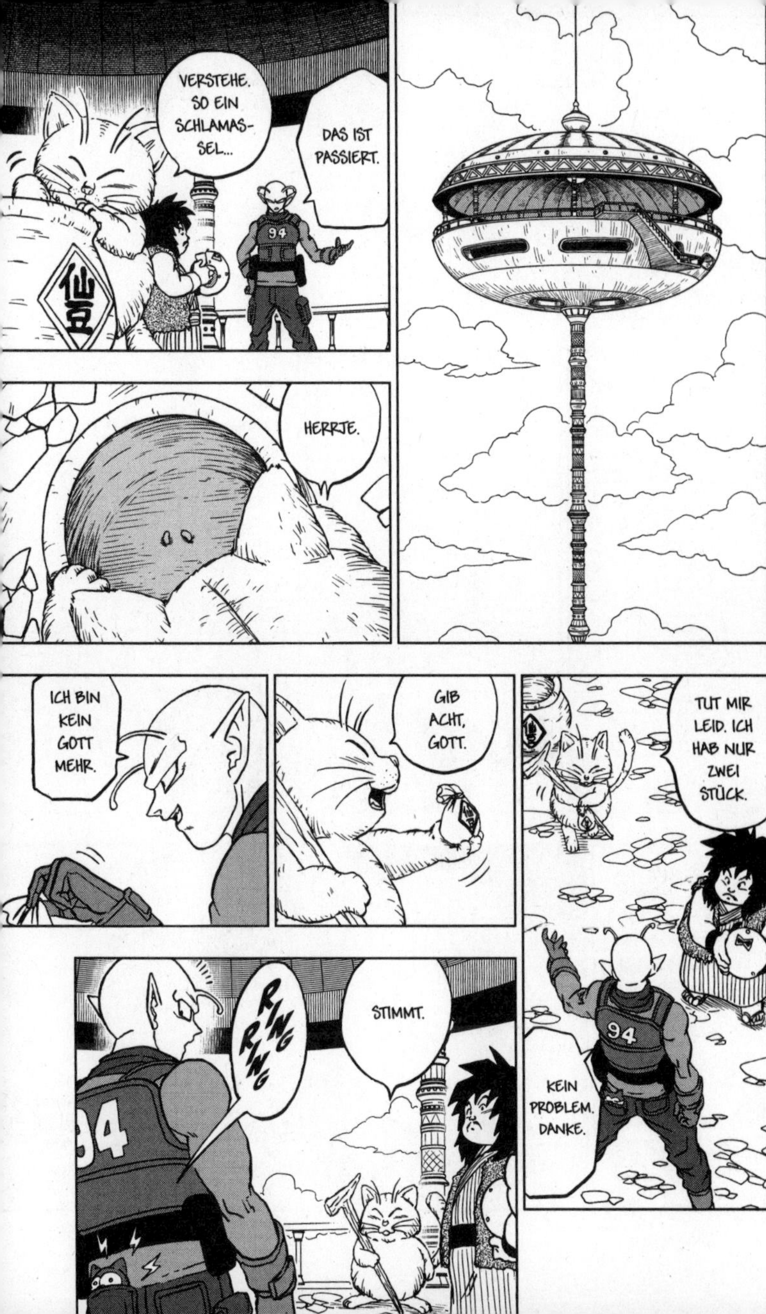
DAS IST PASSIERT.
VERSTEHE. SO EIN SCHLAMASSEL...
HERRJE.
TUT MIR LEID. ICH HAB NUR ZWEI STÜCK.
KEIN PROBLEM. DANKE.
GIB ACHT, GOTT.
ICH BIN KEIN GOTT MEHR.
STIMMT.
RING RING

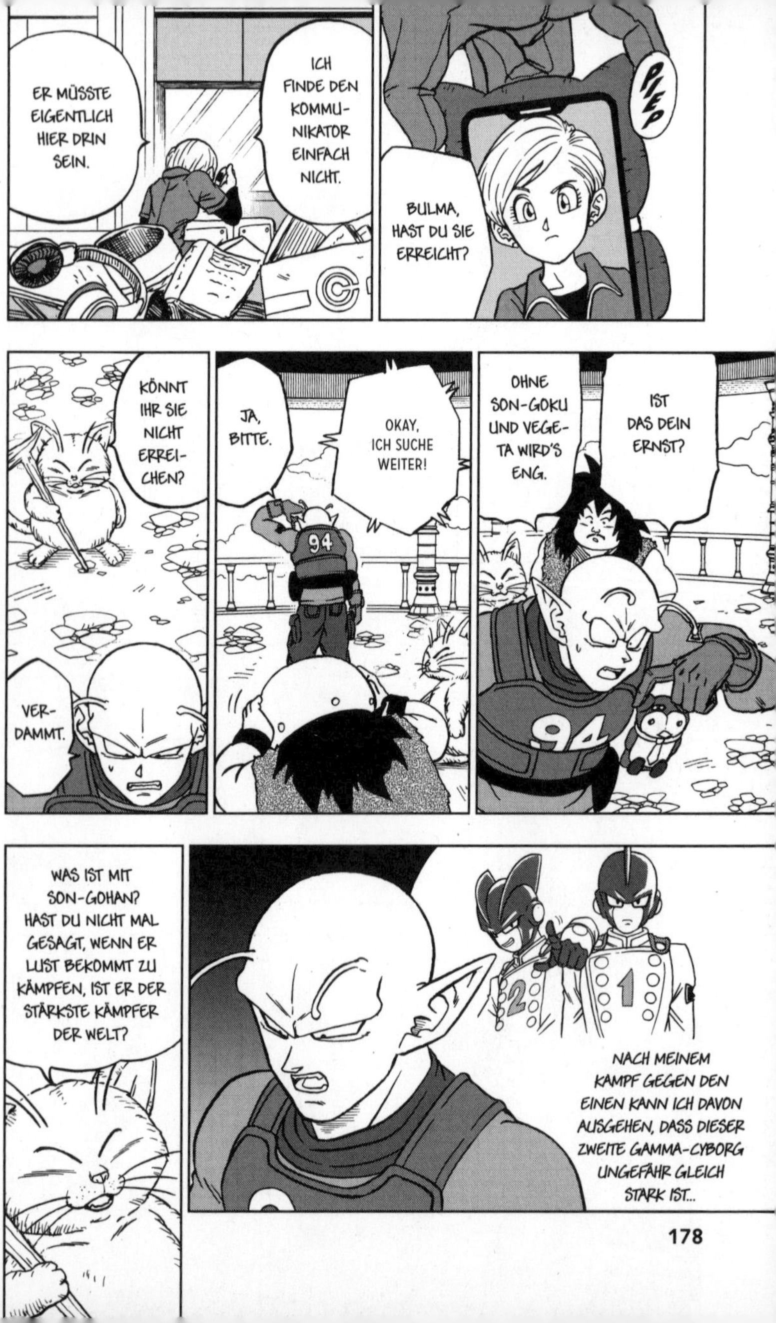
PIEP
BULMA, HAST DU SIE ERREICHT?
ICH FINDE DEN KOMMUNIKATOR EINFACH NICHT.
ER MÜSSTE EIGENTLICH HIER DRIN SEIN.
IST DAS DEIN ERNST?
OHNE SON-GOKU UND VEGETA WIRD'S ENG.
OKAY, ICH SUCHE WEITER!
JA, BITTE.
KÖNNT IHR SIE NICHT ERREICHEN?
VERDAMMT.
NACH MEINEM KAMPF GEGEN DEN EINEN KANN ICH DAVON AUSGEHEN, DASS DIESER ZWEITE GAMMA-CYBORG UNGEFÄHR GLEICH STARK IST...
WAS IST MIT SON-GOHAN? HAST DU NICHT MAL GESAGT, WENN ER LUST BEKOMMT ZU KÄMPFEN, IST ER DER STÄRKSTE KÄMPFER DER WELT?

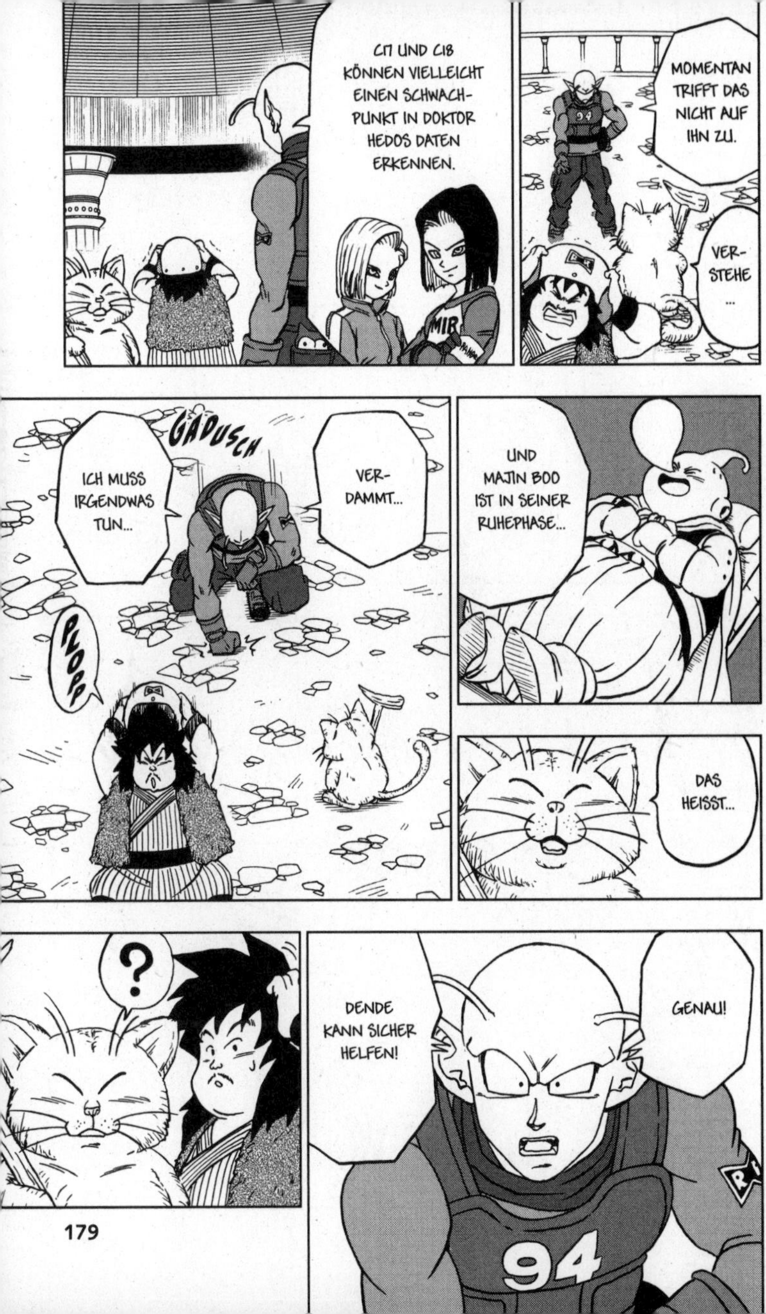
C17 UND C18 KÖNNEN VIELLEICHT EINEN SCHWACH-PUNKT IN DOKTOR HEDOS DATEN ERKENNEN.
MOMENTAN TRIFFT DAS NICHT AUF IHN ZU.
VER-STEHE ...
UND MAJIN BOO IST IN SEINER RUHEPHASE...
VER-DAMMT...
GADUSCH
ICH MUSS IRGENDWAS TUN...
PLOPP
DAS HEISST...
GENAU!
DENDE KANN SICHER HELFEN!
?

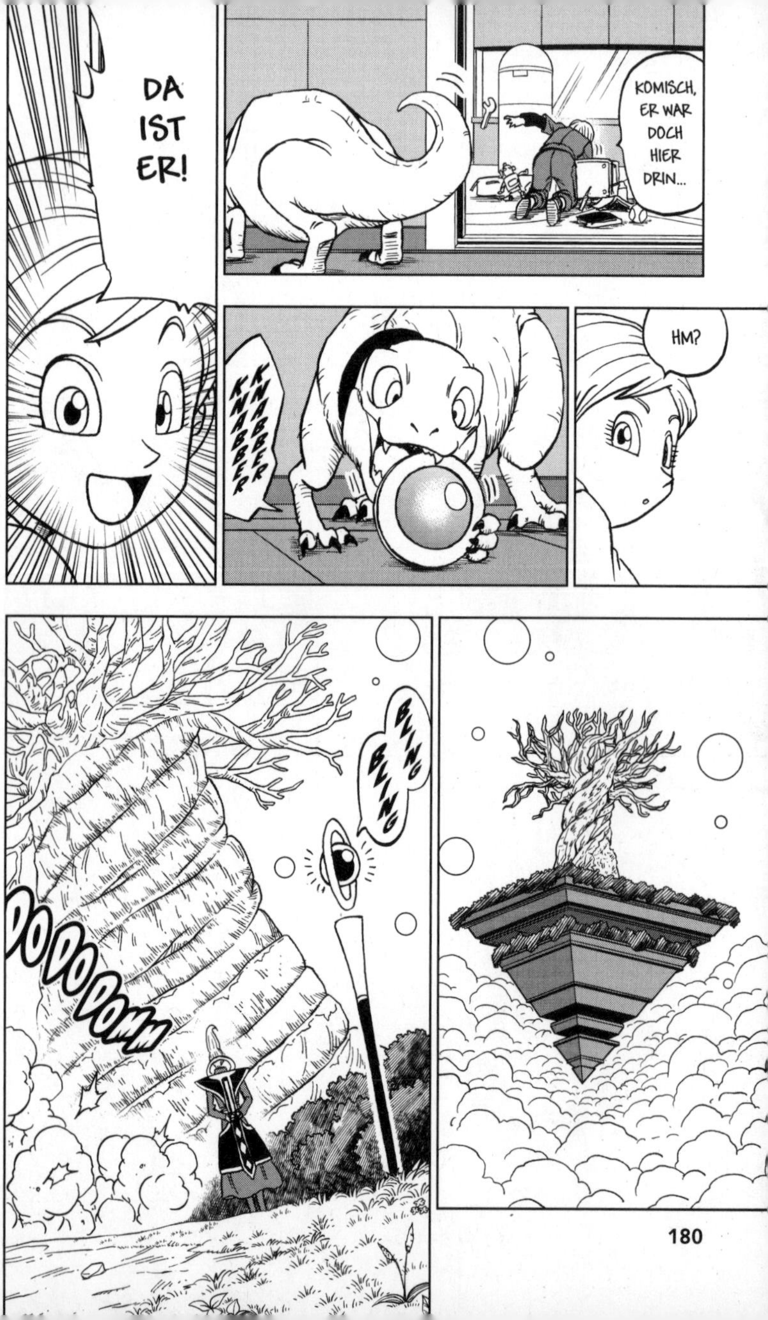
KOMISCH, ER WAR DOCH HIER DRIN...
DA IST ER!
HM?
KNABBER KNABBER
BLING BLING
DODODOMM

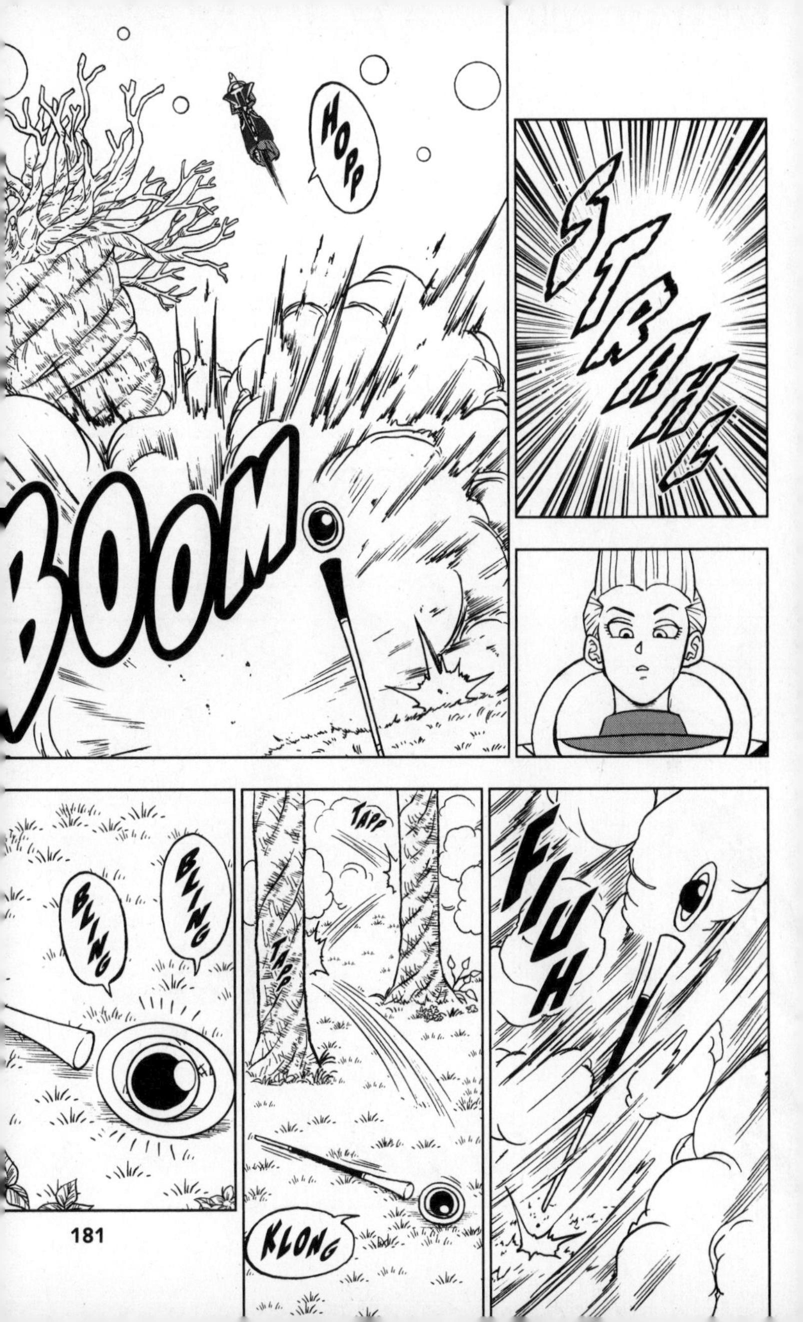
STRAHL
HOPP
BOOM
FIUH
TAPP
TAPP
KLONG
BLING
BLING

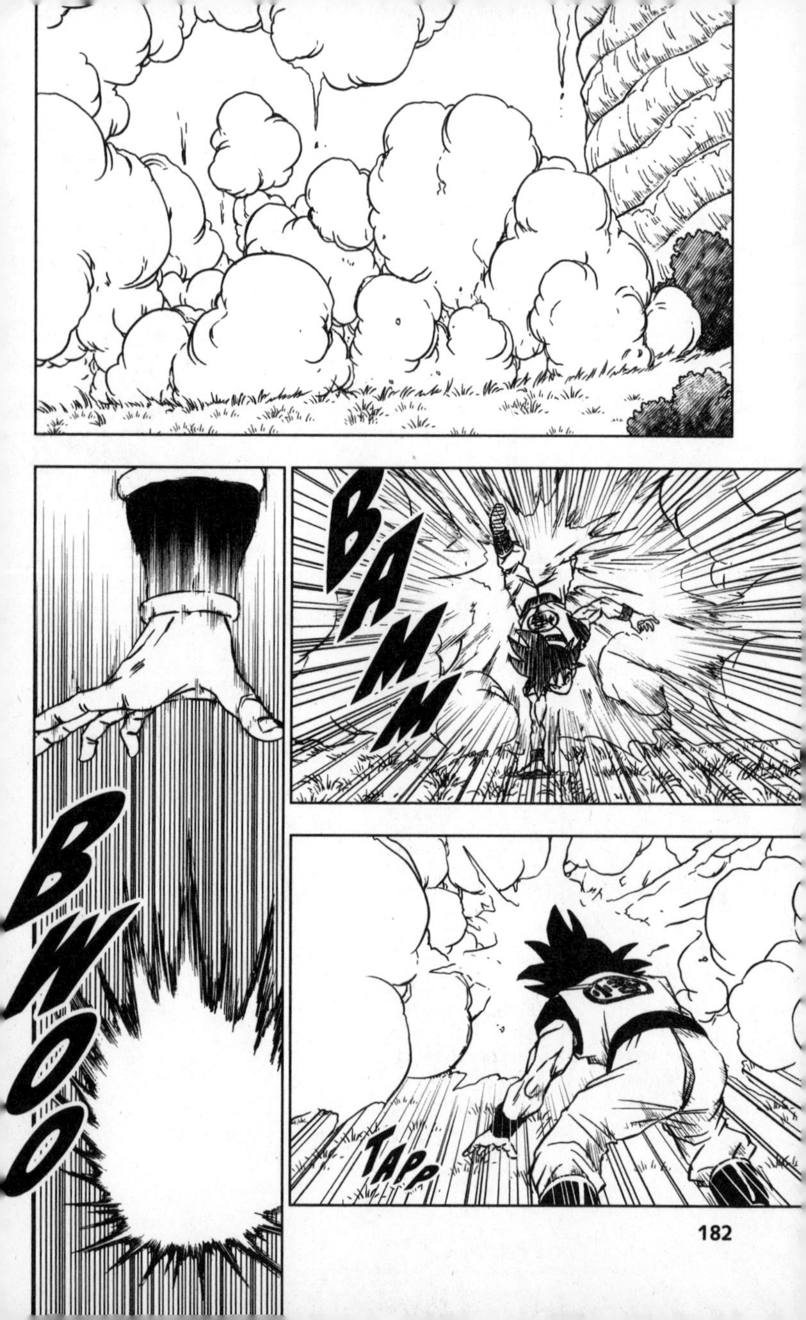
BAMM
TAPP
BWOOO

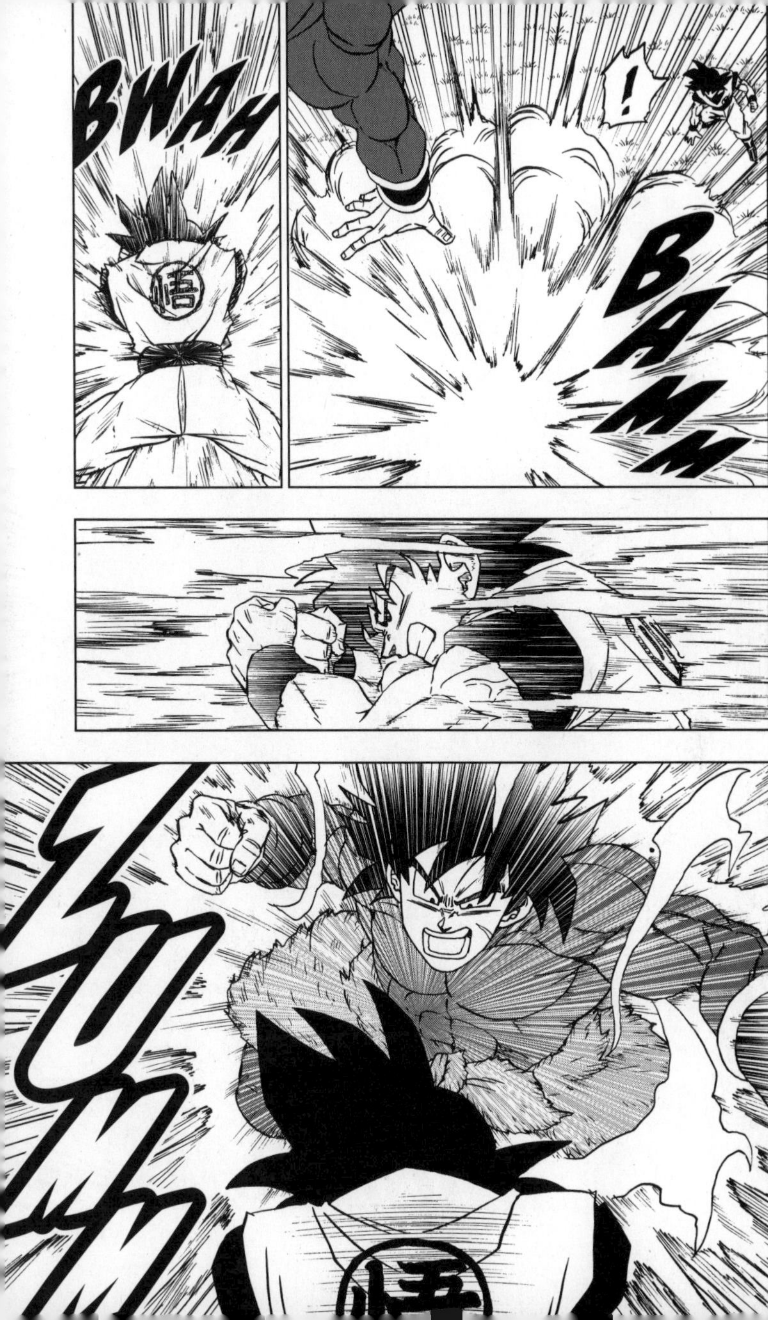
BWAH
!
BAMM

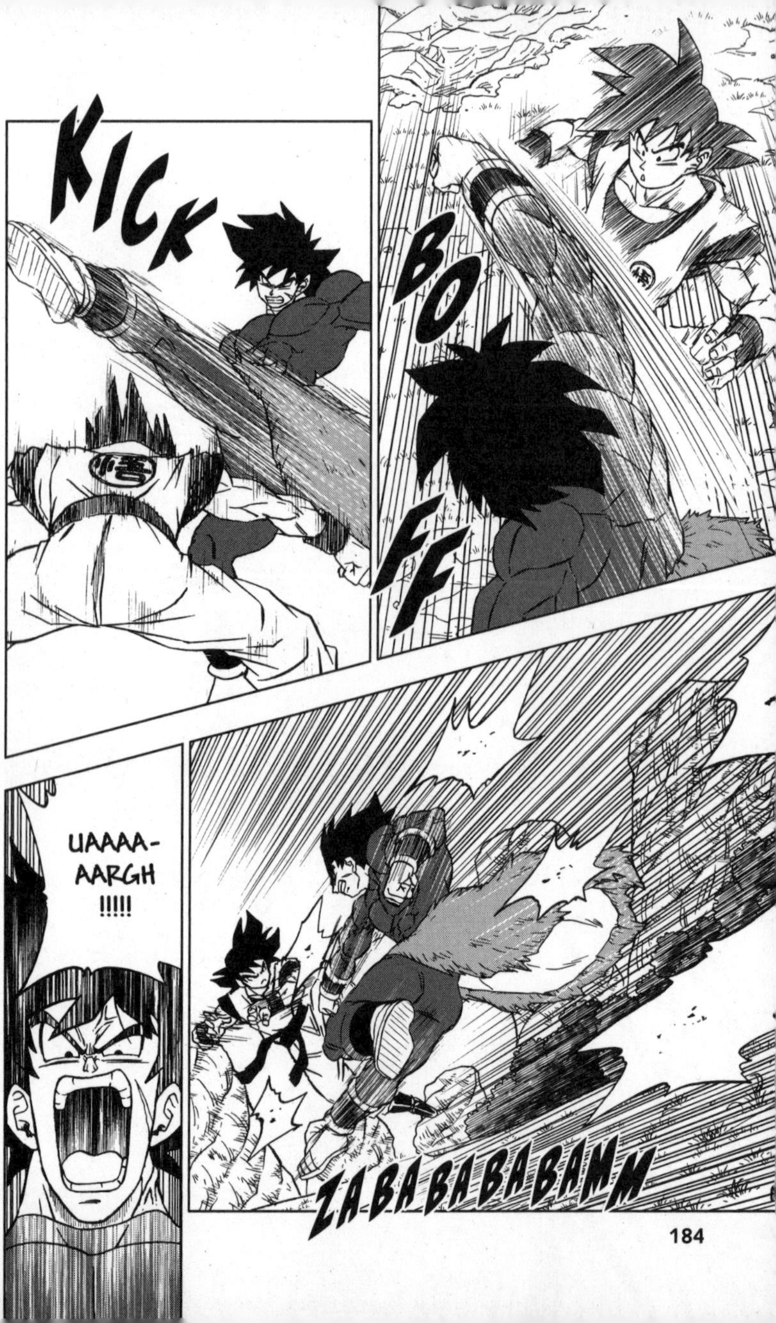
KICK
BOFFF
UAAAA-
AARGH
!!!!!
ZABABABABAMM

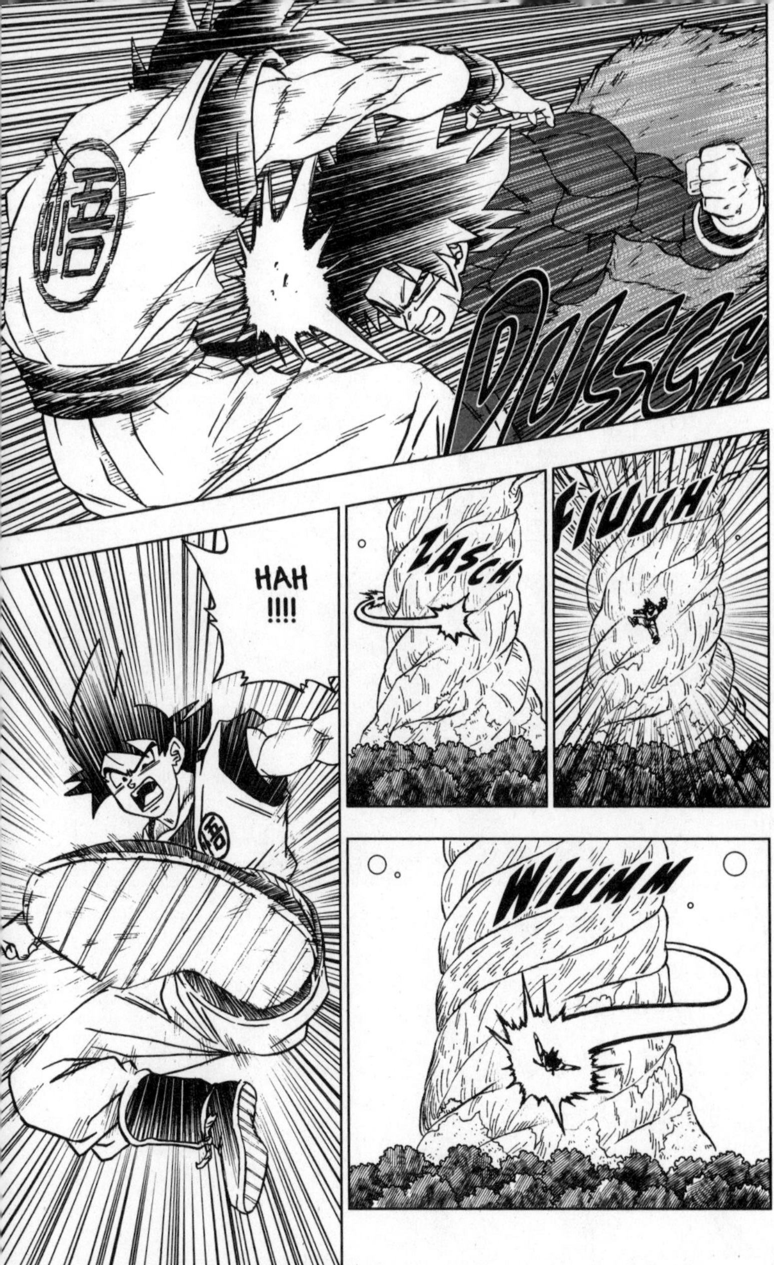
DUSCH
FIUUH
ZASCH
HAH !!!!!
WIUMM

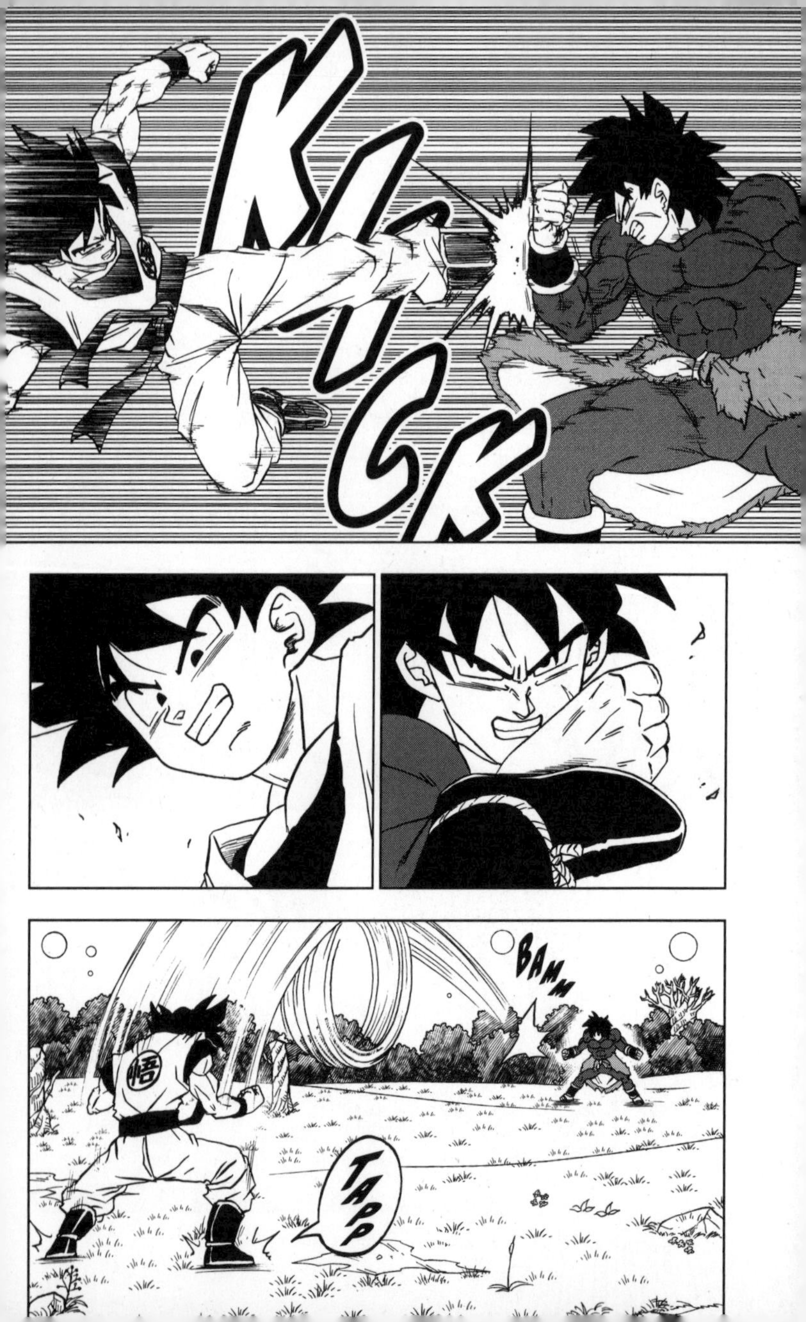

KLACK
BAMM
TAPP

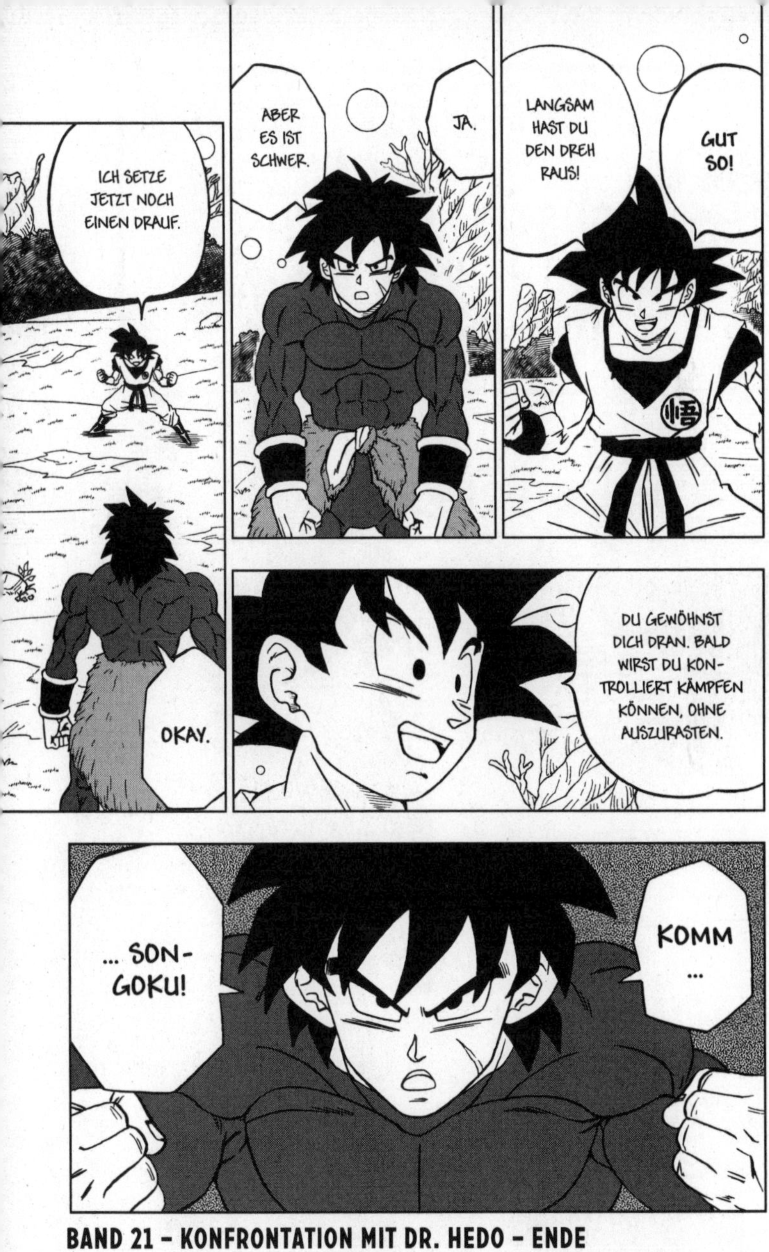

BAND 21 – KONFRONTATION MIT DR. HEDO – ENDE

DRAGON BALL SUPER SUPERHELDEN-SAGA

VORGESCHICHTE

VORSTELLUNG DER DESIGNS VON AKIRA TORIYAMA-SENSEI!!

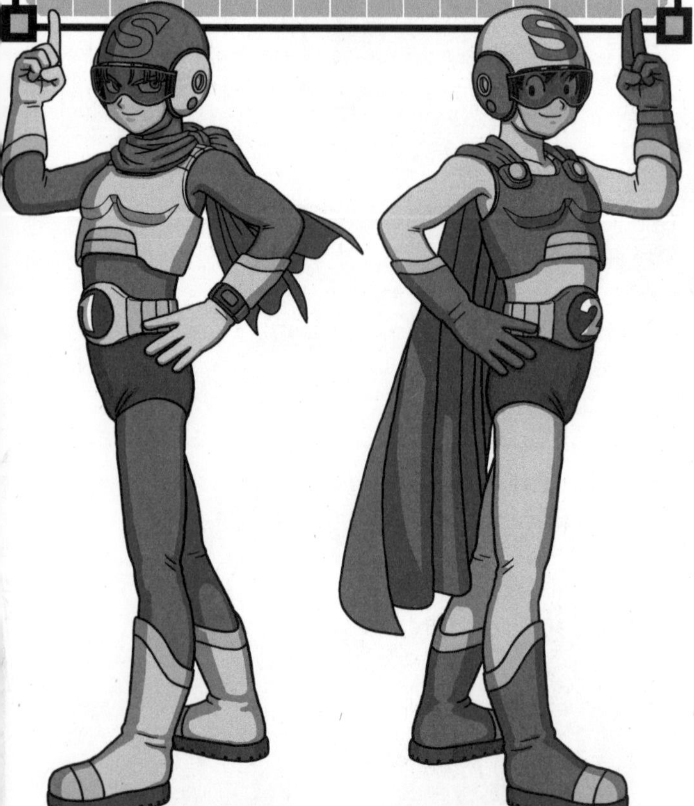

SAIYAMAN X1

SAIYAMAN X2

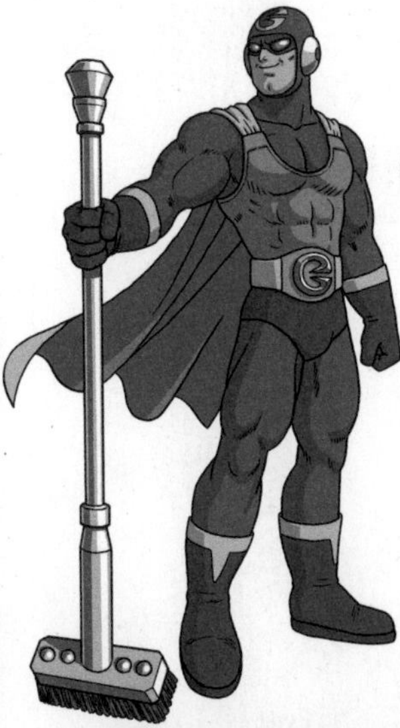

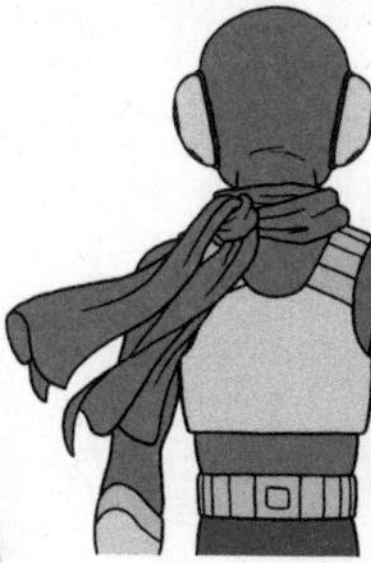

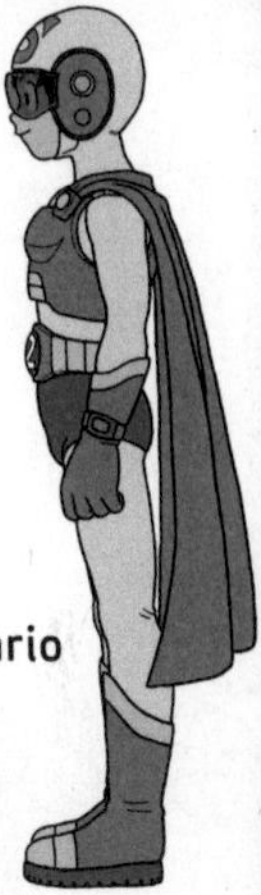

Clean God

Toriyama-Senseis Szenario

Clean God ist Trunks' und Son-Gotens Lieblingsheld aus einem Sci-Fi-Action-Spiel. Er kämpft mit dem Satz »Ich beseitige das Böse dieser Welt!« und einem goldenen Schrubber gegen Übeltäter und Außerirdische. Mit Unterstützung einiger Enthusiasten entstand daraus ein Anime, aber die meisten kennen ihn nicht. Auch die Realverfilmung ist eher ein B-Movie und war nur in wenigen Kinos zu sehen, aber wahre Fans sind begeistert davon!

Toriyama-Senseis Korrektur

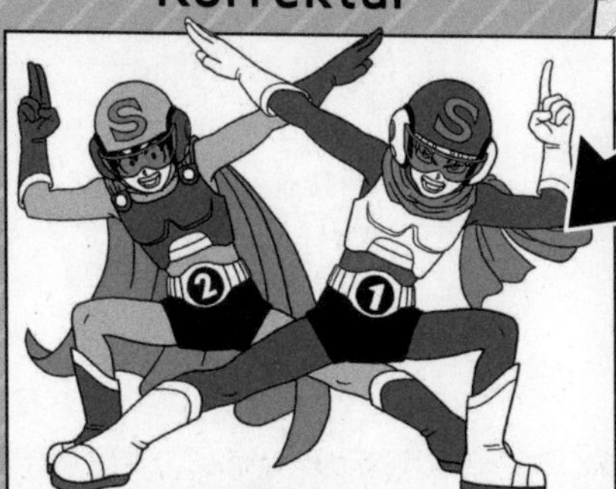

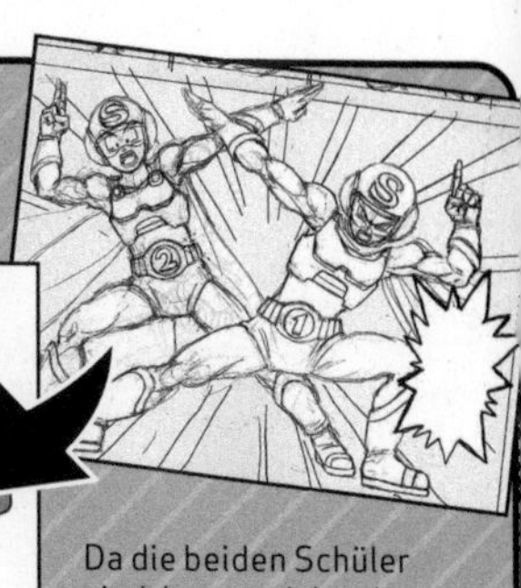

Da die beiden Schüler sind, hat er mich gebeten, die Muskeln etwas geringer zu halten und sie eher schlank erscheinen zu lassen.

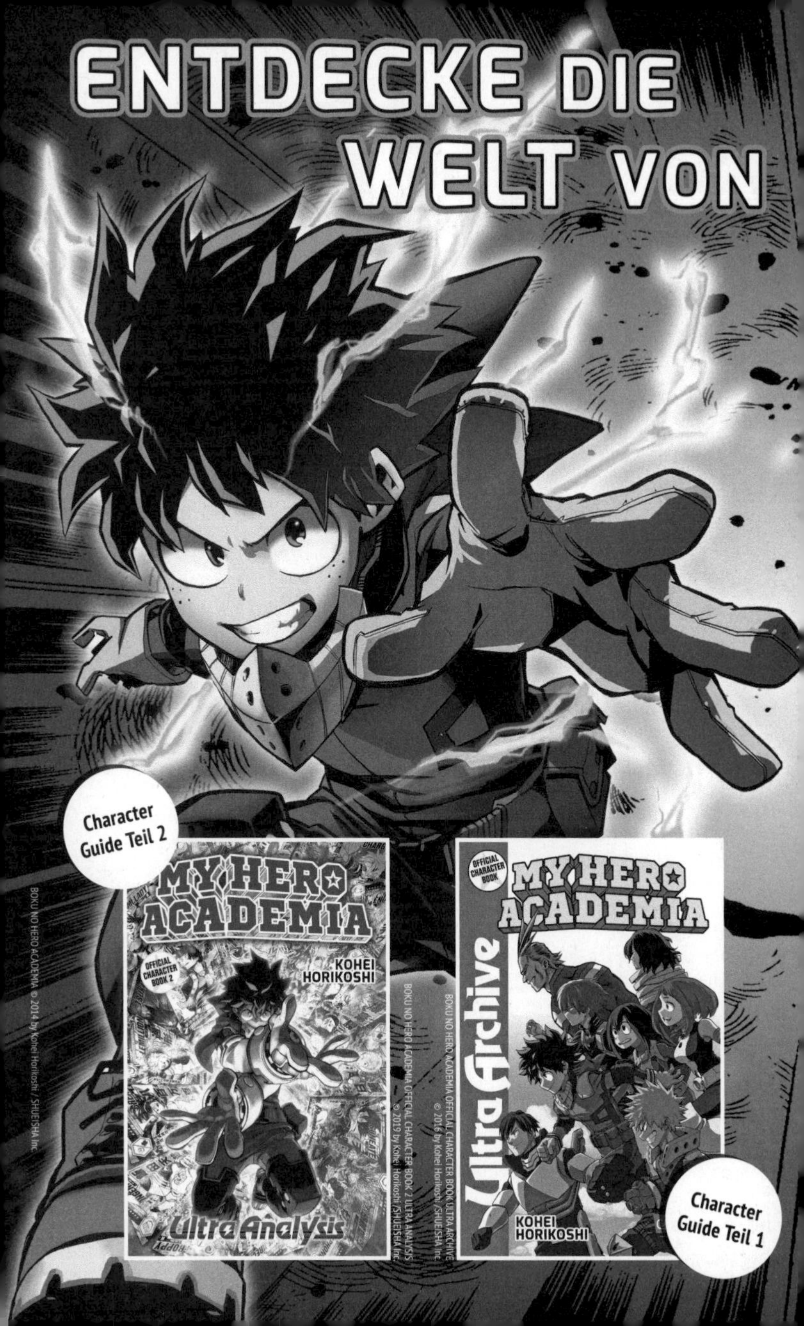

ENTDECKE DIE WELT VON
Character Guide Teil 2
MY HERO ACADEMIA
OFFICIAL CHARACTER BOOK 2
KOHEI HORIKOSHI
Ultra Analysis
OFFICIAL CHARACTER BOOK
MY HERO ACADEMIA
Ultra Archive
KOHEI HORIKOSHI
Character Guide Teil 1
BOKU NO HERO ACADEMIA © 2014 by Kohei Horikoshi / SHUEISHA Inc.
BOKU NO HERO ACADEMIA OFFICIAL CHARACTER BOOK 2 ULTRA ANALYSIS © 2019 by Kohei Horikoshi /SHUEISHA Inc.
BOKU NO HERO ACADEMIA OFFICIAL CHARACTER BOOK ULTRA ARCHIVE © 2016 by Kohei Horikoshi /SHUEISHA Inc.

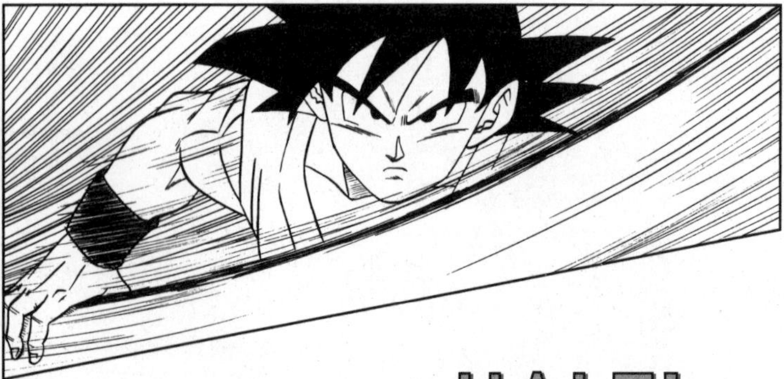

HALT!

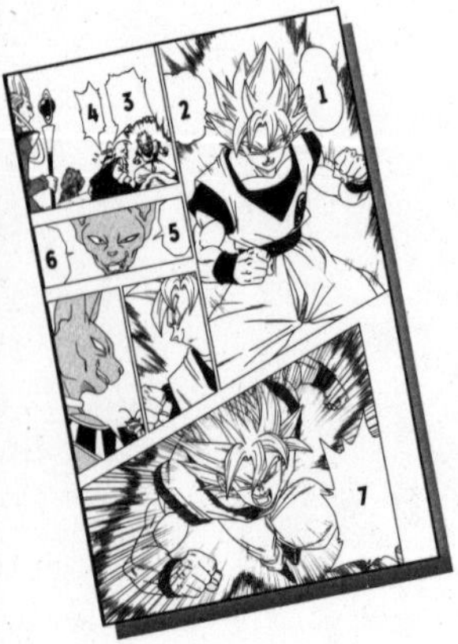

DRAGON BALL SUPER ist eine japanische Serie, und in Japan wird von hinten nach vorn und von rechts nach links gelesen. Man schlägt diesen Manga also hinten auf und blättert ihn nach vorn durch. Auch die Bilderfolgen und der Erzähl- bzw. Lesefluss funktionieren auf den Seiten von rechts oben nach links unten – wie in der kleinen Grafik hier gezeigt.

Habt eine Menge Spaß mit **DRAGON BALL SUPER**!

Carlsen Manga! News –
jeden Monat neu per E-Mail!
carlsenmanga.de | carlsen.de

Völckersstraße 14–20, 22765 Hamburg
Aus dem Japanischen von Katrin Stamm

Redaktion: Petra Lohmann | Textbearbeitung: Steffen Haubner
Grafik: Sonnenfisch Production –Laura Bartels | Produktionsmanagement: Wiebke Düsedau

ISBN: 978-3-551-80022-0